U0107421

博学之，审问之，慎思之，明辨之，笃行之。有弗学，学之弗能弗措也；有弗问，问之弗知弗措也；有弗思，思之弗得弗措也；有弗辨，辨之弗明弗措也；有弗行，行之弗笃弗措也。人一能之己百之，人十能之己千之。果能此道矣，虽愚必明，虽柔必强。

更多毓老相关延伸阅读、互动，敬请扫码关注：

毓老师说老子

爱新觉罗·毓鋆——讲述

吴克 刘昊——整理

天地出版社 | TIANDI PRESS

图书在版编目（CIP）数据

毓老师说老子/爱新觉罗·毓鋆讲述；吴克，刘昊整理.—成都：天地出版社，2018.1（2020年5月重印）

ISBN 978-7-5455-3428-3

Ⅰ.①毓… Ⅱ.①爱… ②吴… ③刘… Ⅲ.①道家 ②《道德经》—研究 Ⅳ.① B223.15

中国版本图书馆 CIP 数据核字（2017）第298212号

毓老师说老子
YULAOSHI SHUO LAOZI

出品人	杨 政
讲 述	爱新觉罗·毓鋆
整 理	吴 克 刘 昊
责任编辑	张秋红 孟令爽
封面设计	李 一
责任印制	葛红梅

出版发行	天地出版社
	（成都市槐树街 2 号 邮政编码：610014）
网 址	http://www.tiandiph.com
	http://www. 天地出版社 .com
电子邮箱	tiandicbs@vip.163.com
经 销	新华文轩出版传媒股份有限公司

印 刷	北京环球画中画印刷有限公司
版 次	2018 年 2 月第 1 版
印 次	2020 年 5 月第 3 次印刷
成品尺寸	145mm×210mm 1/32
印 张	18
字 数	404千
定 价	69.00 元
书 号	ISBN 978-7-5455-3428-3

凡

例

一、本书中《老子》正文及王弼注依据的是师尊授课所使用的课本——严复先生《评点老子道德经》，由台北广文书局印行。

二、本书以戊午年（1978年）7月3日至11月24日毓老讲学内容整理而成。

三、为使条理分明，本书内容依以下原则编排：

（一）《老子》每章本文以黑体编排。在本文之后，依王弼注分段，每段本文以宋三体呈现，每段之后以细黑体附王弼注，以供读者参考。

（二）师尊上课时曾引用严复先生《评点老子道德经》与宋龙渊先生《道德经讲义》二书，凡师尊授课曾引用二书注解部分，则一并附之于后，以细黑体表示。其余因卷帙浩繁，只能割爱。

（三）师尊授课讲解《老子》内容，则以宋一体编排。

（四）师尊授课时曾有笔记书之于黑板或口述之，本书编排时以"毓老师笔记"及"毓老师口述笔记"方式标明。师尊曾对其笔记所做解说，则以楷体起首附之于后，以便于区分阅读。

（五）师尊授课曾评论历史事件或月旦人物，为使读者明了其背景，则旁引资料，以仿宋体显示，另加注释附于该页下端，以提供博雅君子参考。

（六）文中引用各家经典文字者，则注明出处，以括号内楷体表示。

（七）为"引导阅读，开启智慧"，我们尝试将研读《老子》相关小常识，及师尊上课"金句"以边栏方式呈现于后，以供读者参考。

目录

扫一扫，进入课程

前　言

　　老师曾讲授《老子》数遍，个人笔记以夏历戊午年（指1978年。老师平日书年，正式多采干支，间用西历亦仅书数字，或有深意焉，谨依所止。不便处敬祈谅宥）及庚午年（1990年）两次最为完整。

　　戊午年（1978年）7月3日（月、日为阳历，后同），老师以严几道先生评点本《老子》为主开讲，参考宋龙渊先生《道德经讲义》，以及河洛出版社出版的《老子》王弼注、河上公注本诸书，至是年11月24日讲毕。

　　庚午年（1990年）9月3日则以宋龙渊先生《道德经讲义》为主，王弼注为辅讲授，至是年11月23日讲毕。

　　本讲录依戊午年笔记整理。自2014年始，至2015年8月由吴克学长、何丹曦学姐打字整理补充，又经往复讨论厘订，方始确定编排方式，草成初稿。然老师讲课字字珠玑相扣，义义沛然贯通，嬉笑怒骂间，自然流露生命印证的智慧、救亡图存圣时补弊的担当、民胞物与道济天下的襟怀。我们虽然希望如实记录老师上课所授，并捕捉老师謦笑褒贬之情、微言治世之义、故国梦回悱恻之感，但学局力促，不能表达万一。还望同门学长、识者方家，不吝赐正。

老子其人

《老子》作者是谁？老子是谁？一直有着不同的说法。早在司马迁写《史记》时就说："或曰儋即老子，或曰非也，世莫知其然否。"但说法再多，多从《史记》原文谈起，谨将《史记》书中老子相关原文附录于后，以供大家参考。

《史记·老子韩非列传》：老子者，楚苦县厉乡曲仁里人也，姓李氏，名耳，字聃，周守藏室之史也。

孔子适周，将问礼于老子。老子曰："子所言者，其人与骨皆已朽矣，独其言在耳。且君子得其时则驾，不得其时则蓬累而行。吾闻之，良贾深藏若虚，君子盛德，容貌若愚。去子之骄气与多欲，态色与淫志，是皆无益于子之身。吾所以告子，若是而已。"孔子去，谓弟子曰："鸟，吾知其能飞；鱼，吾知其能游；兽，吾知其能走。走者可以为罔，游者可以为纶，飞者可以为矰。至于龙吾不能知，其乘风云而上天。吾今日见老子，其犹龙邪！"

老子修道德，其学以自隐无名为务。居周久之，见周之衰，乃遂去。至关，关令尹喜曰："子将隐矣，强为我著书。"于是老子乃著书上下篇，言道德之意五千余言而去，莫知其所终。

或曰：老莱子亦楚人也，著书十五篇，言道家之用，与孔子同时云。

盖老子百有六十余岁，或言二百余岁，以其修道而养寿也。

自孔子死之后百二十九年，而史记周太史儋见秦献公曰："始秦与周合，合五百岁而离，离七十岁而霸王者出焉。"或曰儋即老子，或曰非也，世莫知其然否。老子，隐君子也。

老子之子名宗，宗为魏将，封于段干。宗子注，注子宫，宫玄孙假，假仕于汉孝文帝。而假之子解为胶西王卬太傅，因家于齐焉。

世之学老子者则绌儒学，儒学亦绌老子。"道不同不相为谋"，岂谓是邪？李耳无为自化，清静自正。

《史记·孔子世家》：鲁南宫敬叔言鲁君曰："请与孔子适周。"鲁君与之一乘车，两马，一竖子俱，适周问礼，盖见老子云。辞去，而老子送之曰："吾闻富贵者送人以财，仁人者送人以言。吾不能富贵，窃仁人之号，送子以言，曰：'聪明深察而近于死者，好议人者也。博辩广大危其身者，发人之恶者也。为人子者毋以有己，为人臣者毋以有己。'"孔子自周反于鲁，弟子稍益进焉。

《史记·仲尼弟子列传》：孔子之所严事：于周则老子；于卫，蘧伯玉；于齐，晏平仲；于楚，老莱子；于郑，子产；于鲁，孟公绰。

另外先秦文献关于老子的记载，有《庄子》《韩非子》《礼记·曾子问》。其中《庄子》最多，有十九处。均可参考。

老师讲《老子》，重在"以古人的智慧，启发我们的智慧"，于老子出生年代，书籍成书时间着墨不多，但以为就文章发展而言，必定由简而繁，以《老子》之简约，起源必早，再晚应不晚于春秋。纵有些附加上去的文字，那是所有古籍都有的现象。书既不晚于春秋，人活到战国也有可能，但不可能是生于战国。

1973 年 12 月湖南长沙马王堆出土《帛书老子》甲乙本，1993 年 10 月湖北荆门出土《郭店楚墓竹简老子》甲乙丙本，据朱谦之、唐兰、郭沂诸先生研究，各本抄写成书的时间虽不同，但《老子》成书应不晚于春秋，可与此相印证。

王弼其人其注

王弼，字辅嗣，三国时曹魏山阳郡（今山东省金乡县）人。天才卓绝，以二十四岁（226-249）的寿命，撰写了《周易注》《周易略例》《老子注》《老子指略》《论语释疑》《周易大衍论》《周易穷微论》《易辩》等著作。但其成就，不在于著述数量，更在于创见。

两汉思想最具代表性的人物，一为董仲舒，一为王充。董仲舒会通经学，秉《公羊春秋》之旨，以圣人当新王；王充"从道不随事"（《论衡·自然篇》），独尊黄老，力反时趋，下开魏晋思想先河。然王充只是魏晋新思想的起义发端，若论开国闳肆犹待王弼。

两汉学风有两大弊端：一是空守章句师说迂阔烦琐；一是与阴阳五行灾异结合，援天道证人事流于荒诞。王辅嗣注《周易》，一扫两汉根据宇宙推验人生、运用象数推验宇宙的学风，主张：

象者，出意者也。言者，明象者也。

变者，情伪之所为也。夫情伪之动，非数之所求也。（《周易略例》）

由人的"情""意"出发，替换出"象""数"。将人生变化的推究，义理的树立，回归到人本身的"情""意"，回归到老、庄、孔、孟。他说：

圣人茂于人者，神明也。同于人者，五情也。神明茂，故能体冲和以通无。五情同，故不能无哀乐以应物。然则圣人之情，应物而无累于物者也。今以其无累，便谓不复应物，失之多矣。（《三国志·魏书·钟会传·裴松之注》）

王辅嗣以为圣人有情无累，累由欲生，不由情起，应物无累，方是"无为"。并评老子：

圣人体无，无又不可以训，故不说也。老子是有者也，故恒言无，所不足。（《三国志·魏书·钟会传·裴松之注》）

所以王辅嗣注老子，特别强调"以无为本"。他在注《老子》四十章"天下万物生于有，有生于无"就说：

天下之物皆以有为生，有之所始，以无为本，将欲全有，必反于无也。

在《老子指略》中更说：

夫物之所以生，功之所以成，必生乎无形，由乎无名。无形无名者，万物之宗也。不温不凉，不宫不商。听之不可得而闻，视之不可得而彰，体之不可得而知，味之不可得而尝。故其为物也则混成，为象也则无形，为音也则希声，为味也则无呈。故能为品物之宗主，苞通天地，弥使不经也。若温也则不能凉矣，宫也则不能商矣。形必有所分，声必有所属。故象而形者，非大象也；音而声者，非大音也。

而"以无为本"，并不是在"空""无"中打转，而是"将欲全有"，于是接着说：

然则，四形不象，则大象无以畅；五音不声，则大音无以至。四象形而物无所主焉，则大象畅矣；五音声而心无所适焉，则大音至矣。故执大象则天下往，用大音则风俗移也。无形畅，天下虽往，往而不能释也；希声至，风俗虽移，移而不能辩也。

也因为"以无为本"，王弼注"天地不仁，以万物为刍狗"说：

弃己任物，则莫不理。

注《老子》三十八章说：

是以天地虽广，以无为心。圣王虽大，以虚为主。故曰：以复而视，则天地之心见。至日而思之，则先王之至睹也。故灭其私而无其身，则四海莫不瞻，远近莫不至。殊其己而有其心，则一体不能自全，肌骨不能相容，是以上德之人，唯道是用。不德其德，无执无用，故能有德而无不为，不求而得，不为而成，故虽有德而无德名也。

老师说这里的"灭其私而无其身"，即"克己复礼"之旨。

"不德其德，无执无用"即《中庸》《诗》云：'予怀明德，不大声以色。'子曰：'声色之于以化民，末也。'《诗》曰：'德輶如毛。'毛犹有伦。'上天之载，无声无臭。'至矣"和《论语·泰伯》孔子称尧、舜、禹："大哉，尧之为君也！巍巍乎！唯天为大，唯尧则之。荡荡乎！民无能名焉。巍巍乎其有成功也，焕乎其有文章""巍巍乎！舜、禹之有天下也，而不与焉"之义。由此亦可见王辅嗣之援儒注老。

由于对老、孔的会通，王辅嗣以"崇本息末"四字总结《老子》。《老子指略》说：

然则，老子之文，欲辩而诘者，则失其旨也；欲名而责者，则违其义也。故其大归也，论太始之原以明自然之性，演幽冥之极以定惑罔之迷。因而不违，损而不施；崇本以息末，守母以存子；贱夫巧术，为在未有；无责于人，必求诸己：此其大要也。

老子之书，其几乎可一言以蔽之。噫！崇本息末而已矣。观其所由，寻其所归，言不远宗，事不失主。文虽五千，贯之者一；义虽广瞻，众则同类。解其一言而蔽之，则无幽而不识；每事各为意，则虽辩而愈惑。

老师讲《老子》，特别推崇辅嗣注，认为是注《老子》注得最好的本子。并且说他那么年轻时写的东西，我们再三参详，尚不能了悟，今人好批评古人，徒见其不自知耳。

只可惜辅嗣早逝，未得见其学之所止，亦中国学术一大损失。

严复其人其批

老师讲《老子》采取严复评点王弼注本次数最多，曾说："严老夫子的批，批于清末，比较近代化，有新观念。至于可否，同学自己了悟。"

严复，生于清咸丰四年（1854），卒于民国十年（1921），乳名体乾，初名传初，改名宗光，字又陵，后名复，字几道，福建侯官（今福州市）人。是中国近代著名的启蒙思想家、翻译家。他提出的翻译标准"信、达、雅"，可以说是千古移译不变之理，他翻译的《天演论》中"物竞天择、适者生存"一说，不知撼动了多少中华儿女有志的心灵。当年有位原名嗣穈、学名洪骍、字希疆的同学，后改名胡适，字适之，成了大名鼎鼎的胡适之老师，正是因缘于此。

几道先生评点《老子》出版，肇因学生熊元锷。熊氏在《侯官严氏评点老子》一书序中提及：

癸卯（公元1903年），余在京师，出所评《老子》，就吾师侯官先生谠正。先生为芟薙十九，而以已意列其眉。久之，丹黄殆遍，以王辅嗣妙得虚无之旨，其说亦间有取焉。受而读之，大喜过望，南旋，持示义宁陈子。陈子亦绝叹，以为得未曾有，促余刊行，后复请先生附益千数百言。顷来东瀛，遂钞付活版，公于世……

严复久研《老子》，但评《老子》，当是在熊元锷的眉批的基础上，"附益"之而成，并在熊元锷、陈义宁催促下完成刊行。严复在给熊元锷书信中说：

前者在都，蒙以《道德经》示读，客中披览，辄妄加眉评。我辈结习，初何足道。乃执事持示义宁，以为得未曾有。遂复邮寄，嘱便卒业。春夏之交，南奔猝猝，无须臾之闲。近者乃践此诺……

这里提及促成本书印行的两位先生：熊元锷、陈义宁。

熊元锷，生于光绪五年（1879），卒于光绪三十二年（1906），谱名育锷，号惠元，字季廉，晚字师复，南昌人。熊的挚友陈三立（陈义宁）在为其撰写的墓志铭中说：

君南昌熊氏，名元锷，字季廉，一名师复，为严先生易也。曾祖讳世昌，祖讳谦和，考讳辉祖，官某县训导，有文学行谊，君生十七年而卒。曾祖姚氏吴，祖姚氏雷，母雷夫人。兄弟八人，君次居七，兄元鋆、元锽、弟元鏊尤与余亲善，皆美才。

他第一次拜见严复，在 1900 年的秋天。八国联军占领北京，严复避乱，从天津移居到上海，在上海设"名学会"，讲约翰·穆勒（John Stuart Mill）的"名学"。

熊元锷听说严复到了上海，专程从南昌来到上海。请和谭嗣同合称四大公子的吴保初为介，向几道先生说明拜师之意。两人从此结下了难得的师生缘。

多年后，严复在所撰《熊生季廉传》中追述这段往事说：

复之得交季廉也以庚子。当此时,中国北方,喷喷大乱,欧美日本之兵,满于京师,皇帝奉太后出居陕,而复亦避地江南,江南与各国为约互保才无恙。秋,季廉至海上,先以书自通,继而执贽造吾庐,求得著籍为弟子。神采玉流,言论泉涌,灼然有以知其为非常人也。扣其学,经史而外,历举明张太岳、王船山以对。讲道籀学,相得甚欢。

严复在离沪北上时,更赠熊季廉诗云:

去年北方致大祸,至今万乘犹尘蒙。亦知天心未厌乱,南奔避地甘长终。

岂意逃空得馨欬,知交乃遇四五公。就中爱我最真挚,屈指先数南昌熊。

心期浑欲忘彼此,圭角相遇加磨砻。人生行止不自诡,扁舟又欲随南风。

临行执手无所赠,惟有真气如长虹。横流他日傥相遇,窃愿身道双加丰。

严熊师生论道,虽然"心期浑欲忘彼此",但几道先生由于"窃愿身道双加丰"的期许,对其教诲极其严格。例如几道先生在信中,即对熊氏的文章提出了这样的意见:

大著标本两论,忠爱溢于言表。此事固不可以文字计较短长。但无似既承厚爱,许在他山之列,自当以直谅自处。窃谓以贤者之年力才气,事事宜力争上游;则文字一道,言为心声,不可不加之意也。况以言感人，其本已浅；言而不工，感于何有？必求大作之疵，则下笔太易，语多陈俗，一也。过为激发之声，闻者生倦，二也。义俭辞奢，以己之一幅当能者之一行，三也。今欲谋所以救之之术，宜熟读古书，求其声与神会，而下笔力求戛戛其难之一境；而又讲求事理，以为积厚流光之基。

由是，熊元锷学养大进。陈三立在《熊季廉墓志铭》中说：

严先生亦惊其英亮卓荦，深相爱重，君之学亦日邃而月变矣。当是时，天下方多事。后生少年倡狂恣睢，异说蜂起，嚣杂靡一世。即君初时，盛气发愤，亦颇激昂，用高语惊座人。至是愈惩其害。研口极变，敛抑锋锐，归之大适。

几道先生亦在《熊生季廉传》中写道：

先是，朝廷以经义文弊，士争模袭声调，猥琐陈腐，不究义理之安，无以裁成人才济时急。光绪二十八年，始罢帖括为策论，且令直省举经济才，江西学使者则以季廉应诏书，偕计至都下，昕夕必造吾庐，则已融会通贯，言下了然，虽李延平之得朱晦庵，其为乐不是过也。罢归，应癸未（按：应为癸卯）试，主者发问，多士夫所不能言，季廉条列旧所闻以对，蔚为举首，里俗荣之。

即在严先生的教诲下，"季廉条列旧所闻以对"，熊氏荣登癸卯恩科江西乡试的榜首。

而熊的人品学问，在天赋颖异及严师淬炼下，也到了一个新境界，严复《熊生季廉传》说他：

生而颖异，父母钟爱之。稍长，知自矜贵，不喜无用之学，为议论文章，皆切究利病。每众议盈廷，事莫折中，季廉为批隙导窍，为分析是非利害，如分水犀……笃于同气，尤爱稚弟元鏊，学为之师，疾为之母。善择交，平生气类，皆天下豪英。尤善义宁陈君三立。居恒默观世变，隐然以天下为忧而践履翔实，不妄取与，视纷华势利，泊如也。

可惜天嫉英才，季廉先生于光绪三十二年病逝，年仅二十八岁。揆诸辅嗣，其会心老氏者，缘何皆英年早逝，令人浩叹！

严复悲痛之余，作联挽熊季廉：

与君同为国伤心，何堪憔悴江潭，楚些翻成悲宋玉
此业不蒙天所福，枉自张惶幽渺，玄经那更问侯芭

至于序中提及另一位陈义宁先生，则是被誉为中国最后一位传统诗人的陈三立。三立先生出身世家，字伯严，号散原，江西义宁人，所以序中称义宁陈先生。父陈宝箴，晚清名臣，儒学医道传家。太平军事起，随父办乡团，组织乡人防守义宁达数年之久。三立先生因诗作"凭栏一片风云气，来作神州袖手人"句，自谓"神州袖手人"。曾有诗赠熊季廉：

眼中今有子，海内竟何归？

问道成孤往，忧天觉渐非。

熊氏没，三立撰《熊季廉墓志铭》情深意远。

几道先生评点《老子》虽出于偶然，但蕴蓄所积，实有所指。因当时中西文化交汇，君主民主争议蜂起，应改良、应革命，思潮诮荡。老氏之学，被其时尊为知识分子导师者认为：老子阴狠到极，外似仁柔，如猫之捕鼠耳，申、韩皆祖老氏。

几道先生有感于此，久有点评《老子》，以正视听之意。先生在《老子》第十章"明白四达，能无为乎？生之畜之，生而不有，为而不恃，长而不宰，是为玄德"数句上说，"夫黄、老之道，民主之国之所用也，故能长而不宰，无为而无不为；君主之国，未有能用黄、老者也。汉之黄、老，貌袭而取之耳。君主之利器，其惟儒术乎！而申、韩有救败之用。"换言之，由肯定申、韩一派有纠偏补正之功，进而肯定《老子》："民主之国之所用也。"

老师课堂上，常言"悟得老氏妙，申韩弊可调"，或亦有感于此。老师也常说"严批极好，其好不在文章，而在事理参得透"。而严氏老学，或亦历史转折中，老学研究逸思缤纷的一笔。

宋龙渊《道德经讲义》

宋龙渊，山西人。顺治六年（1649）开科选贤，殿试三甲，钦选探花。曾任国史馆总裁、都察院都御史、经筵讲官、侍读学士等职，在京供职三十余年，康熙称其勤赞中枢，公忠体国。康熙十八年（1679），致仕还乡，专修清静无为之道，注道德经讲义。历二十余载，于康熙四十二年（1703）由其子宋家廉进呈御览。

康熙之所以重视此书，因为"其言洞彻，秘义昭融"，皇族读之，不争权夺位，则可永保江山，"因此特命锓梓，用广流传。凡宗室皇胄，暨文武臣工，均皆敕读"。

老师讲授《老子》，也很重视宋龙渊的注。老师曾说，宋龙渊注"其言洞彻，秘义昭融"。"学《老子》，同学最好自宋老夫子入手，再看王弼注，然后看严批。看古人的解释，和今人有什么不同，自己慢慢了悟。当年老师读《老子》，即由宋龙渊注入手。"

不过老师说的"其言洞彻，秘义昭融"，与康熙的着眼点并不相同，因"宋老夫子确有见道之言"。例如，宋龙渊先生在《观妙章第一》注说：

> 凡看经之法，须当正心诚意，不可轻忽放过一字。将自己之言行，体认圣贤之言行。或有不能行者，必须奋志勉力；或有不能明者，必须拜问明师。久久行之，自然心地开明。若或草草看过，心地不明，大道未彻，与不看者何异乎。

即与老师耳提面命之言，身体力践之行相印证。再如《道德经讲义》最后一段：

> 然则欲积于己，不以公诸人者，虽放其言，巧其辩，多其知，终不合于天，背于圣，究无益于人，亦无益于己。经文已终。深著此义者，见人打破个私字，则知人己一体，得则俱得，打不破

个私字，则人我必分，失亦俱失，深为万世致警也。

正是老师常说，"一个私字，害尽天下苍生"之义。若此者甚多，至于老师对《道德经讲义》详细说解，则有待他日同门整理老师庚午年（公元 1990 年）《老子》讲录。

《老子道德经河上公章句》

老师上课，偶尔引用当时广文书局印行的《音注河上公老子道德经》。《河上公老子道德经》，相传为河上丈人或河上公所撰。

司马迁《史记·乐毅列传》提到河上丈人说：

乐臣公学黄帝、老子，其本师号曰河上丈人，不知其所出。河上丈人教安期生，安期生教毛翕公，毛翕公教乐瑕公，乐瑕公教臣公，乐臣公教盖公。盖公教于齐高密、胶西，为曹相国师。

是书篇首葛玄序云：

河上公者，莫知其姓名也。汉孝文帝时，结草为庵于河之滨，常读老子《道德经》。

时文帝好老子之道，诏命诸王公大臣州牧在朝众官，皆令诵之。有所不解数句，时天下莫能通者，闻侍郎裴楷说河上公诵《老子》，乃遣诏使赍所不了义问之，公曰："道尊德贵，非可遥问也。"

文帝即驾从诣之。帝曰："普天之下，莫非王土；率土之滨，莫非王民。域中有四大，而王居其一也，子虽有道，犹朕民也。

不能自屈，何乃高乎？朕足使民富贵贫贱。"须臾，河上公即拊掌坐跃，冉冉在空虚之中，如云之升也，去地百余尺，而止于玄虚。良久，俛而答曰："今上不至天，中不累人，下不居地，何民之有陛下焉？能令余富贵贫贱乎？"帝乃悟之，知是神人，方下辇稽首礼谢曰："朕以不德，忝统先业，才不任大，忧于不堪，虽治世事，而心敬道德，直以暗昧，多所不了，惟蒙道君弘愍，有以教之。则幽夕睹太阳之曜光。"河上公即授素书《老子道德章句》二卷，谓帝曰："熟研究此，则所疑自解。余注是经以来千七百余年，凡传三人，连子四矣，勿示非其人！"文帝跪受经。言毕，失其所在。

　　论者以为文帝好老子大道，世人不能尽通其义，而精思遐感，上彻太上道君，遣神人特下教之便去耳。恐帝心未纯信，故示神变以悟帝意，欲成其道真，时人因号曰河上公焉。

　　葛玄，三国东吴道士，《抱朴子》著者葛洪从祖，受持丹经，传弟子郑思远，郑思远传葛洪，后形成道教灵宝派。灵宝派"祖述三张，弘衍二葛"，奉诵《老子道德经河上公章句》。

　　由于道教徒传授修习，流传日广，王羲之即有写《道德经》换鹅的佳话。而《老子道德经河上公章句》也与王弼注本成为流传最广的注本。

　　《老子道德经河上公章句》中说"圣人治国，与治身同也"（第三章）。"治身者，爱气则身全，治国者，爱民则国安"，"治身者，呼吸精气，无令耳闻也。治国者，布施惠德，无令下知也"（第十章）。养生之说更为其广为流传的重要原因。

　　他在第一章开宗明义即言：

"道可道"，谓经、术、政、教之道也。

"非常道"，非自然长生之道也。常道当以无为养神，无事安民，含光藏晖，灭迹匿端，不可称道。

也就是说河上公认为："经、术、政、教之道"，是"非常道"。常道是"自然长生之道"。圣人要学自然、学治身以养生；养生重在精、气、神。所以说：

人能以气为根，以精为蒂，如树根不深则枝蒂不坚则落，言深藏其气，固守其精，使无漏泄。（第五十九章）

谷，养也。人能养神则不死。神，谓五藏之神。肝藏魂，肺藏魄，心藏神，肾藏精，脾藏志，五藏尽伤，则五神去矣。（第六章）

言不死之道，在于玄牝。玄，天也，于人为鼻。牝，地也，于人为口。天食人以五气，从鼻入，藏于心，五气清微，为精神聪明，音声五性。其鬼曰魂者，雄也。主出入人鼻，与天通，故鼻为玄也。地食人以五味，从口入，藏于胃，五性浊辱，为形骸骨肉血脉六情。其鬼曰魂，魄者，雌也。主出入人口，与天地通，故口为牝也。（第六章）

《老子》第六章"玄牝之门，是谓天地根"。河上公说：

"根"，元也。言鼻口之门，是乃通天地之元气所从往来。（第六章）

不过，老师于此，并不多言。其于静坐之法，则待同门得师传者详言之。

总之，河上公认为"治身者当除情去欲，使五藏空虚，神乃归之也。治国者，寡能统众，弱能使强"（第十一章）。

有关河上公章句版本问题，由于老师上课未曾提及，于此不赘。如有兴趣，可参考王明先生、王卡先生诸先进大作。

毓老师讲老子

老子之学或以为其于人之蛊坏，洞微烛远，然守雌、藏机，反智消极，终归独善、自利，虽可益人理趣，而无可养人恻隐之端、刚大之气。然考诸载籍，殊非如此，司马谈《论六家要指》说：

> 夫阴阳、儒、墨、名、法、道德，此务为治者也。

可见先秦之学，皆为治世。

> 直所从言之异路，有省不省耳。
> 尝窃观阴阳之术，大祥而众忌讳，使人拘而多所畏；然其序四时之大顺，不可失也。
> 儒者博而寡要，劳而少功，是以其事难尽从；然其序君臣父子之礼，列夫妇长幼之别，不可易也。

> 墨者俭而难遵，是以其事不可遍循；然其强本节用，不可废也。

法家严而少恩；然其正君臣上下之分，不可改矣。

名家使人俭而善失真；然其正名实，不可不察也。

只有：

道家使人精神专一，动合无形，赡足万物。其为术也，因阴阳之大顺，采儒墨之善，撮名法之要，与时迁移，应物变化，立俗施事，无所不宜，指约而易操，事少而功多。

调和各家最为实用，并进一步阐释说：

道家无为，又曰无不为，无为，守清净也。无不为，生育万物也。其实易行，看得清楚行事规则，各守其分，故易行。其辞难知。看清万物的真实现象，开枝散叶，发为言辞，幽深微妙，故难知。其术以虚无为本，以因循为用。任自然。无成执，无常形，没有固定的做法和路子。故能究万物之情。究万物之实。不为物先，不为物后，因物为制。故能为万物主。有法无法，因时为业；与时俱进，因时之物，成法为业。有度无度，因物与合。根据实际资源条件，因其万物之形，成度与合。故曰"圣人不朽，时变是守。圣人教迹不朽灭者，顺时变化。虚者道之常也，宇宙规则，环境生态，看不到摸不到。因者君之纲也"。丛林规则，适者生存。君者，以百姓之心为心，因百姓之心以教，执其纲而已。群臣并至，道并行而不悖。使各自明也。使各自发挥所长。此即《易经》"保合太和"的境界。其实中其声者谓之端，实不中其声者谓之窾。窾，空也。言实不称，则为空。窾言不听，奸乃不生，贤不肖自分，不肖者钦慕贤者。举直错诸枉，能使枉者直。白黑乃形。在所欲用耳，何事不成。鸡鸣狗盗，各有其用。乃合大道，混混冥冥。元气充沛。光耀天下，获得无比的成功。复反无名。重新回到无知、无识、清静无为。凡人所生者神也，所托者形也。神大用则竭，形大劳则散，形神离则死。死者不可复生，离者不可复反，故圣人重之。由是观之，神者生之本也，形者生之具也。不先定其神（形），而曰"我有以治天下"，何由哉？

老师讲《老子》，亦由致治着眼，字字见谛，通俗入妙，并以为"不读《老子》，不知中国文化之精深，不读孔子不知中国文化之博大"。谨节录所言，蠡窥其要。

老师讲学的态度：

以古人的智慧，启发我们的智慧。
以夏学奥质，寻拯世真文。

老师讲《老子》的要点：

《老子》是一部言政治最高之术的书。这里要注意，他讲的是政治之术而非政治之学。

研究《老子》必知几个原则："以静制动、以弱胜强、重为轻根、静为躁君、反者道之动、弱者道之用。"（见第一章）

悟得老氏妙，申韩弊可调。

书，就是个启示，怎么想都行，在乎去悟。

老子最重要就是"反"字。道不是空的，得有对象，得有用。如何有用？"反者道之动"。第二章以下讲的都是"反"。什么是"反"？"不随于所适，其体独立"，这就是"反"。（见第二十五章）

"无为"的境界就是最高的境界。一个人到"无为"的境界，自己得一点私都没有，那才是真的"无为"，如果有半点私意，那都是有为。人若是真到了"无为"的境界，则没有不能做的事。像我们一要做事，便有许多私人的利害要考虑，那便是有为。儒家最重视"智、仁、勇"三德，以智、仁、勇为至高之境。然仁者施无求报，一切本着良心去做，尚还可以做到。至于"勇"最难，因为"见义不为无勇也"，要勇则"见义必为"，"见义必为"就是牺牲……"见义必为"，就得"无私"，无私之为就是"无为"。（见第四十八章）

　　无为有始，有为名母，故道其非常道，名其非常名。以无御有，循有辨物，督物以为经，故五千言以"天之道利而不害，圣人之道为而不争"，结其志则（责），深（身）体斯言，则知老氏立说之旨矣。（见第一章、第八十一章）

　　以上略述老师讲《老子》原委、语丝，至若师说精义，万不及一，识者深味细玩，必有益于己，有益于时。于此仍以"老师说"及老师所赐联语作一小结，并与大家共勉：

　　老子之学，在今天，尤其在政治上，特别有用。但必要去悟。不要我这一说，下课就完了；回去，必要去悟。各人有各人的智慧，我们讲过很多"要道"，给你们一点启示，你们了解时事越多，体悟越深。要是你们天天连报纸都不看，那就只有姑妄听之，根本不知说些什么。像我现在说的，许多同学就不了解，讲到哪儿？讲到什么地方？什么事儿？根本就不知道。

　　读《老子》真有用，指哪打哪。从小的讲，有益于时，有益于事；从大的讲，有益于人类历史。那才真有益于一个时代。所以我们必要善用智慧，冷静地看历史，一代中究竟几个是有用的，多少人仅是点缀品而已。

有的同学说我们以儒家的观点讲子书，那就错了。篑舍不是以儒家的观点讲子书，不像太老师当年那么文明，我们恐怕同学不明白，讲书已讲到血淋淋的地步。今天若是给老先生们听到我们这样讲法，一定跳脚大骂，因为我们讲的比法家还厉害，比法家还法家。原因就在于我们怕同学误解了，不知道如何用。遗憾的是同学听课不常听，一段段听，常缺课，得不到好处，还乱晕晕。像讲这话的人，必定不常听我们讲书，可能有一次我们讲得近乎儒家，他听了去便以偏概全，作了结论：

修炼确知时代所必需要的智慧，
养成引导群生走上正轨的胆识。

本书之成，承徐泓学长、王镇华学长、孙中兴学长、贾秉坤学长、李协展学长等人拨冗审阅讨论，提供宝贵意见及资料，更见同门切磋之谊，谨此略致敬意及谢忱。又陈彦君女士义务设计老师漫画式人物，亦于此致谢。

编者谨识

扫一扫，进入课程

道，可道，非常道；名，可名，非常名。无名，天地之始；有名，万物之母。故常无欲，以观其妙；常有欲，以观其徼。此两者，同出而异名，同谓之玄，玄之又玄，众妙之门。

道，可道，非常道；名，可名，非常名。

【王弼注】可道之道，可名之名，指事造形，非其常也。故不可道，不可名也。

宋龙渊《道德经讲义》以首章为《观妙章》。"观"，察、研究。"玅"，即妙，有人以为巧妙，这种说法不好。研究巧妙易成空话。《易经》上说"神"就是"妙万物而为然"（《易经·说卦传》"妙万物而为言"，老师易"言"为"然"，解为"样子"）。"妙"为动词，把万物做到最完整之境界，即妙。《易经》上说"故《易》有太极，是生两仪，两仪生四象，四象生八卦，八卦定吉凶，吉凶生大业"（《易经·系辞上传》），因而形成了万事万物。要研究"妙"，看"妙"是什么。我们睁眼所见之形形色色，都是妙的结果，妙到恰到好处。"观妙"，研究天下之生生化化。

"道可道""名可名"的第一个"道"和"名"是名词，第二个"道"和"名"是动词（*老师另一说"道，可道，非常道"，前二"道"字均为动词，第三"道"字为名词*）。一个道，可以把它说出来的，不是常道；一个名，可以把它名出来的，不是常名。

"道，可道，非常道；名，可名，非常名"是定义。以后的人也都知道这句话，但是我们用事，我们每天所争的，"适其反"。单道非常道，单名非常名（单，只有）。为什么那边那么讲，我们单这么弄呢？这个心理状态要好好研究，我们要重视这个变态心理，求其为何而来。悟通"其用适其反"，那就懂《道德经》了。否则即使知道"道，可道，非常道；名，可名，非常名"，讲得再好也不懂《道德经》。以退柔为用，故"适其反"，不是正面来，乃迂回达其目的。

因其用"适其反"，所以"知美之为美斯恶矣，知善之为善斯不善矣"（第二章）。

同学一定要明白这个观念。既然明白"道，可道，非常道；名，可名，非常名"，但是一张嘴一动，必要把"非常道"说它是道。著书立说的都是如此。道是"非常道"，还拼命说是"常道"，那不是一群疯子？群疯并不可怕，但我们要研究为什么人这样"群疯"。明乎此理，则能以无御有。不明乎此仍然是空的。

"以无御有，循有辨物，督物以为经。"

以无御有 下面（指"道，可道，非常道；名，可名，非常名"）说"无名天地之始，有名万物之母"，有此观念，我们懂得"其用适其反"，明乎此就知"以无御有"如何下手。

"以无御有"，一个人有办法支配天下，你说拿什么？不知道。一个人号召天下，如孔子，凭什么支配中国几千年？现在非洲还要搭一刷子（俚语）。这么多"有"，如何御？我们看不到。但知道一个东西受许多东西支配，我们要追其源，什么东西发挥力量，支配这么多？不但他活着如此，死了还做"无言师"。

什么是无言师？《论语·阳货》孔子说："予欲无言。"弟子吓死了，说："子如不言，小子何述焉？"但老夫子说了："天何言哉？四时行焉，百物生焉，天何言哉？"这就是无言师。看那老头指哪打哪。嗯！山东没这样的人，好像是满洲人（戏语）。中国不要（指民国以来，全盘西化、"打倒孔家店""文化大革命"等反中国文化活动），他（孔子）早吃了三明治了。不懂？美国祭孔不用三明治吗？不光美国，连非洲都研究孔子。不知道非洲祭孔用什么？你们打听打听吧！

同学研究孔学不知研究什么？研究孔学应当研究：为什么一个无形的东西，支配那么多的东西，能支配那么久？还没有止境。到今天，只要有人类的地方，就有他。这是最值得研究的。这个研究通，无物不可役。研究，不在乎写几本书，推销推销。要研究孔子何以死仍为无言师？这是"以无御有"最好的例子，"以无御有"没有超过先圣先贤的。这不光中国，西方的耶稣，亦复如是，也是"以无御有"，也是无言师。不要说这是大家都捧，人家为何不捧你？说是大家盲目。为何不盲目到你身上？都捧必有道理，里面必有道道，如果我们了悟，也可以用，我们也不是外人（意谓：圣人是人，我们也是人，有为者亦若是）。大家读书，逐训诂而不求此精义，除了发疯何补于事（世）。舍此不由，不智之至。

循有辨物　物，包含事。《易·系辞下传》说："以通神明之德，以类万物之情。""通神明之德"，是形而上的；"类万物之情"，即"循有辨物"。"辨物"，得顺万有来辨物。"有"包括同的和异的。因"有"，因有所同的地方，有所异的地方来辨物。

督物以为经（老师有两次解说，均录之于后）（一）"督"，跟着。看他走的地方，跟着就走，那是经。事情发生了，我们常说"历史倒演"。因为一件事的发展，也像有一定的轨道，既有轨道，就可以循着轨道处理。经不是创造的，完全是经验累积的产物。督，顺着轨道往前走。顺着轨道走过的，就是经。经，不是闭门造车，不是坐在屋里做的（这里的"经"指常道，不仅是五经）。读子书为什么大家亲切，那是诸子一生的心血。诸子干了一辈子，临了，没干完，笔之于书，告诉后人接着再做。"督物以为经"，以白话言之，得顺着事物走，不可像鲧治水，用叠坝式的，那不行。事情发生，我们不知事情的变化，不知顺着事情的变化先下手去做，那绝对不行。顺事之变往前走，好坏都是经，好为训、坏是戒。我们应该观妙于无，观为何无能御有？专以有御有是最下焉者（例如专施小惠）。

（二）"督物"，物包含事。事情发生，我们顺着事情的演变去处理，得了经验，大家按这经验去做，都得一定的结果，这就是经。这个结果不论好坏都是经。好的为训，坏的为戒。所以说：经者，常道也。事情发生，必知事之演变，顺着事之变先下手去做。

无名，天地之始；有名，万物之母。

【王弼注】凡有皆始于无，故未形无名之时，则为万物之始。及其有形有名之时，则长之、育之、亭之、毒之，为其母也。言道以无形无名始成万物，以始以成而不知其所以，元之又元也。

毓老师口述笔记

无为有始，有为名母，故道其非常道。以无御有，循有辨物，督物以为经，故五千言以"天之道利而不害，圣人之道为而不争"，结其志则（责），深（身）体斯言，则知老氏立说之旨矣。

无为有始 因"无名天地之始"。

有为名母 因"有为万物之母"。既然有始有母，当然大家"道其非常道，名其非常名"，如果都道其"非常道"，名其"非常名"，岂不是（与真的道）背道而驰？所以老夫子（老子）一开始就说："道，可道，非常道；名，可名，非常名。"先从正面下定义，表明"其用适其反"。后面又说："反者道之动，弱者道之用。天下万物生于有，有生于无。"（第四十章）

天之道利而不害，圣人之道为而不争 见《老子》第八十一章，最后一句。将第一章首句与第八十一章最后一句，贯在一起就明白了。

结其志则（责）"其"，指老子。"志则"，指老子之志、老子之则。"则"，同学笔记或作"责"。均可通，故两存之，供识者参考。

"天之道利而不害，圣人之道为而不争"与《中庸》"万物并育而不相害，道并行而不相悖"相通。儒家讲"货恶其弃于地也，不必藏于己；力恶其不出于身也，不必为己"（《礼记·礼运》），即"天之道利而不害，圣人之道为而不争"。

外国人把《老子》《易经》《庄子》搞在一起，做嬉皮。同学看这一段，老子讲"无为"，何尝教人留长头发、吸毒、不要穿裤子（指标新立异反社会）？

老子看到"道，可道，非常道；名，可名，非常名"，但老百姓必道非常道，名非常名。所以老子说"反者道之动"。为什么？因为其用"适其反"，不反不行。所以做事，必要懂由反面入手。像诸葛亮明白了半句，就"欲擒故纵"，很阴的。

为什么说明白了半句？因为"反者道之动"，正合乎《大易》之道——生生不息，生生完了，回去再来，永远不息。所以第二章以后即言"反"。

（1978年7月17日复讲）

我们现在讲《老子》，有三个本子：一、宋龙渊《道德经讲义》；二、王弼注；三、严复评点。

宋龙渊的本子，最后评论有时代背景，专制时代说话含蓄。康熙序言:"凡宗室皇胄、暨文武臣工均皆敕读。果能勤成修习获最胜福田,永臻快乐。敕书为序,以示将来。"就是希望大家不要争,共享荣华富贵。但是这本子可看。(宋龙渊本,最后言:"然则欲积于己,不以公诸人者,虽放其言,巧其辩,多其知,终不合于天,背于圣,究无益于人,亦无益于己。经文已终。深著此义者,见人打破个私字,则知人己一体,得则俱得,打不破个私字,则人我必分,失亦俱失,深为万世致警也。")

《道德经》王弼的注,是道家中最好的。

严老夫子的批,批于清末,比较近代化,有新观念。至于可否,同学自己了悟。

这几个本子,都可以看。然最重要贵乎自己深了悟。先了解字面,再去深体悟。

宋龙渊的注很重要,因为"其言洞彻,秘义昭融"。同学最好自宋夫子入手,再看王弼注,然后看严批。看古人的解释,和今人有什么不同,自己慢慢了悟。当年老师读《老子》,即由宋龙渊注入手。

"道,可道,非常道;名,可名,非常名"。但人事上,恰好相反。人之所道单讲(皆)非常道,人之所名皆非常名。一般人所讲《老子》左一本书,右一本书,所言不过非常道:那可说都是过眼云烟,真如富贵于我如浮云。

毓老师笔记

"以静制动、以弱胜强、重为轻根、静为躁君、反者道之动、弱者道之用。"

求（研究）老子之书前必知这几个原则：

这即是《老子》的宗旨，融会贯通，就明白完全不是讲形而上的，都是讲用世之事。道家未学到相当境界，就流入申、韩。法家即自此而来。法家也学老子之学，也学老子之术，等学不到最高境界，就成了法家。不过，虽不到最高境界，也不得了，像商鞅多厉害！

以静制动 并不是像老和尚（老师举广钦为例）闭上眼在那一坐，孙悟空就翻不出老佛爷的手掌心。那是吹牛。以静制动，那是观徼、观妙。此段可与《孙子》（《孙子兵法》简称，下同）"计利以听"相参悟。

为什么要观徼、观妙？因为要"知常"。有些人不知常，莽动。"不知常，妄作凶"（第十六章）。常，常规、常轨、常法，可法可守的地方，都叫常。不知常规、常道，乱做，一定凶；知常，还不妄作，才吉。何以知常？不是做梦中得来，是自经验中得来，是观"妙""徼"中得来。那个"徼"和"妙"即常。举个例子，美苏斗，与我们无关，我们在旁边看，等斗完，我明白了。怎么明白了？因为我知常了。等再打，我就知道该那么打才对，该那么出拳才对，因为我知道下手的"徼"和"妙"了。

有些小伙子不知常，说要牺牲。一个时代变，那牺牲的，多得很，像吊猫仔（俗谚"死猫吊树头，死狗放水流"）一样，人死算什么？但都死了，都做了烈士，怎么成事？得做元老才行，元老才能成事。乱牺牲，那就不知常，妄作，结果凶了。

不知常，做事不合常情，老太太都骂。你把垃圾倒在人家门口，你看那老太太骂得可凶了……

　　静观天下皆自得，得什么？即得"常"。得常指得常理、常道、常术、常法、常情。最低，得通常情。常则不索隐行怪。看天下事之妙、看天下事之徼，然后皆自得。察一切事物之所以然，才能下手做事。

　　静是功夫，是提功夫的都不能躁。性急的人，没有静的功夫。有工夫，才有功夫。谋事，不是一两天工夫就能成，非一蹴可就，在乎慢慢地谋。因此，事未发生，要防未然；发生了，要静住，好好养足精神，准备对付他。所以，事未发生，可以急一点，快快弄，早准备，防未然；发生了，就不是一天、两天能解决。得懂得"待"，等时、等势、等机……都凑齐了，然后才能成功。

　　谋，要有静的功夫。静的对面，就是躁。没有功夫，就是躁者。

　　躁，好发脾气，不行，不能谋。"智者不怒。"

　　"静为躁君。""君"，主也，动词。静是躁之主，也就是静能控制躁。要想静能控制躁，得下功夫。下这功夫，得自"躁"入手，不是自"静"入手。

　　不知己为躁所误，就不会接受静。人没有吃过躁的亏，就不会接受静；等吃了躁的亏，当然静。像小孩，被热水烫过，一看茶碗有水，他就加小心，叫他摸，他不摸，为什么？因为挨过烫。不过，七八十再静，那就太迟了。

　　人要有几分蔫气（蔫，音 niān。不动声色，有深沉的意味），乃能谋事。暴躁如雷不能成事。天下事不是一吼一骂就成了。子曰："暴虎冯河，死而无悔者，吾不与也。必也临事而惧，好谋而成者也。"（《论语·述而》）死了还不后悔，孔子不和这些人混；孔子和（阴险鬼）在一起，不和直线条的在一起。可见孔子也是弯曲之士（戏语）。

"好谋而成"，特别重要。这不仅在行事上如此，在思想上更是如此。不"好谋而成"，思想发展不正确，得不到好结果。思想产生信仰，信仰产生力量，这是必然的；但这得正确，不正确，有力量，也没好结果，也没成就。历史上，知道名字的人不少，有成就的太少，因为能体悟的就少，能体悟而行之者，更是少之又少。

同学子书也读了不少，用事用不上，因为不熟；等失败了，一拍脑袋，说："怎么没用上！"这就不熟练，这就未能"静观自得"。"静观自得"，（那个得），皆自得，在乎自己悟。能自得，行事才能"皆自得"（无入而不自得）。到那境界，自然阴险（有城府），不是学阴险，因为开口就不说真的（有层次），也没法说。一个人的志，能天天挂在嘴上吗？

尤其今天的中国人，必好好学几套。因为，今后打硬仗的时候，没多少。不打硬仗，必打软仗；打软仗，就是斗智。斗智，非庸夫之事。例如喊口号，口号不能乱喊，口号影响年轻人大，因为年轻人没固定看法。初至台，喊"发扬郑成功精神"，郑成功是什么精神？成功了，还是失败了？

"以静制动"，再举个例子，有些人你搞啥，请他参加，他都摇头，说"不行""没办法"。可是，你出哪招，他都懂，他都很清楚。说这一招是这样，下一招就是那样。你这脚踢出去，他就知道你下一手。他就在旁边说："注意呀！要用手来拐了。"结果，果然如此。他看得比当事人还清楚。这种人，你不要说：

"你啥都懂，啥都不干，活着干吗？那你死了算了！"这种人，他有他的看法。你要请教他："您老咋知道的？"没别的，因为他招熟了。他是观徼、观妙。他就是在旁边，观你之"徼"，观你之"妙"。观的功夫，就在这。没有去观过，没有去察过，没有去体验过，根本是浮的，不是实际的。所以"故常无欲，以观其妙；常有欲，以观其徼"。

回头看"以弱胜强"。

以弱胜强　弱和强并不是力量的比较，硬的话一掰就断了，要像柳条，怎么折，都不断。拿这"弱"就能制这"强"。怎么拿这"弱"制这"强"呢？以弱制强是功夫，外面有压力，变点形；等到压力一去，又回来了，并不失自己。过硬、过强往往失己。过刚，不但变形了，很可能一下子崩了。以弱胜强，要识时、识势、知己、知彼。为何要以弱胜强？因"知命者不立乎岩墙之下"（《孟子·尽心上》）。知自己责任之所在之人，绝不走危险的路子。是以知自己责任之所在之人，必以弱胜强。要是太硬、太强了，光打硬仗，结果不但没达到目的，还把自己折了。

以弱胜强，是以弱之功夫胜强。弱并不是软弱，是柔、是表面示弱。这即是儒家说的"卑以下人"。

重为轻根，静为躁君　所以老师常告诉你们（指同学），不要看社会上浮浮的名利争夺，只要你是重，必为一切之根。"王者，天下所归往"，明白吧？那就是道家说的"重为轻根"。只要你是"重"，必为"轻"之根。

不管上面如何热闹。轻，必得系于根。只要自己有功夫，就不必考虑那些虚浮的、轻的，因为你必为"轻"之根。中国有一句话：麻雀岂知鸿鹄志。只要你是鸿鹄，就不必担心麻雀叫得比你响亮；只要是锥子，在什么地方，都会把尖露出来；只要自己修得"重"，他们爱怎闹，就怎闹。因为"兔子绕山跑，终究归老窝"，落叶归根。懂吧？你们看，叶子不论怎么密，怎么好看，一落，就归根了。

明白了这些个（指"以静制动、以弱胜强、重为轻根、静为躁君"），自己从基本下手，识这个"因"，体这个"因"，行这个"因"。不必光想果，不知因，妄作凶。

儒家一切完全求之在己，一个人必要从自己本身去悟。

《春秋》说不可以"虚内务而恃外好"，老子讲得更积极。同学小说看多了，以为老子消极，都误解了，没有比他术再高的，老子和孔子，到后面有很多是相通的。孔子有时说话还绕弯，可能要做至圣，外面多蒙两层纸，等抹掉了，是一样的。抹不掉（看不透），成纸老虎——比美国多一层。这必真明白才行。这里，他开门见山告诉你"以静制动"。可是"以静制动"，必真明白、了解之后，有了体悟之后，才行。否则，岂不成了尽念咒？尽念咒，不成。那些"修道之士"，不是天天念《道德经》？天天念《道德经》，就可以上天堂吗？（光念经，不体悟践行，用处有限。）

我祖父信道家，习丹鼎，临终腹坚硬如鼓。父信佛，素食。我自己啥都不信，但过午不食。传统，早上是天食，中午是佛食，过午是畜生食，傍晚是鬼食。过午吃对身体不好，所以不吃。

许多事物，勿看得太真，都看得很神秘，就失去价值。老子的价值，就在"常"。"不知常，妄作凶"，知常，不妄作；

所以"素（老师念'索'）隐行怪，后世有述焉。吾弗为之矣"（《中庸》）。

打开历史，不知常，妄作，没有不凶的。一个人对一件事，没有真了解，去做，一定没有好结果。必要真明白！那很不容易。真明白就是知常，知常，不妄作，就吉。

这都是要我们修静的功夫、修重的功夫、修弱的功夫，卑以下人。像"舜好问而好察迩言，无一不取于人"（《中庸》），即是修弱的功夫，其实他并不弱，到最后是强中之强。故"君子和而不流，强哉矫！中立而不倚，强哉矫！"（《中庸》）

"和而不流"是做特务的真言。做特务，得"和而不流"，否则，你没进去人家就知道了，那还行？

"和而不流，强哉矫"，即"以弱胜强"。人家说要"马杀鸡"（色情按摩），一起去，看清"马杀鸡"的妙、徵，最后自己不"马杀鸡"，这才是"和而不流，强哉矫"。

为什么要"和而不流"？因为你在那团体之中，你才发挥作用。跟那团体有距离，那团体一看你，就特殊，说你是职业学生，不与你接近，就不发挥作用。

国民党失败，是有原因的。闷罐摇，一碰，碎了。

如何以弱胜强？先培弱的功夫。工夫不到，功夫不成。

熊夫子（熊十力先生）说中国之学源于道，《老子》一书如此简单，如果说老子一定在庄子之后，我不相信。中国之学就是一。孔子会说话，他说"一致而百虑，殊途而同归"（《易经·系辞下传》："天下同归而殊涂，一致而百虑"），这还不够，他要"小德川流，大德敦化"。他一家都包办了。这些都不是空的。"大德敦化",光说不行,必得懂"敦化之德",必得有敦化之术。怎么去达到敦化?得"和而不流"。前面所讲"和而不流,强哉矫"的机术多厉害,真做到,怎么不"小德川流,大德敦化"?这和"重为轻根"是一样的,修到境界,都成了。

经子之学,根本是一个。道不可分,分是分饭碗(分家立说,以谋生存),他们都是要用世(事)。要用世(事),必有用世(事)之术。如此,(他)怎么说都行,你学啥都可以。但得求用世(事)之术,不能像老太太念经(有口无心)。真明白,说上面,你就知下面(经子书虽不同,但对问题,则有相通之处,对某一经或某一子,真明白,看他书上句,则知下面要说什么)。真修得明白,指那打那。为什么用不上?因为老是分得一截一截的:这是《老子》的,这是《中庸》的……就用不上了。但这必得熟,把书当大玩意,天天玩,跟生活环境融在一起,贵精不贵多。今天学老子,在学老子的用世(事)之术。朱子《四书集注》,那是儒家的禅宗。

治世如治病,中医讲望、闻、问、切,名医没有摸人手的,病人来,一看病人的面,就明白了;有的听声音就知道了;有的问一问。等切脉,则快有交代了;切脉才知道什么病,慢了。为什么能这样?因为修得静的功夫。社会病亦复如是,只要功夫到了,"重为轻根、静为躁君","兔子绕山跑,终究归老窝"。他满山跑,没关系,叫他跑去;说两人打起来了,没关系,叫他打去。我们远点看,看不清楚,拿望远镜看。有静的功夫,你打,我才知道你的宝贝——徼、妙。一出手,就把你拿住。

中国人在血里就有政治机术，不用读书，就搞过鼻子（外国人），鼻子懂什么？外国人学中国东西，懂吗？五十年后。所以老师教洋学生，只教一半。

懂了吗？"大德敦化"，必得有敦化之术。"和而不流"，即其一。我"和而不流"，你必和我之流。真懂一句话，必找因；识因，乃知果。

读中国书，必明白：中国之学皆是政治之术，政治是管理众人的事。没什么形而上的。

回头看"反者道之动"。

反者道之动 第二章以下尽讲"反"。如："有无相生，难易相成，长短相形，高下相倾，音声相和，前后相随。"这边说"反者道之动"，什么是"道之动"？得有用。道不是空的，得有对象。"反者道之动"，这和《易经》完全一样。

社会上有好就有坏、有善就有恶、有难就有易、有长就有短、有美就有丑。所以你长得美一点，他长得丑一点，何必在意呢？有时候丑一点反而值钱——丑人经老。既然有善就有恶、有是就有非，那何必还在意褒贬呢？那何必还动心呢？自古就是你骂我，我骂你，骂下来的。为什么骂你，就难受？你不是也骂过人家吗？

所以"反"不是坏事，是道之动。是非、善恶、长短、丑美……如一母生九子，九子各别；各别不是好坏，不是善恶，是道之动。不动则无用。

一母生九子，九子各别，九子都是龙。各因其性，都有成就。可见母亲的伟大。母教重要。母教自胎教始，中国很早就讲优生学。《玉匣记》①一书就详细记载了，自受孕起阴晴、风霜、雨露等的影响。中国，自怀孕，母亲行、止、坐、卧、吃什么、听什么音乐都有一定的规矩，移炕规矩更大。这不是迷信不迷信，这可看出中国人善用智慧，对生活每一细节都重视，都讲到最致密处。我们今天，也应发挥我们今天的智慧，重视这些问题。

中国人健康，中医关系极大。可惜民国九年（1920），废除读经之后②，若非陈果夫等人反对，中医几乎废掉③。后来虽然没废，但绝未拿钱出来宣扬中医。不过当年政府不重视，大陆尚有名医传道，等渡海来台，真懂中医者无几人。

今天我们讲书，亦复如是。成就一件事很难，毁掉，很容易。就这几十年，中国的音乐、礼法、国学、医学等都没了。

社会永远不齐，就因为不齐，所以庄子讲《齐物论》。《庄

---

① 《玉匣记》，原题许旌阳撰，实际为明朝道士之作。一卷，收入《万历续道藏》。卷首有宣德八年（1433）吴子谨序，内称许旌阳怜悯祈禳者触犯天地禁忌，致生灾殃，故撰写此书，姑苏道友倪守约得之于异人，刊印传世。

② 民国元年（1912），蔡元培在学校体制内，完全废止读经科，但小学内虽不读经，却仍保留"国文"文言文课程，民间私塾也继续保留读经的传统，这两个途经延续了文化的命脉。民国六年（1917），胡适发表《文学改良刍议》；八年（1919），五四运动起；九年（1920），教育部听从胡适的建议，将国小国文课全面改用白话文。此后，国人别说是读经，渐渐连一般古文都不读了。

③ 1879年，朴学大师俞樾发表《废医论》，明确地提出废除中医主张。1913年北洋政府教育总长汪大燮主张废止中医，不用中药。20世纪20年代曾在海外待过的名流学者，如余云岫、鲁迅、孙中山、胡适、梁启超、严复、丁文江、陈独秀等倡导废除中医，认为中医属于方术范畴。鲁迅《呐喊》自序中的"中医不过是一种有意的或无意的骗子"一语尤为著名。

子》前七篇很重要。第一个《逍遥游》，讲自由主义；第二个《齐物论》，讲平等；光知道自由平等，没有修养不行，所以第三讲《养生主》——什么时候缺德都不行，自由平等也不能缺德。

我们为什么讲学讲到先秦？因为夏、商、周三代封建力量衰微，到周末叶，有知识的人受到压迫，或看到老百姓受到压迫，到这时候大家都要晕晕了（受不了了），每个人陈述他之所见、他之主张，解决问题。这和我们相仿。所以我们从最古讲到先秦，看看他们思想上的变化，看思想上的变迁，这很重要。

为什么讲"夏学"？因为中国最早称"夏"。这个夏，不是夏朝。是《尚书·尧典》"蛮夷猾夏"的"夏"。讲夏，指大同世说。讲夏学，表明我们讲大同世之学，不讲小康世之学。夏学为什么讲到先秦？因为到先秦，诸子百家争鸣，有的还走小康的路子，甚至更紧——像法家盛得不得了。有的感觉小康压迫太厉害，又谈大同世、谈夏学了。我们讲书的程序，讲夏学，是往这接下去的。慢慢同学会明白，中国学问的学统。

中国的道就是一。"形而上者谓之道，形而下者谓之器"，道器是一个。止于一，就是正。所以中国的道统就是正统。这些观念，同学读了《尚书》，就明白了。以后应该画一个表说明之。

回头看"弱者道之用。"

弱者道之用　反是道之动。既然动，就不能白动，就要有用。什么是"道之用"呢？"弱"是"道之用"。弱不是软弱，参看前面讲"以弱胜强"的"弱"。一个美的孩子，不必在丑的孩子面前自豪，自豪就是没修养。应该"弱"他一下，至少忍一下自豪感。我们遇着硬的就扁，硬的走了就圆，虽然变形，绝不失己，这就是"道之用"。以白话讲，我们可以忍耐一切，以达到目的。

明白"反者道之动，弱者道之用"，看那些是是非非、善善恶恶，没什么美不美、丑不丑的问题，那是"道之动"；忍耐一切达到目的，也没有什么丢不丢脸的问题，那是"道之用"。

明白"反者道之动，弱者道之用"，再往下读，就懂《老子》没一句话是空的。但是得好好学，学不到一个境界，必糟。都成了阴险鬼、吝啬鬼，那就完了。法家的残酷，就是由这里来的。

故常无欲，以观其妙；常有欲，以观其徼。

【王弼注】妙者微之极也。万物始于微而后成，始于无而后生。故常无欲空虚，可以观其始物之妙。徼，归终也，凡有之为利，必以无为用；欲之所本，适道而后济。故常有欲，可以观其终物之徼也。

"故常无欲，以观其妙；常有欲，以观其徼"，这句话有两解。另一个念法："故常无，欲以观其妙；常有，欲以观其徼。"两种说法都可以。我们不是讲书（读死书），是告诉同学要点——做事的要点。

这都是静观的功夫，但层次不同。

"有"者，有立场，站在某一立场（人、时、地）去"观其徽"——行事的方法，求其道道。从另一方面讲：有事，就有这事的道道。因为有形了，就有所据，就有欲，这就"观徽"。

"无"指无私，无意、必、固、我，以观其"妙万物而为然"之妙。"妙"，就是一切事之所以然。我们得察一切事之所以然，求其生生不息之契机，求其玄牝之门，然后下手。以孔子之观念言，观徽者执一以御万物，观妙者变一为元。

以"无欲""有欲"断句，也说得通。无欲是什么？无欲就是守中、不偏不倚，大公无私地观一切。有欲，则是站一立场，来看一切。为什么站一立场来看一切？因有所据了。有所据看东西，即有所事。每一事有一徽，不是天下事都一个徽；所以到有欲观徽之时，必有所事，按这事来处理事情，恰到好处，即得徽。无欲，则守中以观妙。守中观妙，了解自然之化，观徽则有果，观妙则是识因。

举个例子：你们俩打架，二龙抢珠，与我何干，胜不必笑，败也不必悲伤。知其胜败之妙、徽的下手处——以静制动。他们谁都不管，看其妙、徽。战争胜败乃名词，胜败损失一也，聪明人不干这个。美苏谁胜利不管，单注意他俩之妙和徽，等自己干事时，就知从那个徽、从那个妙入手了。这必得印证实事方能了悟。

说"守中"，大家不要又糊涂了。"守中以观其妙"，就是不杂一点私，客观地来察万物自然之演变。万物包含事，即万事。什么是客观地察万物自然之演变？就是不加一点外力。例如我们观察埃以冲突，我们察其自然之演变，得一结论；突然，卡特插进来一脚，原先得的结论，变了。假如，又有人进来伸一脚，那又变了①。察万物自然之演变，是识它的因；等外面插一脚得的果，那是因中结的旁果——不成的果。

再换角度说，我们判断一件事的时候，必先从它本身来认识，把周边的环境都放到一边，先从它本身认识，从它本身认识完以后，再把周边环境因素加进去，看那演变，那才能对一件事做出真正的判断。如光知道看环境的演变，而忽略了本身的演变，这事情不容易判断正确。

所以常无欲、常守中、不偏不倚地观察一切自然之变，看它为什么变到这个程度，为什么变得这么"妙"。"常有欲，以观其徼"则不同，这是究果。识它的因还不够，得究果，这一究果，可得有欲了。因为什么？因为究果必得有所据，必得执定一个物、一件事，据物以察徼。

毓老师笔记

"据物以察徼，徼却在无中而有据，隐微独知所以为徼，动必有复，故知其徼，究果也。"②

徼却在无中而有据 徼在无中，看不见的东西，但是其中

---

① 老师讲课时是 1978 年，当时美国总统卡特做调解人，于美国邀请埃及总统萨达特与以色列总理贝京两人会晤，就解决埃以自 1948 以色列建国以来长达三十年的冲突进行协商，最后达成埃以戴维营协定——《埃以和约》。

② 参见宋龙渊注："常有者，有形有象，自古及今，在在皆然，是以谓之常有。此是太上欲世人在常有之中，要观其至道的的确确之徼，实在之窍，却在无中而有据，隐微独知，所以为窍。人果能观常有，而洞见其徼，则知常有者，即是有名万物之母。经中言常有欲以观其徼，即是此义。"老师笔记据宋注而详之。

有个理，必然之理。

隐微独知所以为徵 隐微，它不是一看就可以知道，它很隐微。但是唯有下功夫的人他自己知道。像画画、剪纸，那有道之人绝比我们高，但这微妙处，我们不懂，"隐微独知"。

动必有复，故知其徵 "动必有复"，这东西动了，它必得回来，回来的就是"其徵"。

究果也 有果之后始能察徵。因为刚开始那是因；有那个因，结了这个果；这个果，就是有了这个事实，有了这个东西。根据这个东西，根据这个事实，才能研究这个徵。

如"古者庖牺氏之王天下也，仰则观象于天，俯则观法于地，观鸟兽之文，与地之宜，近取诸身，远取诸物，于是始作八卦"（《易经·系辞下传·第二章》），这是因。但是等我们研究的时候，得找那个徵。怎么找那个徵呢？找迹。因为它必有迹。"动必有复"，"复"即迹。只要你动，必得回来，回来就有迹了，"故知其徵"，根据这个迹，就知道这个徵。所以《论语》上说："子张问善人之道。子曰：'不践迹，亦不入于室。'"（《论语·先进篇》）"践迹"不是坏，"践迹"就是要知道徵。

有些人特别聪明，如伏羲，就不"践迹"。可是一复了，复回来以后的，都得践这个迹。"践迹"的，就是识徵的，也就是"究果"的。

研究这事情结果的人，才懂得去"践迹"，懂得去"践迹"的人，才是知道那个徵的。

我们说"徵"，"徵"是什么？再简单点说，我们做什么事，都有一个窍门。"徵"，就像那个窍门。做事，那个不懂窍门的，就徒劳无功；懂得窍门的，就一发百中。他是怎么知道这个窍门的呢？因为"动必有复"，无论什么事，出去了必得回来，只要你回来——复，就有迹。根据这个迹，我们就可以追到它的头，也就懂得徽。所以说，不知徽，就徒劳无功；知道徽的，就一发百中。但话说回来，徽只是像窍门，还不就是窍门。要悟（《论语·阳货篇》："恶徽以为知者"）。

这个徽，不能教，别人爱莫能助。所谓父不能传子，夫不能传妻，也没法传。为什么？因为"隐微独知"。两人是亲弟兄，可是，不同！识徽、究果都不同，不但不同，并且差太多了。所以不能传，也没法传，爱莫能助——这就因为"隐、微、独知"。这都是功夫。

有徽有迹，也得懂得循这个迹的，也得懂得究这个迹的，也得懂得识这个迹的，然后才能"践迹"。如果没有经过这步功夫，要"践迹"也办不到。所以"隐微独知"，这都是功夫。

什么事都有一个徽，人家懂徽的，就一发百中，我们不懂徽的，就徒劳无功。大伯子背兄弟媳妇——挨累不讨好。

一切都在功夫。有了工夫，才有功夫。功夫，最重要在"默而识之"。"默而识之"，所以"隐微独知"。"默而识之"，可不要像一般白话解成"我默默地把它记住了"。那可成背书了。"默而识之"，就是心会神通。因为心会神通了，所以才"隐微独知"。那隐而不显的，微而不可见的，唯有你自己知道，因为你有心会神通的功夫。这不是每个人都能一样的。像大家同读一本书，了悟的结果，所得的结果，完全不一样。宋龙渊的注，完全指用上说，完全告诉我们如何用事。像宋龙渊道家嫡传，还老讲齐家、治国、平天下，更可见老子，不只是念念经，上天。

再说一遍"常有欲，以观其徼"。"有欲"，就是有所据了，不是据于物，就是据于事。因为有所据了，我们才来查它的徼——说"窍门"好懂。什么是"窍门"？这个事情过去了，有迹，我们循这个迹来研究其所以然。"复"字要特别注意。"动必有复"之复，与复卦之复同。复不是回来就完了。

回头看"无名天地之始；有名万物之母"的王弼注。

【王弼注】凡有皆始于无，故未形无名之时，则为万物之始。及其有形有名之时，则长之、育之、亭之、毒之，为其母也。言道以无形无名始成万物，以始以成而不知其所以，元之又元也。

毓老师笔记

长之、育之、亭之正其形以致用。毒，厚之，以存永终不易之德，而示玄德之况也。

再看"常有欲，以观其徼"的王弼注。

【王弼注】徼，归终也，凡有之为利，必以无为用；欲之所本，适道而后济。故常有欲，可以观其终物之徼也。

"归终者，归于终极之用也。故言有之以为利。"

王弼说"徼归终也"。前面我们讲"徼"是复之迹也。比这个（王弼说）容易明白。

王弼注"凡有之为利，必以无为用"，同学仔细体味这句话，必有所悟。用现在话说，最重要的，我们要无中生有。得从无中生有，那才是真的利。拿一个东西，换人家一个东西，那不稀奇。笨牛也办得到。"凡有之为利，必以无为用"，若"有之为利"，以有为用，以原料换人家一点东西，那太糟糕了。看看有的人就指空卖空，啥都骗来了（此指台湾地区只求经济发展，顶多不过以物易物；大陆则以第三世界折冲美俄，以虚击实，另辟天地）。

所以我们讲子书的目的，不重"量"，要重"通"。什么东西，如果只知道脚踏实地，一比一，那就完了。

同学一听"指空卖空"，可能要说不是"不诚无物"吗？怎么又"指空卖空"了呢？的确，"诚"乃有物，"诚"下十年真功夫，那就是"真"，真就有物。反过来说，不下真功夫就无物。真下功夫，能不通吗？真通了，会无物吗？（下功夫，才是真，才是诚，才能真有所得。反之，虚名而已，那不是诚。）

孟子说："大人者，言不必信，行不必果，惟义所在。"（《孟子·离娄下》）孔子也说："微管仲，吾其被发左衽矣！岂若匹夫匹妇之为谅也，自经于沟渎而莫之知也。"（《论语·宪问》）

读书必要抓到要点，不要食古不化。

再看王弼注："欲之所本，适道而后济。"对"欲"的限制太智慧了。人不能没有欲，但"欲之所本，适道而后济"。我们的欲，可得合乎道。"济"，圆满的结果。

旧社会，事情办完，盖个"济"字，或"讫"字。今天日本仍如此。

注意！"欲之所本，适道而后济"。不要看道家讲这么多阴险事，管自己可下真功夫。欲，得和道"合适"才行。也就是说我们的"欲"，不能超过道，不能超过良知。

什么是道？良知就是道。做坏事，躺在床上，不舒服，那就不合道。衡量"道"，最低的就是良知。不论做多少坏事，总有天良发现的时候。良知说不过去，就不合乎道。等做了事，心里很安，即合乎道。对欲，必有克己的功夫，"适道而后济"。利呢？"凡有之为利，必以无为用"。多厉害！对自己加上修的功夫，这就是诚。"责己也重"（韩愈《原毁》："责己也重以周"），就是诚。因有这诚的功夫，那就有骗人的能力，无中生有。有人真这么干，指空卖空，什么都得了。那就是把王弼注读通了。

此两者，同出而异名，同谓之玄，玄之又玄，众妙之门。

【王弼注】两者，始与母也。同出者，同出于玄也。异名，所施不可同也。在首则谓之始，在终则谓之母。玄者，冥也，默然无有也，始、母之所出也。不可得而名，故不可言，同名曰元。而言谓之玄者，取于不可得而谓之然也，谓之然，则不可以定乎一玄而已。则是名则失之远矣。故曰玄之又玄也。众妙皆从同而出，故曰众妙之门也。

"同出而异名"，同出而名不同。

"同"，同之处即玄、即一、即元。一指体言，元指用言。到元，就动了；就生生不息。所以"元者善之长也"（《易经·文言》）。

"玄之又玄，众妙之门"，生之又生众妙之门，元之又元众妙之门。所以"成性存存，道义之门"。

毓老师笔记

"成性存存"，仁曰：存而不放之谓。

毓老师金句

学校钦定之枉，道正率性之元。

道祖羲皇述尧舜，学宗至圣绍董何。

道祖羲皇，学宗素王。

华文五洲首，夏化一统流。

学不可缓，亦不可急；缓则怠而无功，急则进锐而退速。

扫一扫，进入课程

天下皆知美之为美，斯恶已；皆知善之为善，斯不善已。故有无相生，难易相成，长短相较，高下相倾，音声相和，前后相随。是以圣人处无为之事，行不言之教。万物作焉而不辞，生而不有，为而不恃，功成而弗居。夫唯弗居，是以不去。

天下皆知美之为美，斯恶已；皆知善之为善，斯不善已。故有无相生，难易相成，长短相较，高下相倾，音声相和，前后相随。

【王弼注】美者，人心之所以进乐也；恶者，人心之所恶疾也。美恶犹喜怒也，善不善犹是非也。喜怒同根，是非同门，故不可得而偏举也。此六者皆陈自然，不可偏举之明数也。

本章尽讲"反"，宋龙渊本作："有无相生，难易相成，长短相形，高下相倾，音闻相和，前后相随。"此言道之动，道不是空的，得有用，有对象，"反者道之动"，与《易经》完全一样。

《易经·系辞下传·第五章》云："日往则月来，月往则日来，日月相推而明生焉。寒往则暑来，暑往则寒来，寒暑相推而岁成焉。往者屈也，来者信也，屈信相感而利生焉。"此即大本，从天之道到人之事。

《易经·系辞下传·第十二章》说："变动以利言，吉凶以情迁。"老子之学本于《易》，而特别懂得变，因为他特别识变。《易经》说"变动以利言，吉凶以情迁"，《老子》第一章王弼注"凡有之所利，必以无为用"，因为什么？用现代话说，一切变动都是有目的的，变动若无利，则一动不如一静，何必乱动呢？

"以"，因也。变动因利而言，吉凶因情而迁。用今天话来说，吉凶以环境而迁、而变。所以，今天你还显赫得不得了，明天你就成为阶下囚。天下事没有绝对的美丑、善恶、真伪，胜者王侯败者贼。你今天说我是假的；明天，假的就是真的，真的就是假的。

一个人不要吉凶一来，就吉凶了。说这下不得了了，我得跳河。也许你前腿下去，后腿还没下去，你就是真的了。那下，如果下去，岂不垮了？岂不白守寡了？总之，没有板上钉钉的事。

《易经·系辞下传·第十二章》接着说："是故爱恶相攻，而吉凶生；远近相取，而悔吝生；情伪相感，而利害生。凡《易》之情，近而不相得则凶，或害之，悔且吝。"与《老子》这段完全一样。有时《老子》还是《易经》的注解，不读《老子》，还不知《易经》那么神。所以，先秦的东西可以比着读。每个可以旁通。

"难易相成"，参见宋龙渊注。

【宋龙渊注】"难"之一字，譬如心思不能到，人力不能胜，或天时、或人事，背乱乖违，不能成就，是以谓之难。"易"之一字，譬如不有造作，不用心机，自然而然，无为而为，是以谓之易。

宋龙渊解"难易"好到极点。"难易相成"，没有易，显不出难来。没有难，也显不出易的美。像同学，没在这屋上过课，能知道冷气的高贵？我们这是"冷热相觉"（老师课室为客厅，此次讲《老子》为戊午年七月夏日，学生多，无冷气，同学挥汗听课，老师曾戏言"汗牛充栋"。此处"冷热相觉"，是戏言，亦另有所指）。

"长短相较"，哪有什么长短？就因为相较，始有长短。明白这个，心中就有定力。因"反者道之动"，善恶美丑没有好坏，那只是道之动而已。没有热，怎么知道凉的宝贵？没有冷，怎么知道热的舒服？不相较何来长短？天下事，自己想一想，等想到通的时候，何必把一刹那看成是真的。就因为自己朝生暮死，才把一刹那看得那么重要。不是朝生暮死，又何必重视一刹那呢？同学看什么大惊小怪，老师看什么笑笑，因为有多少"仓皇辞庙"的经验。

一个人为什么有定力？因为看得太多了。

你说那老头无耻。那是你的看法。我看我的废物，都是芬芳，简直美透了。明白了这，去悟，多少能懂些……总之，不要把一刹那看得惊天动地（老师有身世之感）。

举个例子，像管仲与召忽，季路看召忽简直废物都香，老夫子不以为然，识之为"岂若匹夫匹妇之为谅也，自经于沟渎"，自己还不知道——"而莫之知也"。这就是季路太重视一刹那了。孔子对管仲不但不去死、还相之，就说："桓公九合诸侯，不以兵车，管仲之力也""微管仲，吾其被发左衽矣""如其仁，如其仁"（《论语·宪问篇》）。老夫子看的就不是一刹那，而是刹刹那。

这两观念要注意。

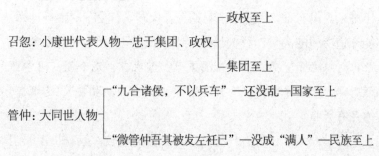

召忽：小康世代表人物—忠于集团、政权—政权至上 / 集团至上

管仲：大同世人物—"九合诸侯，不以兵车"—还没乱—国家至上 / "微管仲吾其被发左衽已"—没成"满人"—民族至上

孔子为什么又批评"管仲之器小哉"（《论语·八佾》）？孟子就解释了："管仲得君如彼其专也，行乎国政如彼其久也，功烈如彼其卑也。"（《孟子·公孙丑上》）当然其器小。管仲"九合诸侯，不以兵车"，再努力进一步，则大同。等"九合诸侯，不以兵车"，不再进一步，就停住了：不但"有三归，官事不摄"，"邦君树塞门，管氏亦树塞门；邦君为两君之好有反坫，管氏亦有反坫"。不但不进一步大同，回头功高震主，咱们和邦君看齐："邦君树塞门，管氏亦树塞门；邦君为两君

之好有反坫，管氏亦有反坫。"结果邦君管他叫干爸爸了——仲父，这不是"小哉"吗？

由这里可以看出孔子思想，与小康世思想完全不一样。

所以我们讲《老子》，先问同学《四书》读完没有，因为要从《论语》里头认识许多问题。

我们现在讲书，要把大同世、小康世，分得特别清楚。

我们为什么称作"夏学"？即为别于小康世之学。夏学即大同世之说。小康世之学，如廿五史。一部廿五史，那是小康的陈迹。那一部书就八个字："助贼为虐，残民以逞"。《孟子·梁惠王下》就说："贼仁者谓之贼；贼义者谓之残。"那些读书人，就是"助贼为虐"，谁要是"善政得民财"，谁就出息了（见《孟子·尽心上》："善政，不如善教之得民也。善政，民畏之；善教，民爱之。善政，得民财；善教，得民心"）。其实那帮的都是"残贼之人"，"残贼之人，谓之一夫"。

前次上课（非《老子》课），我们说中山先生自言他的道统乃继之"尧、舜、禹、汤、文、武、周公"，绝对有问题。因为尧、舜是大同世，禹以下是小康世，《孟子》就说"至于禹而德衰，不传于贤而传于子"（《孟子·万章上》）。中山先生是承之于尧、舜，绝对到不了禹。

我们讲书重点，和别人不同。举个例，《尚书》的排列：《尧典》《皋陶谟》《禹贡》《甘誓》……《胤征》。

《甘誓》说什么？禹传位其子，有扈氏反对。《淮南鸿烈·齐俗训》说："昔有扈氏为义而亡。"一个人要是死后有人说他"为义而亡"，是多么光彩之事！高诱承马融之说言："有扈，夏启之庶兄也。以尧舜举贤，禹独传子，故伐启。"

接着，《胤征》①。胤，胤子。有人说胤国、子爵；有人说是姨太太所生之子。我们认为如为后说，更有深意。

他们都认为禹传位其子不对，起而反抗。可见到这个时代，尚有大同之义。可惜自禹以后，大同义不传。至周末，读书人又起来，各树其说，从那（立说）里面，可以看出来那时代有人主张大同世，有人主张小康世。现在我们讲书，要把大同、小康之学，分得特别清楚。

同学中有说"公羊家之学有问题"。汉朝有公羊家，这没问题。但若以为公羊家的哲学即是孔子之学，则有问题。孔子讲的是《春秋》，不是公羊。我们讲这，是重视一个时代的演变，重视这个时代有大同世的思想。我们不管谁接着谁。

等到董仲舒的弟子眭弘（字孟），就劝汉昭帝禅让，结果被杀。可见大同世思想，是历代传下来的，公羊家族传到了汉景帝时，著于竹帛，特别盛。最糟的就是到郑康成，混同今古文，把思想的不同说成文字的不同。郑康成可以说是小康之说的集大成者。

推动古文经学最力的就是刘歆。其父刘向尚主大同之说，等到刘歆，是第一个巩固小康世的人物。把这些都弄清楚，然后去学，看看哪些是小康世的东西，哪些是大同世的东西。可见中国是有两个传统的思想。我们先不管他哪个思想对，但必要把脉络弄清楚。绝不能说，我这个道统是由尧、舜、禹、汤、

---

① 《胤征》，《今文尚书》无，见《古文尚书》。《古文尚书》，或谓汉时，鲁恭王修宫室，坏孔子故居，得自孔壁中。《胤征》一说：夏启死，子太康继位。只顾游玩，不理政事。羿夺得夏政，立中康为王，太康出亡。和氏与羲氏反对羿的做法，羿派胤率兵讨伐羲和二氏，战前作誓师辞《胤征》。

文、武、周公传下来的。那不是读了《礼运大同》①，以为讲的就是大同，他后面说的是小康。混在一起，岂不是没读明白吗？现在有人主张《礼运大同》是汉儒写的，那更宝贵；证明至少到汉朝，还有大同和小康的思想。我们不是考古，而是看思想的立场。

《礼运大同》我们也不必说它定是孔子写的，但我们可以认识：到汉朝，还有大同思想和小康思想。后来，可以说大同思想为小康思想压制。由这认识，今后我们研究思想，绝不能接着小康思想，再往下胡扯。

我们看民国以来，出了多少大儒，要树立中国新的思想范畴，他们成功与否，那不是每个人的问题，是老百姓接不接受的问题，那要看是不是"宜于民"②。哪个思想老百姓接受，那就成功。不接受，昙花一现。但昙花一现，也是冒个光，也不白冒。

民初大儒像梁漱溟老先生，他之所以没有成功，就因为是小康世的改进派。他想要进步，可是不能放胆，不能把包袱完全丢掉，所以成了学，但没成功。

我们所以提出这个问题，因为中国今天在思想上没有树立，不论哪个主义，完全洋化，中国老百姓不接受。同学们如要树立，必得往前再进一步，老师未必赶得上，同学能不能完成，那就看同学的智慧。不能解决这个问题，还是要失败。

中国近代为什么失败？就因为完全西化。固然面包比馒头、苞谷面饼好吃，可是老百姓不吃。所以，要真加强中国人的营

---

① 《礼记·礼运大同篇》有大同和小康两种思想。
② 《诗经·大雅·假乐》："宜民宜人，受禄于天。"

养，要把面包之营养，放在馒头、苞谷面里，叫老百姓吃，才行。否则，一样无法滋养中国老百姓。不和老百姓结合在一起，老百姓不接受，唱什么高调都没用。

同学应接着中国的思想往前进，不要糊里糊涂，做殡仪馆的化妆师（指帮已僵化无用的东西涂脂抹粉）。过去的，你可以喜欢它，研究它，像吃醋一样，你喜欢是你的事，但不能叫天下人都吃醋。

许多人认为，民国这一段，是中国人的衰落期。我们不那么看，我们以为是胚芽时期、胚胎时期，是新的成长，还没到结果，谁成功不得而知。中山先生是第一个，可是老百姓没接受；黑格尔、白格尔……老百姓也没接受。想毁灭中国文化，老百姓不接受，必失败。我不一定赶得上，也就是说十年、八年，不一定失败。一个思想，能不能适用在今天，完全在乎老百姓接不接受。

人不能食古不化，不能没有头脑。必要说我传学（我，不是老师自道，是指某些人自认为传过去的某派学说），说传学可以，但适不适用于今天，在乎老百姓接不接受。张君劢、张东荪等大儒，都是佼佼者，今天也都过眼云烟。一个思想，过眼云烟，因为老百姓不知你说的什么鬼话。你以康德、黑格尔……做环境讲中国文化（指以外国理论套中国文化），你可以成为学者，那是你的事，老百姓不接受。我们的对象是老百姓，要"使百姓宜之"，如果老百姓不宜之，而倦之，那就与你再见（《易·系辞下传》："通其变，使民不倦，神而化之，使民宜之"）。

大家要重视本身的文化，往前接着走。研究，要接着，不要照着。廿五史不是不能讲，那是历史陈迹，可以做参考资料，不可再完全用它来衡量今天，那太可怜。

教育是生活规范，不是理论。今天做坏事的，都是受这一代教育的。

中国的教育，从"孝"始："先王有至德要道，以顺天下，民用和睦，上下无怨""夫孝德之本也，教之所由生也"（《孝经》）。总之，教是由本生出来的，什么是本？是孝。孝是德之本，教是由德之本生出来。也就是说，孝是人生规范中最基本的一个，离开这个就不能成其教育。所以等到《中庸》说："天命之谓性，率性之谓道，修道之谓教。"天命就是性，顺这个性就是道。道不是空的，"修道之谓教"，就是修孝之谓教。所以"孝弟也者，其为仁之本与"（《论语·学而篇》），教育不能离开生活，离开生活就不是教育。现在小孩都不知妈妈是妈妈，忘了是谁生的。

民国后，两种方法，都没成，我们必接下去做，如果还这样研究思想，那就完了。事情必有来龙去脉，自己乱了脚步，如何领导别人。

韩愈《原道》说："尧以是传之舜，舜以是传之禹，禹以是传之汤，汤以是传之文武周公，文武周公传之孔子，孔子传之孟轲。轲之死，不得其传焉。"把大同、小康混在一起，自己就乱了脚步。中山先生亦复如是。

今天，中国为子孙、为百姓，必脚踏实地，自己快快立大本、立命。张载说："为天地立心，为生民立命，为往圣继绝学，为万世开太平。""往圣"指的是尧、舜、孔子，继的是尧、舜、孔子之学，乱世之学不必继。先认识清楚，才能立命。懂吧？那些糊涂人，有时还说明白话。中山先生，尧、舜以后第一人，然未必能救世；中山思想到今天，完了。我们也是中国人，中国人办中国事，自己要负责任，必要用智慧。智慧，得理路清楚。

我们印《御批历代通鉴辑览》，只印七册，为什么？因为"八卦成象"，《御批历代通鉴辑览》只到明亡，缺清朝，所以留一册。到清，旧的全结束了。以后，看中国人的智慧。

懂吗？中国历史到清，乱制结束，一切重新开始。我们要拨乱反正，返回正统。什么是正统？道统就是正统，尧、舜就是正统。什么是"乱"？世及之制就是"乱"。

学术必有阶段，必有弯，不是一直跟下来；到弯时，全不同。不能感情用事，得另起炉灶，不可留恋过去。

这六十多年，完全用外国东西，有的是小康世改进派，有的是……最多的是混血儿，结果，老百姓不接受，都失败了。这些人都要救中国，都没成。中国问题，必得中国人解决。现在看我们。这不在乎政权，在乎自己。政权都得过去，解决问题，在乎智慧的建树。老脱不下大袍，不可以。我们讲传统，是重视传统的智慧，不是"大袍"。用智慧领导一切。

研究旧思想，头脑得特别致密。今后，不能再走错路子。

今天跟六十年前不同，任何国家亡不了中国——供不起中国吃。所以进可攻，退可守。

回头看："天下皆知美之为美，斯恶已；皆知善之为善，斯不善已。故有无相生，难易相成，长短相较，高下相倾，音声相和，前后相随。"

"王弼注：美者，人心之所以进乐也；恶者，人心之所恶疾也。美恶犹喜怒也，善不善犹是非也。喜怒同根，是非同门，故不可得而偏举也。此六者皆陈自然，不可偏举之明数也。"

因"道，可道，非常道；名，可名，非常名"，故"天下皆知美之为美，斯恶已；皆知善之为善，斯不善已"。这与前面"反者道之动，弱者道之用"，正相应。

同学上课前，必要先看王弼、宋龙渊的注，再听课，才明白。否则听乱了。我们讲的是道家之用。一般人都误解，都以为老、庄无法无天，随随便便。其实不然。他们治事之严、治身之严，实不亚于各家。绝不"码胡"（戏语"马虎"）。

第二章头两句，完全讲"反者道之动，弱者道之用"。一开始悬出一个标题——"反者道之动"。看一个人，他事事不前，一般人误解了，以为他是后退的，其实他是以退为进。咱们看他"弱"，正是他"道之用"。

我们必明白"反者道之动"，乃知"道，可道，非常道；名，可名，非常名"。再进一步说："天下皆知美之为美，斯恶已；皆知善之为善，斯不善已。"可是大家所做的，正是"美之为美""善之为善"。人事往往如此，明知是那样，做，正相反去做，正与道相反。

"故有无相生，难易相成，长短相较，高下相倾，音声相和，前后相随"，可参看宋龙渊注。

【宋龙渊注】"故"之一字，一切事之因。承上文而言之者，谓之故。"有"之一字，譬如有天地、有人物、有形器、有名象者，皆谓之有。"无"之一字，譬如视之不见、听之不闻、希夷微妙、可以神会，不可名言者，谓之无。"相生"二字，即是生生不已，变化不穷之义。当时太上恐后人见有执有，认无执无，所以发明"有无相生"之旨。人皆知有之为有，无之为无；不知有而不有者，乃是以有入无也；无而不无者，又是以无入有也。是故有无不颠倒，则阴阳不返覆；阴阳不返覆，则相生之道不立矣。此所以"有无相生"之妙，隐显莫测，变化无穷者此也。文中言"有无相生"四字。盖是此义。

"故有无相生，难易相成，长短相较，高下相倾，声音相和，前后相随"与孙子"十二诡"[①]相通。

读过《孙子》的同学，知道孙子"十二诡"狡诈得不得了；老子这个，比孙子更厉害。他们谁偷谁，我们不管，但当时的思想是一样的，他们都以此为"用"是事实。等我们今天，不能以此为用，则我们的脑子，就比不上他们的时代。

老子"有无相生，难易相成，长短相较，高下相倾，音声相和，前后相随"和孙子"十二诡"，不是"退而不用"，完全是"弱者道之用"。

"十二诡"多么弱？结果正是道之用，他就弱里头冒坏水。明白了这，才知如何用事（世）。同学读《老子》，千万不要以世俗的观念读，结果把精义都丢了。

---

① "十二诡"："兵者，诡道也。故能而示之不能，用而示之不用，近而示之远，远而示之近。利而诱之，乱而取之，实而备之，强而避之，怒而挠之，卑而骄之，佚而劳之，亲而离之。攻其无备，出其不意。此兵家之胜，不可先传也。"（《孙子兵法·始计篇》）

是以圣人处无为之事，行不言之教。万物作焉而不辞，生而不有，为而不恃，功成而弗居。

【王弼注】自然以足，为则败也。智慧自备，为则伪也。因物而用，功自彼成，故不居也。

"行不言之教"，圣人，专行"不言之教"。"不言之教"，就是天之教。

《论语·阳货篇》子曰："予欲无言！"弟子一听，急了。子贡曰："子如不言，则小子何述焉。"老师您不说，我们没得"盖"了（盖，吹牛。台湾地区学生用语）。子曰："天何言哉？四时行焉。""不言之教"，就是天之教。中国法天的观念，是最高的智慧。因为那个节奏，永远没有错误。我们唯有学天之教，才有轨而不紊乱。孔子不但行天之道，还要行天之教——日月之运、星辰之布、寒暑之转，一切自然之运的事情，我们都得以之为教。

"万物作焉而不辞"，"作"即生，万物生了，得其无尽之利，百姓得了他无穷的好处。"而不辞"，"辞"，一作"说"字讲。他作了万物，有那么多功，可是他不"盖"，不吹牛。"不辞"，不伐，不夸功。万物都生了，能够御天下了，而不表之于言，也就是说"行不言之教"，此为一解释。一作"不辞其劳"。一切万物都生了，他绝不辞其劳，说把我累死了。宋龙渊即采此说。

【宋龙渊注】此句言天地生成万物，千变万化，自然而然，当作而作，未尝辞而不作也。可比圣人教化万民，亦千变万化，自然而然，当行而行，亦未尝辞而不行也。故曰"万物作而不辞"一句。

夫唯弗居，是以不去。

【王弼注】使功在己，则功不可久也。

【严复批】《南华》(《庄子》) 以《逍遥游》为第一，《齐物论》为第二，《养生主》为第三；《老子》首三章亦以此为次第，盖哲学天成之序也。

他批得对否不论，但这启示重要。道家我们不能说他是民主，至少不是专制。如《庄子》(老师说道家)，首篇《逍遥游》，是讲自由主义。第二篇《齐物论》，是讲平等主义。第三篇《养生主》，人生的目的就是养生。为什么要自由？为什么要平等？不外乎养生而已。所以，无论是谁来迫生 (压迫生生)，都是一小贱货。

所以《庄子》内七篇之言，也不简单，不像一般腐儒之言。

古今有知识的人皆欲治世。任何东西，不可以当历史、当理论空讲。那是空的，没用。这不光是我们这么讲，古人有智慧者，也这么启示我们。严先生之批，即言《老》《庄》前三篇，有同一之显示 (似)。

第二章与《齐物论》相似。"有无相生，难易相成，长短相较，高下相倾，音声相和，前后相随"，这没有谁吃亏、不吃亏，这都是截长补短。截长补短的目的，不外乎齐物。

齐物的观念，再如《礼运·大同篇》："货恶其弃于地也，不必藏于己；力恶其不出于身也，不必为己。"以藏于己的，补没有的；我们是高的，以我们的高，补没有的。中国思想都如此，不必分哪家。在旧时代，越分越不像玩意，那是分尸，一分尸之后，大家越看不起了，那他（有野心者）说读啥，就读啥。

同学仔细看，不论道家或法家，他们只是下手处不同，结果都是一样的。就是专制时代，最后目的也是给老百姓谋幸福。不过谋到谋不到，那又是另外一回事。

明白"截长补短"这个观念之后，所以"是以圣人处无为之事"。

"无为"，就是自然，就是没有成见，不显己私，不显己智。"处无为之事"，就是做自然之事，以顺自然为处事之方。"圣人处无为之事"，他无为就无所不为。只要顺自然之事，合乎道，啥都做。

"生而不有，为而不恃，功成而弗居"，他虽然生万物，可是不据为自己所有，做了这么多事，可是没有所恃。功成了，也不居功。就因为他不居其功，所以他的功，永远不离开他。看历史，天下人都抢旗夺号，都抢功，结果都没功；就因为不居功，最后也没法辞掉功。

这个"功"如果像"天无私覆，地无私载"一样，他不辞——不说，也不居功——后人也不去其功。这不是空话，一个人要有成就，不必自己表白，因为实至名归，巧取没有用。必"生而不有，为而不恃，功成而弗居"，修养不至此境界，皆为常人。尤其有思想的人，不必和没有思想的人去争。你有思想、有见地，他如有思想，岂不和你一样？他怎知你的道？

你那葫芦里的药，他根本不明白。如果他要明白你，就不必辩了。

"行不言之教"——不言，"万物作焉而不辞"——不伐。前面不言己之德，后面不伐己之功，也不辞其劳。因为不居功，所以功永远不离开你。这一段历史（**指近代史**），唯有中山先生不居功，始终没有说他是什么，可是我们越来越知他是什么。

人，不必说，说也没用。你不必说什么，到最后是一般平的，大家"功满前期一般同"，最后还是承认你是什么。我们现在都说要像"天无私覆，地无私载"，但修到此一境界很不容易；真到了，到最后，一定归给你。

同学智慧进步很快，行为进步太慢，行为和智慧完全脱节。历史上，没有一个没有行为、没有道德者会成功的。同学不信，可以试一试，天下没有白捡的。要成就，德行进步慢，言行不一致，不可能有成就。你可能养老婆孩，"老天爷饿不死瞎家雀"。人要养老婆孩，容易；要成就，太难！

有成就的人，绝不是缺德的人，没有德行的，绝不能成功。必要自己约束自己，我们的好同学，也不知约束自己。德行进步慢，因欲太深，见啥都要。人必约束自己，约束到"无所求"才行。

"无所求"，是不求于欲，不是要出家。"无所求"，是要"为无为"。社会事必归于"真"。到"义"的时候，必注意。夫子说"见得思义"，我们改"见欲思义"。人有"超天的抱负"，必有"超天之德"。大家坐在椅子上，都有超天的抱负；可是，见欲，就迈不动步了，那怎有"超天之德"？孔子能存在到今天，就因为"与天地合德"。有天地就有他。

同学若完全用小智慧，绝不会成功。老师也从同学年龄过过（走过），同学现在的年龄，绝对愚钝。年轻人光有小聪明，没德行，没人相信你。除了你父亲会叫你买烟（指唯有亲人敢叫你做点小事，别人不敢叫你任事）。

历史上关键人物，历史必写之不可。今天又到关键处，我们又到了抉择之时，必有超凡入圣的本领；有智慧，真能超凡入圣，可将中国领入康庄大道。

中国今天思想，照别人的改，不行；照着改，不健全。尤其像到老师这个年龄的，积习成性，改不掉。年轻的，1960 年以后出生的，或许还有可能。老师现在就希望学生有成就，使中国有幸福。

中国今日确需要救（指 1978 年时），因为走到三岔路口，要强不强，步子未稳，谁都想打中国。中国人必要懂得爱国，必要国家至上、民族至上，绝不可以政权至上、集团至上。政权至上、集团至上，那是畜生。你们是人，不是畜生。国家是中国人的，不是哪个集团的。为了国家，中国人可死光，必出有志之士。

一个时代到了末代，就出一批混蛋，他们给后人留下无穷的祸患。像袁项城（袁世凯）。如果没袁项城，中国不至今日。当年，中山先生如不予之，有人说中山先生没气量。为成就个人之德，中山先生请袁当总统。没想到袁竟然称帝，接着军阀祸国……今天，又人人想去美国。你们如非去不可，每个人都去做"定时炸弹"（不是有形的炸弹，民胞物与，即便争，也得全。参见《毓老师说孙子兵法》及《毓老师说易传》之"神武不杀"）。否则去做美国人，对得起祖宗吗？人必要懂得爱国。

自己要吸收智慧，树立人格，"格"是一格格往上爬，爬不上去就完了。不要耍小智慧。历史上，小人是"阴缺德"，祸国殃民是"阳缺德"。大同世也不是拿国家送礼，我们要"因其国以容天下"（《春秋繁露》之《俞序》《盟会要》作"**因其国而容天下**"，老师易"**而**"为"**以**"，说明之）。"其"，是自己。我们因自己的国家"容"天下，不是我们入美国籍。有一天，如果老师非到美国不可，死，也要把骨灰撒到海里。

我们讲书，应知道中国思想是什么。从清朝逊位，看民国立国的思想：中山先生作三民主义，竟然说根据林肯的民有、民治、民享。中国有这么高深的文化、这么高深的学问、这么高深的智慧，竟是根据外国东西立国。就凭这一点，就不可能在中国站得住，我就不信他们会成功。因为什么？因为老百姓不接受。前面一段失败，原因就在这。未来亦复如是。都用外国东西号召，以前未接受，今天也不接受，以后也不会接受。中国人真有志，必记取这个教训，自此"求"。

我们今天研究中国文化，必要自最高的地方入手，然后看今天中国应从哪里下手，老百姓才能接受。要中国人接受，必自中国固有的知识里头、智慧里头，发掘老百姓能接受的东西。

未来就看同学的智慧。有智慧，发掘出的东西，有用，老百姓能接受，就成就不世之业。

要有用，得善用智慧。智慧，得"自求"。求，一个人得累到没时间休息，还完不了。像同学，一天日子如何过的，自己知道；暑假三个月还嫌长，还要安排旅行，唉……自己若不深入，不知立本，那只好求之于人；求之于人，那都没用。

自己不深入，找"八股宁"（取"巴枯宁"谐音，意指求之于人，找外国思想），那怎么成。今日必找出"一股拧"（另辟天地）。自己好好反省，自己倒是从哪入手？将来中国人，必然如此。中国人厉害，有一股劲。但今天台湾地区年轻人身上没有这股劲，一有事，不动锄头，坐飞机，跑美国去了。

自逊清以后，中国不乏有智者，书也写不少，讲也讲不少，看似合理却没有用。然挠不到痒处，我们称他"小康世改进派"。为什么这样称呼他们呢？因为你说进步了，他不是大同世；说他没有用、没智慧，他讲得头头是道；说他有用，他又无补于世。有时候他讲完了，问他，他还不知道这段是哪来的；因为，讲的时候，随口说了；过去，就忘了。所以称他"小康世改进派"。

我们自逊清以后，民国以来，完全没有成就，原因就是拿外国东西做号召，中国老百姓不喜欢，一听就刺耳。因为有生以来（有人类以来），中国人敌我、华夏夷狄之观念特别强，用外国那一套，老百姓很不容易接受，你（指倡西化者）不觉得刺耳，是因为你"狄化"太深，你是"夷化家庭"。你说外国东西有道，"有道"，那是"狄化"。懂什么是"夷化家庭"吗？就像台湾地区日据时期的"国语家庭"，这下懂了吧！你可以说你时髦，可是老百姓不"宜之"。懂吗？我们前面不是说"使民宜之"？老百姓不"宜之"，就不接受。这都是失败根苗，是失败的渊薮。

同学今天还是拿这套，顶多助贼为虐（《孟子·梁惠王下》"贼仁者谓之贼"），未必能给人类谋幸福。打开历史，多少有智慧的人，是助贼为虐？助贼为虐之智，不能把老百姓引入康庄大道。助贼为虐是一个格，救民水火又是一个格。助贼为虐，不能登万民于衽席。救民水火像中山先生，至少初步做到了，没人敢做皇帝。今后怎样变是一回事，但不论怎样变，没人敢做皇帝。有那么想的，也知道自己错了，还得紧掩饰，尾巴紧往里拽。

大陆和台湾地区不一样，因为他们深受其苦，在大陆那个环境中，不知多少人走过这条路子。尤其像老师这一代，受了前一代的苦（列强侵凌，英化、德化、日化……），这一代又受了他们这一代的苦。有心之人，有志之士，受了两代之苦，绝对会想，觉得那些时代大师的说法，都不够，还是应该从中国入手，从本身文化入手。这不是自我陶醉，也不是进步不进步，而是他们已经进步过了，进步到中医要废除，孔子废了祭祀……进步到今天，得的结果——不行。

我们今天想要成功，从我们本身文化这个方向去找，也是个尝试。从我们本身文化去研究，可能一代成功，可能两代成功，但不能不用头脑，必要深入，如果看得很浅，那就用不上了。

人生就是趣味，也不必求功，也不必求利。把他当个趣味：他们"狄化"的都没成功，我们来个"土化"，看成功不成功。就像下棋似的，都可以研究。但必要深入，水皮打一棍子不行。

同学现在毕业，最好的是找职业。"古之学者为己"，学，不光是找工作。人活着要有意义，自己要看重自己——我就是宇宙的主宰。

老师给同学题字，总写"达德光宇宙，生命壮自然"。人活着，要知自己之价值。要修智、仁、勇三达德，来"光宇宙"。

我们之生命为"壮自然"。不是为了吃，不是为了给人当走狗。

老师就如此活。对我说死说活，那是你吓人。我就告诉他："蒋不要我死，你不敢要我死；蒋要我死，你不敢救我。"听的人说："怎么说得那么难听？"不是真的吗？不这么说，怎么说？况且，就是杀，天下有不畏死者。所以，有人骂我，我一定骂回去；打我，一定叫他倒栽葱。反正骂人无好口，打人无好手。没犯死罪，国民党也不会杀你。

人不是为别人活，必要为真理而活，必要知自己活的价值。你合理，我为你死。你不合理，我也为你死——跟你拼了。或者说不行，我有老婆孩；那等老婆孩料理好，再为真理而活，也可以。人为真理活一天，也可以上天堂。因为"放下屠刀，立地成佛"，什么时候都可以。佛嘛，都不吃亏。

中国人必国家至上，民族至上。

我可以今日脱下鞋和袜，不知明日穿不穿，然中华民族必永远延续下去。同学不必为名为利，为名为利的人，可能前一天还听戏，第二天即死掉。你死，死了就完了。可是，中华民族必得延续下去。你光知自己的温饱，又能活几年？看看那发财发得不得了的人，也不过寄身夷狄而已。儿子、儿子没有，孙子、孙子没有（儿孙为夷狄，观念不同），半夜躺在床上怎不自愧"心屋"（日语，指"心"）。善用自己的良知，不要感情用事。今天中国，完全在自己抉择的时候。中国人不救自己，谁救？中国可能因人多，得一次便宜。不要说"人多是人多，可是坏人多"，就因为坏人多，好人才有用。

此章与《庄子·齐物论》同，前言齐物之道，后言齐物之事。为什么要齐物？因为要顺自然。顺自然而为之，就是没有己私，没有加上人为之力。

在这里，给同学一个启示，孔子说："道不远人，人之为道而远人。"（中庸·十三章）可见儒家也不讲人为之道。讲顺自然之道，在儒家就是"道不远人"。道就在我们人的心上，人之心即仁心，所行即仁行，所怀的道就是仁道。仁人的道，就在人本身有良知、良能。良知就是我们的本钱，良能就是良知之用。所以人做事，必要发挥我们的良知良能。发挥我们的良知良能，即天之道、天之行。天道、天行，讲自然，人为的都不行。

看看人之为说，立说的人不少，成功的太少了。古往今来有多少哲学家，没有一人让人承受其说，到今天大家知道的还是孔子。孔子以后，没有几个人叫人接受的，即使接受也只有一部分；就是有几个盲从的信徒，过去就完了。等到"大人者，与天地合其德"（《易经·乾卦·文言传》)，那就成了，孔子就到此境界。至今孔子虽有是非，总的来说还是承之者多；有是非之说者，还多不是发于良知，而是有立场。

像老师就不信基督教。那不行（信）！因为，传教的说，信基督教，就不能讲孝道，就不讲孔子之孝，见祖宗、见天地就不能磕头，磕头就耽误当官了（其时台湾地区，为迎合当政者、西化派，信基督教成风，故有此喻）。

人为了一个目的，完全把自己不要了，完全委屈自己去给人站班翼说（帮人敲边鼓）。因此失掉自己，到最后是最惭愧、最悲哀的事。

傅奕的《道德经古本篇》是古本吗?

　　傅奕（555–639），唐相州邺（今河南省安阳市）人。他的《道德经古本篇》是依据北齐武平五年项羽妾冢所得的钞本，参以魏太和中道士寇谦之所传安丘望本和齐处士仇岳所传河上丈人本校订而成。

　　该书文末常有"矣""也"一类的虚词，较之河上公注的《老子道德经河上公章句》、王弼的《老子道德经注》，显得文词枝蔓。因此有人以为河本、王本较早，甚而以为傅本即依据王本而来。

　　但是1973年长沙马王堆3号汉墓出土的马王堆汉墓帛书本，也有"矣""也"一类的虚词。因此，张岱年先生认为，《帛书老子》的发现，证明虚词多的才是古本，但《帛书老子》中，《德经》在《道经》之前，又与傅本不同。

第三章

不尚贤，使民不争；不贵难得之货，使民不为盗；不见可欲，使民心不乱。是以圣人之治，虚其心，实其腹，弱其志，强其骨。常使民无知无欲，使夫智者不敢为也。为无为，则无不治。

不尚贤，使民不争；不贵难得之货，使民不为盗；不见可欲，使民心不乱。

【王弼注】贤，犹能也。尚者，嘉之名也。贵者，隆之称也。唯能是任，尚也曷为？唯用是施，贵之何为？尚贤显名，荣过其任，为而常校能相射。贵货过用，贪者竞趣，穿窬探箧，没命而盗。故可欲不见，则心无所乱也。

"不尚贤，使民不争"，一个时代因为什么尚贤？就因为愚民政策，必得尚贤，使民去争，争这个所以什么都不想。如清朝取几个进士，把大家都累近视了。"尚"的就剩几个进士，三更灯火五更鸡，考上进士的，又是近视中的几个"近视"（指没远见者）。

"不尚贤"，大家都是贤，那还争什么？看王弼注："唯能是任，尚也曷为？唯用是施，贵之何为？"我们不是说"大道之行也，天下为公。选贤举能……"吗？既然"选贤举能"，"唯能是任，尚也曷为"，同学懂得注的深意吗？王弼注的本子，也不白买，可惜我们没工夫细讲，同学必要自己细看。

同学看看高中时代为成绩的争，得不到还自杀。花那大工夫，读了些什么？旧时代，十五六岁将《四书》《五经》……都读完了；今天人才开始认字，二十几岁才懂一点皮毛。这不是批评谁，是可怜同学。

看看这一个政策，叫你争名、争利、争地位，永远争不完，争一辈子未必到手。要是不尚贤，不就使民不争了吗？说你考上进士可以做县长，不是做完县长就完，叫你继续争，争道台、争府……一个尚贤，叫你争一辈子，一直争到死。到死了，就说程度够了，就给一个勋章，一个红罗伞，叫你到死还争。

"不尚贤，使民不争。"再给你们一个启示。孔子教人："人人皆有士君子之行。"（《春秋繁露·俞序》）"人人皆有士君子之行"还争什么？专制时代使人争，所以孔子"有教无类"，叫大家"皆有士君子之行"，不必争。"有教无类"，那不是教育平等吗？

"不贵难得之货，使民不为盗"，谁贵难得之货？没有"贵族"，谁"贵难得之货"。没有贵族，难得之货也变成没有用的东西。像老师的古玩，给乡下老太太，乡下老太太要面钱，不要古玩。"不贵难得之货"，老百姓会为盗吗？所以，第一个，教育公平就不争；第二个，人的一切都要是平的，"不贵难得之货"，老百姓就不争。因为你"贵难得之货"，老百姓得不到，不偷你的做什么？

"不见可欲，使民心不乱"，我不教你看见可欲的东西，你能心乱吗？看我们满街小孩子杀人抢银行，就是可欲的东西太多，心都乱了，能不为非作歹吗？

看看这个教育平等、经济平等，都要平等了，那不是啥事都没有吗？制造可欲，这都是政策。像大家都直跑，他故意放一枪，引开大家的注意，叫你望旁跑，你忽略了自己该走的路子，也忽略了他走哪条路。懂没懂？没懂！再举个例子：狗本来是看家的，偷东西的，拿一块肉，往那一扔，狗去争肉，忘了偷东西的。皇帝专制时代，他大盗盗国，他就用一块肉支配你，叫你去争肉，你光像狗似的去抢那块肉，然后你不知道他已经盗国。想想，一开始，他下面就盗国了。他扔块肉——"尚贤"，大家便争这个"贤"，贤到手了，地位不同了，就可以买古玩玩。有钱有地位了，你有可欲，他便以可欲的东西满足你。

明白了这，看看这个政策的结果，就明白王弼何以发"唯能是任，尚也曷为？唯用是施，贵之何为"这个问。

是以圣人之治，虚其心，实其腹，弱其志，强其骨。常使民无知无欲，使夫智者不敢为也。为无为，则无不治。

【王弼注】心怀智而腹怀食，虚有智而实无知也。骨无知以干，志生事以乱，心虚则志弱也。守其真也（注"常使民无知无欲"）。智者，谓知为也。

"圣人之治"与前面正相反。"圣人之治"得这样，参考严复先生批：

【严复批】虚其心所以受道，实其腹所以为我，弱其志所以从理而无所撄，强其骨所以自立而干事。

"虚其心所以受道"，越虚心，才越能接受外面之力量，充实我们。"实其腹所以为我"，把肚子吃饱，身体健康，铜墙铁壁，为我自己。"弱其志所以从理"，弱其志才能从理。同学就是强其志，故不从理。就自己对，谁也不对。"而无所撄"，"撄"，加也。就从理而无所加。道理以外的事都不接受。"强其骨所以自立而干事"，强其骨之目的，就是要"自立而干事"。

"圣人之治"与前面正相反。前面是"弱其骨"要你尚贤而争，贵难得之货而为盗，见可欲而心乱——这是弱民政策。

再看强民政策："不尚贤，使民不争；不贵难得之货，使民不为盗；不见可欲，使民心不乱。是以圣人之治，虚其心，实其腹，弱其志，强其骨。"这完了以后，"常使民无知无欲，使夫智者不敢为也。为无为，则无不治。"到这时候，老百姓无知、无欲、不知尚贤、"不贵难得之货""不见可欲"、不知美之为美、不知恶之为恶，也没有欲。因为什么能这样？因"守其真也"。守住自己的真。

同学多以为老子是空的，此处可见老子的"实"。老子指出社会的病态，批评得多么一针见血。在乱制之下，他要你尚贤而争、贵难得之货而盗、见可欲而心乱。他叫你争、叫你盗、叫你心乱。老子说"圣人之治"不能和老百姓斗法，乱治就是斗法，应"虚其心，实其腹，弱其志，强其骨"。经过这几个步骤修养之后，"常使民无知无欲，使夫知者不敢为也。为无为，则无不治。"

"为无为则无不治"，这么一弄，"使夫智者不敢为也"，使聪明人不敢要老百姓乱来。因为人人都有知识了，那些想要做坏事的也不敢做了，不敢再出花道道（指花招）和百姓斗法。那怎么做呢？圣人"为无为，则无不治"，他"无为"而做，没有不治的事，那哪能干不好？这就是"养生主"。怎么养生？就这么养生。

同学以为老子虚无。有人还说"智慧的老子"。说这话是糊涂，不智慧能写《老子》吗？

懂了吧！一般人那样为政。圣人养其本然之善，存其心，养其性。这才是为道，这才是为治。

 什么是帛书本《老子》？

帛书本《老子》，是指在1973年，长沙马王堆汉墓出土了五十多部失传了两千多年的帛书。其中在两张制作年代不同、形制不同的帛上，用不同字体的朱丝栏墨形式，分别抄有《德》和《道》这两篇文章。由于这两篇文章的内容与传世的《道德经》貌似形同，学者们根据这两部帛书成书年代的先后，将它们分别称为《帛书老子甲本》和《帛书老子乙本》，统称为《帛书老子》。

考古和文本研究都已证明，下葬在汉文帝时期的《帛书老子》，下葬时就已是旧物或古董。《帛书老子甲本》，字体介于篆、隶之间，不避汉高祖刘邦名讳。乙本字体为隶书，避刘邦名讳，但不避汉文帝刘恒名讳。说明乙本成书于刘邦在位时期，即公元前202年到公元前195年之间。而甲本应完成在刘邦建立汉朝之前，至于前到什么时候，目前难以定论。

甲乙本均是《德篇》在《道篇》之前。甲本中《德篇》与《道篇》虽誊抄于一人之手，但誊抄者保留了母本中用字的规范，使今人能够从"圣""其"和"百姓"等字词的不同书写形式中，得到这两篇文章的母本分别产生于不同地区或不同时代的资讯，为《道》和《德》曾是两篇独立流传过的文章提供了证据。

1974年9月，文物出版社首次影印出版马王堆帛书本《老子》原文。1974年第11期《文物》杂志登载了《马王堆汉墓出土老子释文》。1976年3月文物出版社又出版了《马王堆汉墓出土老子释文和注释》，书后附有帛书本《老子》甲乙本和傅奕本对照表。

扫一扫，进入课程

道冲而用之或不盈，渊兮似万物之宗。挫其锐，解其纷，和其光，同其尘。湛兮似或存。吾不知谁之子，象帝之先。

道冲而用之或不盈，渊兮似万物之宗。

"道冲而用之或不盈，渊兮似万物之宗"，此二句为总纲。这章不难，但要从空的里头，体会它。

"冲"，虚也。虚者，空也。道要从"空"而发其用，就因为它空的关系而发其用。"或不盈"，永远不满。

"渊兮似万物之宗"，既然永远不满，它渊到什么程度呢？深到像"万物之宗"那样取之不尽，用之不竭，层出不穷。

毓老师笔记

"万物之宗即应万物之用，或不盈者以此。"

为什么它不盈？因为它是万物之宗。既是万物之宗，得应万物之用。既应万物之用，它就层出不穷。

挫其锐，解其纷，和其光，同其尘。

"挫其锐"在人事上不外乎锐、纷、光、尘。每个人都要出头，都要冒尖。冒尖，可不是好事。这不是敌人来挫你的锐，是要挫自己之锐。因"出头的椽子先烂"。自己有锋芒，千万不能外露。挫锐，把自己的锐都挫掉。挫到什么时候为准？一直挫到锐挫了。锐挫，才能"后"，才能"后人""不先"。挫锐，这最重要。爱出风头的，那是幼稚园。

同学做事，老遭老油条整。一教书，叫你导师兼组长，事事要你负责。一开始，还自以为人家器重你。人家器重你？人家是耍猴。等明白了，晚了。你不兼这么多，还不露馅；等兼多了，几天就"漏"了。再像同学到哪都喜欢先发言。你不发言，人家不知你是空的。一发言，人家就知你是空的。老的人，不要看不起他，他是油条了，所以不说了。不论什么时候，最后做结论的才是聪明人。没有高人一招不必说，不说别人不知道底细；真有高招必得说。一个人有智慧，要竟其全功，不是打先锋。打先锋，到时候牺牲都是你。虽然是先烈，什么好东西都吃不到。

"解其纷"，"纷"，即前面说的心乱。"天下本无事，庸人自扰之"，所以要先挫自己的锐，解自己的纷。我们先从自己本身说：为什么我们有纷？因为有欲，"不见可欲，使民心不乱"，天天见可欲，心就乱了。一个人心中之纷都没解决，还想成为中流砥柱？一个做中流砥柱的人，那是何等人物？一个人不能为中流砥柱，那不是一朝洪水过去，就都没了吗？打开历史看看，那些助贼为虐的，一朝洪水至，随波逐浪，没了！那些剩下的，传到后世的，都是中流砥柱的人物，绝对都是铮铮响的人。所以，必得先解自己之纷。不能解己之纷，如何解天下之纷？"不见可欲"，不是没有可欲，街里满街都是"可欲"。有"可欲"，我"不见可欲"，那种定力才能解天下之纷。"天下本无事，庸人自扰之"，就因为自己满肚子的"纷"，怎能不自扰？自扰，怎么解天下之纷？打开一部廿六史，历史写的不少，有几人存下来？有"可欲"，而"不见可欲"，对欲视而不见，那种定力，才能解天下之纷，才能成中流砥柱，才能留下来。

"和其光，同其尘"，有自己的光不要自己保存，"力恶其不出于身也，不必为己；货恶其弃于地也，不必藏于己。"有好东西，有苹果，打碎了，扔在太平洋里，大家吃。自己有光，要和天下同其光，有好处也要天下同其好处。"力恶其不出于身也，不必为己"，建设国家的力量，就怕不是我自己拿出来的，我拿出力量来，那不是为了我自己。

和光同尘，可参阅宋龙渊注。

【宋龙渊注】不有和光之妙，又难施解纷之能。和光者，和其心德之光也。一切有情无情，种种形色，虽名象不一，皆有此光也。我能和之，则我心德之光，可以通彻天地，可以交感万物。和光之妙，譬如以水投水，其水无二；以火投火，其火皆明。有如以百千万灯共一室，其光无欠无余，不分彼此，和光之妙处如此。

尘是光的反面，人有光也有尘，有美点也有污点，有光点也有尘点。尘、光自外表说，天下人都有毛病，但我们要和他同，因"和而不流，强哉矫"。有光与人同，有尘也与人同，这就是不自别，没有感到我特别，这时才能发挥作用。

【宋龙渊注】既能"和其光"，必能"同其尘"也。同尘之妙，在物我两忘。心清意定，所以不弃于人，不弃于物。能化恶而取善，不自爱而爱人。观三界，犹如琉璃净界，一体同然。视万物，犹如灯灯相照，无有异色，心无起灭，意无憎爱，则同尘之妙入矣。

湛兮似或存。

"湛兮似或存"，"湛"，有三个解法。音 zhàn，清静的意思，又清、又净、又洁。音 chén，深也。音 dàn，当快乐讲。这里念 zhàn。"湛兮似或存"，经过这些，我们清清楚楚地存在我们本身之本能，保存自己本然之善。

吾不知谁之子，象帝之先。

【王弼注】夫执一家之量者，不能全家；执一国之量者，不能成国；穷力举重，不能为用。故人虽知万物治也，治而不以二仪之道，则不能赡也。地虽形魄，不法于天则不能全其宁；天虽精象，不法于道则不能保其精。冲而用之，用乃不能穷。满以造实，实来则溢。故冲而用之又复不盈，其为无穷亦已极矣。形虽大不能累其体，事虽殷不能充其量。万物舍此而求主，主其安在乎？不亦渊兮似万物之宗乎？锐挫而无损，纷解而不劳，和光而不污其体，同尘而不渝其真，不亦湛兮似或存乎？地守其形，德不能过其载；天慊其象，德不能过其覆。天地莫能及之，不亦似帝之先乎？帝，天帝也。

毓老师笔记

"德同乎道，故象在帝先。"

吾不知谁之子，象帝之先 "吾不知谁之子"，我不知像这种圣德之人是谁所生；"象帝之先"，"帝"，上帝，好像在上帝之前。因为"德同乎道，故象在帝先"。道生天、地、物、神……《易经·乾·象传》"大哉乾元，万物资始，乃统天"，道在帝先。

这说自己必要保存自己本然之善，不受社会感染。因为，保持本然之善，又做得如此圣洁，一般人都不知我们从哪来的，这就超乎常人。所以，大家看我们的行为，像在上帝之前，超过了上帝——"德"超过了上帝。为什么"德"超过了上帝？因"德与道同"，道在帝先，所以好像超过了上帝。像这种人，都超乎常人。达到这超乎常人的境界，没什么妙诀，就是存本然之善。以儒家言之，我们不弃禀于天者——性，不弃本性，才能保持这样。

挫锐解纷 内圣之功夫。先挫我们之锐，先解我们之纷。

和光同尘 外王之功夫。和光，把光和别人和了，到忘我、无我的境界，然后同尘，和而不流，绝不说你肮脏，我们不同你在一起。那一说，就糟了。那就成了你我，一分彼、此、你、我，就不发挥作用，要不分你我才发挥作用。好人见坏人也躲，坏人见好人也躲，因为这是主观的。我们认为我们自己好，坏人还认为我们是王八蛋。胜者王侯败者贼，反过来，亦如此。永远这样，那谁是王侯？谁是贼？等有自我存在，真理就少了。

毓老师金句

学由不迁怒，不贰过，臻圣王至德，
菀育仁者相，帝者师，履一平要道。

天地不仁，以万物为刍狗。圣人不仁，以百姓为刍狗。天地之间，其犹橐籥乎，虚而不屈，动而愈出。多言数穷，不如守中。

天地不仁，以万物为刍狗。

【王弼注】天地任自然，无为无造，万物自相治理，故不仁也。仁者必造立施化，有恩有为。造立施化，则物失其真。有恩有为，则物不具存。物不具存，则不足以备载矣。地不为兽生刍，而兽食刍；不为人生狗，而人食狗。无为于万物，而万物各适其所用，则莫不赡矣，若慧由己树，未足任也。

"天地不仁"，天地不以为它自己是仁德，因为"万物作焉而不辞，生而不有，为而不恃"，此为上天之德行，它又作、又生、又为，可是它不自以为"仁"。

"以万物为刍狗"，它拿万物和刍狗是一样的。"刍狗"，万物中最卑微的。

【宋龙渊注】刍狗之草，本是祭祀所用，燎帛之具也。祭祀则用，祭已则弃。天地之化育，及于万物。未尝不及于狗刍者。狗刍虽是至贱，亦是万物中之一物。天地观刍狗，未尝不与万物同，观万物未尝不与刍狗一样。一体同观，一般化育。天地以无心为心，不自有其仁，正是仁之至处。故曰"天地不仁，以万物为刍狗"二句。

"刍狗"，北方一种草，长在人行道边上，北方称毛毛忽（取老师语音），极柔软，穷人以之烧炕，极热。因为柔软，烧炕热，大家都抢刍狗，为万物中最卑微者；可是郊天祭地时，把这个也得拿来，摆在供桌上。郊天，皇帝主祭。皇帝为天之子，替天行道。祭天即祭其父，即尽孝。每年向天报告一次，做孩子的怎么替你行道，要老爸爸放心。做孩子的，不但把最重要的东西放在心上，就连刍狗也没有忘，都放在祭台上。祭完之后，向后转，上一个台子，要望燎。望燎，各样祭品都取一点，置柴上，以刍狗引火，叫烟跑到天上去，上达天庭。望燎，要看到烟没为止。望，是看；燎，是烧。

烽火台，又叫狼烟台。狼烟台，主要是针对北方民族。狼粪晒干，久置不变味，撒在木柴上烧，不论多大风，风一过，烟都是直的。祭天，烟要直，也得搞狼粪，但这得偷着弄，否则上天生气；偷着弄，他不辨味。嗯！他"食而不知其味"嘛！（戏语）。

望燎，基督教《创世记》也有这个规矩。台北的迷你裙祭孔（隐含二义：一、祭礼不全；二、参与祭孔之人穿迷你短裙，与礼不合），也有这个仪式，可惜仅余形式。

圣人不仁，以百姓为刍狗。

【王弼注】圣人与天地合其德，以百姓比刍狗也。

圣人教育天下，也不自以为有仁德，拿百姓和刍狗看作同一重要，因为"民胞物与"，民是我同胞，物也是我同胞。

【宋龙渊注】刍狗虽是至贱之草，天地与万物同施化育。是天地之至仁，无足此而遗彼。圣人心同天地，以一心观万心，以一身观万身，以一物观万物。博爱周遍，贵贱无分。体万物而无心，顺万物而无情，亦无足此而遗彼。故曰"圣人不仁，以百姓为刍狗"二句。

宋龙渊的讲法为"正统"道家，"偏统"道家或说：用刍草做成狗打靶。没听说圣人拿百姓当狗打靶的，这不合理。

天地之间，其犹橐籥乎？虚而不屈，动而愈出。

【王弼注】橐，排橐也。籥，乐籥也。橐籥之中空洞，无情无为，故虚而不得穷屈，动而不可竭尽也。天地之中，荡然任自然，故不可得而穷，犹若橐籥也。

【宋龙渊注】天地无私，不自有其仁者，盖以虚中而无心。观"间"之一字，可知天地合炁，万物合德，人心合理，不有不无，妙无妙有。造化从此而出入，物理自此而成就，故取橐籥之物而喻之。无底之囊曰橐，有孔之窍曰籥。取其动气鼓荡之义。有虚中之妙，动则风生，静则风止，愈动愈有，愈有愈出。所以四时行，百物生，皆是天地之橐籥所出也。人能处中，则身中之橐籥即天地之橐籥。天地与我，又何异焉？

"天地之间"，"间"字重要。

"虚而不屈"，"屈"，有两说。音 jué，竭尽也。严复批："屈，音掘，竭尽也。'虚而不屈'，虚而不可竭也。"橐和籥，虽然是空的，可是永远不竭尽。像风箱，空的，越拉风越大。也就是说空是空，可是取之不尽，用之不竭。这是中国人"道"的观念。另一音 qū，曲而不伸为屈。

再看王弼注："橐籥之中空洞，无情无为，故虚而不得穷屈，动而不可竭尽也。"籥，竹制的乐器。橐籥之中是空的，无情无为。为什么橐和籥越空越能取之不尽，用之不竭？因它无情无为。人无为还容易，无情不容易。

因"无情无为"，"故虚而不得穷屈"，永远不穷竭；"动而不可竭尽也"，这是解释"虚而不屈，动而愈出"。

王弼注："天地之中，荡然任自然，故不可得而穷。""荡然"是一种境界，"任自然"是一种修养。要达到"荡然"的境界，得有"任自然"的修养。

有人把太太管得离婚了，这就不懂得任自然。老师怎么知道？要离婚，问他们为什么？他太太说天天看着不自由，所以要离婚。哪有天天看着的？说是你和我来得不正当，你可能如法炮制，和别人不正当……要注意，这不是说是非，这是告诉你们，因为你和他来之不善，他永远不相信你。所以女同学对男孩子必要绷住。等他热，叫他一头热，总给他冷冰冰的，这才行。等你和他来之不善，他就以为你和别人也"不善"；你和他一笑，他说你和别人也"笑"过，你再和别人笑，他就疑惑了。

同学不要光听笑话，要知道其中的深意，运用得妙，才能做事；不能悟，免谈（**不能做事**）。记住啦！不能乱笑，笑得不是时候，就笑出毛病，笑得笑到"恰到好处"。所以儒家讲"中道"。老子更妙，说"中道"那还不行，得"守中"。要"守中"，才能不穷；不"守中"，那就穷了。《老子》不容易读就在这，所以说要"悟得老氏妙"。没有悟得"妙"，那不行的，这不是当文章读的事。

风箱，空的，越拉风越大，这就是"空"之妙。因为悟了"空"之妙，所以讲"虚"，"虚"之妙就在这。

老子之用世（事），完全任自然。等孔子言"道不远人，人之自道而远人"，"道不远人"，那大本就不远人。为什么远人？因人自为道。所以，孔子虽未明言"任自然"，无意之中，亦是"任自然"。"人之自道（老师上课时，念'之'为'自'，强调'自己'。）"就不任自然了。

东西多半是应时而生，过去那时，没那玩意，等到后人还去拾那杂碎，那就没用了。所以我们强调"圣之时者也"，"学而时习之"。这在过去是如此，今天也是如此，今天也有今天应时而生的东西。同学不要看王阳明一个"知行合一"，把人给唬住了，其实子路是第一个倡知行合一的。《论语·公冶长篇》"子路有闻，未之能行，唯恐有闻"，就是"知行合一"。

王阳明读书有得，针对那个时代，提一个"知行合一"。"知行合一"之说，在那时就应时而生，就唬住了那个时代。

所以，我们老说"不要做殡仪馆的化妆师"，各时代的人各有所适，思想是应时而生的东西，它是由那环境造成那个东西，不是那环境产生不了那东西；在那时它生那东西，不是那时想不到那东西。古人如此，今人亦复如是。若是老拿旧的如法炮制，抱着死人骨头老啃，还抱着跑，若说你有特殊偏好，那另当别论。若说用到今天，不要说用不上，恐怕一切都毁了。像前数日，台湾《中国时报》举办文化座谈会，几位大师讲的都是中西合璧，不中西合璧，好像在今天就不能谈了。他们谈的，我们接不接受是一回事，但必要知道，这是应时而生的。我们老说"读书是以古人智慧，启发我们的智慧"，学老子，不要张口就老子怎样怎样。思想是应时而生的，老子在今天恐怕也要改变，不改变也不能应时。

不过，话说回来，人各有所适，思想虽是应时而生，不可以离开"时"，但你特有偏好，像老西（山西人）爱吃醋，说我就是爱这个味，我就好宋明理学，自己愿与时脱节，那也可以。如日本就有一帮和尚，他说他圣洁，也和中国和尚穿一样的和尚衣服，不结婚。另有一帮和尚，比较进步，他们不同，他们结婚，然后大儿子再出家当和尚；他可以做官，只有在掌法时才穿僧衣，仪式一完，啥都可做。

我们若从正面去认识这个问题，不从"素隐行怪"去认识这个问题，不结婚是违反人性的。日本那帮和尚，不是进步，而是反正；至于那帮不结婚的和尚，等多读经之后，也知道自己是一帮怪物。因为执意"素隐行怪"去认识问题的，毕竟是少数。

打开佛教史来看，释迦不但结过婚，而且有儿子罗睺罗。和尚不吃荤，是到梁武帝才开始的。结果梁武帝饿死台城，死前不但开了荤，连麻雀、老鼠都吃了。可见成佛，与做和尚结婚与否，是两回事，千万不要说他特别，这我才相信他。再特别，不过是怪人而已。但是，和尚虽可以结婚，不可偷婚，偷偷摸摸的不可以。偷婚是人格问题，结婚是光明正大，光明正大还可以请上几桌，热闹热闹。一般人不明白正面认识问题，专从"素隐行怪"去认识问题，那不是大道。

"动而愈出"，愈动愈厉害，就是生生不息的意思。

参阅【宋龙渊注】。

虚者，虚其中也。不屈者，言气之往来出入，未尝屈而不伸也。此言虚中之妙，一来一往，一消一息，动静不已，出入无间，流通于上下，贯彻于始终。其妙用之机轴，未尝屈而不伸；其机轴之运动，未尝动而不出。是故不虚中，则不能不屈；不妙动，则不能愈出。得此虚中之妙，阴阳故能动静，五行故能变化，天地故能定位，万物故能生成。所以生生不已，化化无穷。观此而知圣人之动静，修道之功能愈可见矣。

这里宋龙渊注、王弼注都对，但宋龙渊注不如王弼注好。"动而愈出"，愈动愈厉害，愈动愈多，也就是无穷。"愈出"，就是生生不息。"动"之观念，在《老子》中要特别注意。

多言数穷，不如守中。

【王弼注】愈为之则愈失之矣，物树其恶，事错其言。不济，不言不理，必穷之数也。橐籥而守数中，则无穷尽，弃己任物，则莫不理。若橐籥有意于为声也，则不足以供吹者之求也。

"多言数穷，不如守中"，"数"同"术"。"多言"则"术穷"，"术穷"那不垮杆了吗？所以说"为政不在多言"，为政不多言，那不是有术了吗？

我们讲书，要脱去马路上那些智慧人研究《老子》的方法，我们用笨方法研究《老子》，看看它到底有几句话是形而上的？现在许多人，《易经》没等读，就形而上的；《老子》也形而上，《庄子》也形而上。那可真"形而上"！那可真"装子"——装神、乱讲。

回头看王注："愈为之则愈失之矣。"最简单地说，就是越小心，越出纰漏。像我们端东西，往往越小心、越谨慎，越打了。

不过有时候，打个碗还出息了。相传，袁世凯每日习惯午睡，睡醒，必用一只心爱的玉碗喝茶。银器、玉器遇毒变色，所以有地位的人，多用它。有一天，侍候的小厮端茶时，忽见袁所睡的床上，躺着一只大蛤蟆，这一惊，失手便把玉碗打了，小厮吓得哭了起来，好在没惊醒袁大帅，慌忙把地上收拾干净，跑去向袁氏某姨太求救。某姨太了解袁氏心理，告诉小厮，就说："看见一条五爪金龙躺在床上，所以把碗惊打了。"小厮依言而说，不但没招罪，还得了赏。于是一句假话，使袁世凯信以为真，自以为真命天子，断送了袁氏。所以，造谣也得有一套。袁氏洪宪登基，龙袍绿色，上有白色龙，远望确如蛤蟆。龙袍绿色，自古无之，古来龙袍尚黄或尚红，无尚绿者。

接下来，王注："物树其恶，事错其言。不济，不言不理，必穷之数也。""物树其恶","恶"为"慧"之讹,"慧"与"惠"同。为什么"树其惠","错其言"?因为大家有一个观念:"不惠"就"不济","不言"就"不理"。所以,一般人认为,为政要"惠而不费"(费,本作违逆不通解,"惠而不费",即"民之所好好之",此处借以说一般人的观念,非经书本义),没有惠不能成其事,得有惠才能济其事。一切事成功都叫"济"。日本至今尚保有此规矩,事情办完,盖个章——"济"。

"不言不理",凡事聒聒到处老讲,认为我要是不讲就没有办法了。甚至"讲道理",也成立一个骗人的地方,说是有传授的(指台湾地区专门管思想办宣传的学校)。

然而要用惠,惠必有所不济,等到不济了,老百姓就有怨言了。你什么都免费,这回要一点钱,也不行了。因为要惠终有不济,到结果还是不济。人以为不言不理,天不言而能理,人能言而不理。大家都能讲,而事情总不能做得好。所以孔子说:"予欲无言。"弟子说,"夫子不言,小子何述焉。"弟子就是不言不理的观念,孔子就高一招:"天何言哉?"孔子要法天。

因此,"不惠不济","不言不理",都是"必穷之数也"。这不仅是一定的,也是经验之谈。

王弼注:"橐籥而守数中,则无穷尽。""中"在此即上面说的"空""虚",第六章的"谷"说的也是这个。道家"空"与"虚"的观念特别重要。

王弼注:"弃己任物,则莫不理。""弃己任物"就是"荡然任自然"(见前句王弼注)。"弃己"者,弃己之私见,弃己之私智。下面第六十五章即言:"故以智治国,国之贼;不以智治国,国之福。"我们果能"弃己任物"——弃己之私智,而任物自然之性而治之，臻"荡然任自然"之域，则"莫不理"——则没有办不好的事情。这就告诉我们：道不远人，人自为道而远人。

道为常行之法，常行之路，它有必然的道理，根本就不远人。等到人为之道，离开了必然的道理，则远人。

看今日之事，一部廿五史，完全是"任己弃物"，完全是任己之私智，而违物自然之理，结果都是人自为道而远人，没有不砸锅的。砸得厉害的，几十年就垮；不厉害的，就像一个破瓜，慢慢烂，到最后也完。追究它的原因，就是不能"弃己任物"。假如能弃己之私智，而任物自然之理而理之，没有治理不好的。

在今天，我们真想救民于水火，就应该平心静气看看人的智慧到底有用没用？三国时代智者辈出，好像智者在那个时代都出来了，可是他们那个时代最短。人的智慧如果没用，我们现在要救民于水火，最重要的就是"任自然"。要注意的是："任自然"并不是放任不管，而是我们得认识自然，然后按照自然之理而理之，就是不违背自然去做一件事情。许多事情方法越多，越违背自然。戕贼人性，例子太多了。

王弼注："若橐籥有意于为声也，则不足以供吹者之求也。"如果橐和籥都有意作声，"则不足以供吹者之求也"。因为吹的人，要找的声音太多了，我们能预备几个声呢？就因为无意为声，故取之不尽，用之不竭。像古时以水为鉴，水无意照谁，谁来都照，照完之后一点痕迹都没有。等有意为之，哪怕想得再周到，一个人的智慧总有限，绝达不到"取之不尽，用之不竭"的境界。所以橐和籥都有意为声，则不能使那些求声者都得其满足。明白了这个，为政者就要知鉴戒，少再想些臭方法，哪时代想得愈多，愈用智慧，哪时代广得愈快。你们看《三国》就知道了。

中国的老话："老不看《三国》，少不看《西游》。"老年人本来就老谋深算，再看《三国》，愈看愈奸；少年人本来就爱胡思乱想，再看《西游》，更是忽而天忽而地不着边际地想。历史如此，人事亦复如是，看看那些善用心智者，成功者寥寥。等到不善用心智者，就是任自然，也可能就是历史人物。人就是不任自然，就以己之"明"来造，结果不待自己死，己之"名"就死了。因为历史、社会，甚至自己，早就把我们宣判了，我们先就死了。这中间的深意，细玩味（按：玩，《现代汉语词典》简化为"玩"，因保留毓老师特定风格，故"玩味"保持不变），不是言语所能传的。

总之，音乐之声变化多端，像中国音乐《百鸟朝凤》，可以说美到极点，"若橐籥有意于为声也，则不足以供吹者之求也"。

既然人为的东西，无法取之不不尽，用之不竭，那就得顺自然，得"弃己（之智）任物（之自然）"才行。

在这，再给大家提个醒，像（教）小孩，我们如果懂得"弃己任物"，可能把他自娘胎带来的聪明都发挥出来。反之，许多小孩都为父母戕贼了。父母自己是笨牛，偏要小孩向笨牛看齐，否则责骂随之。所以做父母的该下点功夫，先看看自然如何做，然后在旁边做个舵手，调整调整，不必完全干涉。有时小孩想的，可能比做父母的还高。有些父母就要小孩和自己一样，人不一样是必然的事，你偏要他同你一样，那是偶然的事。

第五章

这就像唱戏，要每个人都唱"梅派"，结果成"没派"，如果都能发挥自己的长处，可能都自成一派。

人要懂得发挥自己的长处，像讲书，要讲自己百分之百懂的，纵使行家听了，也得说你"准"；千万不要说自己不懂的，一张嘴，把别人都笑死了。天下事太多太多，我们懂得却太少太少。即使做假，也得装得像真的——"妙伪若真"。所以不必多说，不要以为多说就懂。"多言数穷，不如守中"，还不如守住空的。

【严复批】太史公《论六家要指》，注重道家，意正如是。今夫儒、墨、名、法所以穷者，欲以多言求不穷也。乃不知其终穷，何则？患常出于所虑之外也，惟守中可以不穷。庄子所谓"得其环中"以应无穷也。夫中者何？道要而已。

严批即以为儒、墨、法家多言，不如老子守中。为何多言？就怕人家不懂，结果越多言，人家越不懂。人言太多则"数穷"。数，同术。是以谚曰"为政不在多言"，不多言即"有数"。

这里"言"不单是"说"，写太多了，也"数穷"。看那些写太多的，前后就矛盾了。几个大家都如此。像儒家骂法家即多言。

在这里，特别提醒同学，一般人对老子误解得很厉害。等读古书的，都说"商、韩出自老氏"。商、韩读老子之书未读通，故承续老子之弊，而造法家之言，明乎此则知老子为法家之祖，他的道道（智慧方法），超过商、韩。因为商、韩未明老子最高境界，故有流弊。是故若"悟得老氏妙，商韩弊可调"，这全在乎学者。反过来，如果一样有商、韩的偏僻，则仍有其弊。

此都是古人之言，所以老子绝不像今天讲老庄的，讲成发疯（指放浪形骸、邋里邋遢）。

毓老师笔记

"数，同术。中者，妙、徼之祖也。老子教人不言者，以观妙、观徼为治世之不二法门，以体悟、体验为应世之道。不以理论惑世，而以践履福民。"

你讲的目的，就为达到你的"术"，这一多言，"术"倒穷了。这一来就不如"守中"。中即道，即"妙"和"徼"的祖师爷。守中是什么？我们要"观妙"——观，察、体悟。体悟自然之生，体悟自然"妙万物而为然"的然（《易经·说卦传》"神也者，妙万物而为言者也。"老师易"言"为"然"。然，解为"样子"）。我们要"观徼"——体察、体验自然之迹，体察自然生万物之迹。"观妙"是体悟，"观徼"是体验。用体悟、体验的"观"，来"观徼"——体验自然之迹，"观妙"——体悟自然之生。

"以观妙、观徼为治世之不二法门"，即无为而治。为政，不要人自为道而远人。"多言"即人自为道。"数穷"即远人。老子所言完全是法天、法自然。天是自然之子，天法自然；法天，就是法自然。

"不以理论惑世，而以践履福民。""不以理论惑世"，不拿理论来惑世；"而以践履福民"，要拿实际的行动来福利民生。

说这么多，你们不要听糊涂了。"多言数穷，不如守中"，就是说你讲的那么多，虽然讲的都是术，到最后你的术也穷尽了。那不如守中，观自然之妙，观自然之徼，然后循其迹来做事。

　　此处之"中"，与儒的中道没有什么不同。不过老子把"中"字讲得很活，一个是妙——自然之生，一个是徼——生万物之迹。前言"道必有复"，复即迹。"中"在此即上面说的"空、虚"，道家空与虚的观念特别重要。

毓老师金句

　　精义入神：对一件事认识得一点驳杂都没有，即能彻底了悟，即有精义的功夫。有了这个功夫，做事的时候，恰到好处，指哪打哪，即为入神的结果。

第六章

扫一扫，进入课程

谷神不死，是谓玄牝。玄牝之门，是谓天地根。绵绵若存，用之不勤。

谷神不死，是谓玄牝。玄牝之门，是谓天地根。

【王弼注】谷神，谷中央无谷也，无形无影，无逆无违，处卑不动，守静不衰，谷以之成而不见其形，此至物也。处卑而不可得名，故谓天地之根，"绵绵若存，用之不勤"。门，元牝之所由也，本其所由，与极同体，故谓之"天地之根"也。欲言存邪，则不见其形；欲言亡邪，万物以之生，故"绵绵若存"也。无物不成，用而不劳也，故曰用而不勤也。

【严复批】以其虚，故曰谷。以其因应无穷，故称神。以其不屈愈出，故曰不死。三者皆道之德也。然此犹是可名之物，故不为根。乃若其所从出者，则真不二法门也。

万物皆用之而不屈愈出，故曰"用之不勤"。"勤"，犹劳倦也。

于此先谈几个关键性的字，再做进一步的研究。首先说严批。严批此段批得极好。但他说"因应无穷，故称神"，"因"字不如改为"妙"字。"妙应无穷，故称神"，更得其要旨。因为"因应"得有东西，方可以"因应"，说详见后。

次则，"元牝"就是"玄牝"。这好比将"郑玄"写成"郑元"，乃因避讳之故。中国往往因为避讳，把字都弄糟了。所以看避讳可以知是哪朝书。例如宋版书，看某些字有没有避讳，就知道是不是宋版书。但宋版书有时也有毛病，有时可不是宋拓（印）的。

研究完字之后，我们先看看王注。"谷神不死，是谓玄牝"，此处应重视此"牝"字，老子不先说男的，先说女的。

"玄牝"还不是最高的，"玄牝"还有一个生处——"玄牝之门"。王弼注："门，元牝之所由也。""玄牝"的门，才是天地的根。"玄牝"的后面，马上就出来天地。所以《易经》上说，太极就生了两仪。说句玩笑话，"太极"就像"玄牝"。老子讲"无极"，"无极"就是那个门，门下来就有"玄牝"，"玄牝"下来有天地。所以说玄牝似太极，太极生两仪。等道家必要加上"无极而太极"，也是有根据来的，因为"玄牝之门"就是那"无极"，"是谓天地根"。

绵绵若存，用之不勤。

【**严复批**】万物皆用之而不屈愈出，故曰"用之不勤"。"勤"，犹劳倦也。

"绵绵若存"，"绵绵"二字形容得最好。那天地根，忽起忽落，忽显忽隐，可是不绝如缕，永远不断。

"用之不勤"，从字面上来说就是用它的时候永远不劳倦。用之而不劳倦，即用之而不竭，亦即我们常说的"取之不尽，用之不竭"。

再看严批，严批于"谷""神""不死"，形容得最好。首先他说"以其虚，故曰谷"——因他"虚"，"故曰谷"。"虚"即守中之中，即橐籥。"以其妙应无穷，故曰神"。妙万物而为然（《易经》原文"然"做"言"，老师易"言"为"然"以训，解释为"样子"）者，谓之神。妙万物而为然了，才有所应，才"妙应"无穷；妙天下之然以神，如此方得为神。如果用"因应"，境界较低，这可能是严先生一时笔下误。"以其不屈愈出，故曰不死"，永远不死。

这三者——谷、神、不死，就叫作"玄牝"。也就是说，"永生而不死"的，"取之不尽，用之不竭"的，就是"玄牝"。因为"牝"才能生。"玄牝"即至高之牝。至高之牝，就是取之不尽、用之不竭，生生不息。由此可知，道家是自生生不息之中，来表现用之无穷。就是取之不尽，用之不竭。

扫一扫，进入课程

天长地久。天地所以能长且久者，以其不自生，故能长生。是以圣人后其身而身先，外其身而身存。非以其无私邪，故能成其私。

天长地久，天地所以能长且久者，以其不自生，故能长生。

【王弼注】自生则与物争，不自生则物归也。

【严复批】形气之合莫不毁者，天下有自生之物而长生者乎？此采精炼神之家所不待攻，而其说破也。凡读《易》《老》诸书，遇"天地"字面，只宜作物化观念，不可死向苍苍抟抟者作想，苟如是必不可通矣。如遇圣人，亦只宜作聪明睿智有道之人观，不必具汉、宋诸儒成见，若四靁（简体字为灵，此处为特殊用法，故不简化）为物，古有今无，或竟千世不一见也。

【宋龙渊注】此章经旨，本是引喻大道长久之义。盖以天地有时而混沌，此是天地之一静也。混沌之后，天地再判，仍旧高明，仍旧博厚，所以"能长且久"，不问可知。切思天为大父，地为大母。父之道，能生育万物；母之道，能长养万物。生育者施之而不匮，长养者化之而不劳。施而不匮者，天道之无私也；化而不劳者，地道之无私也。"以其无私"，所以不自生，"故能长生"。

"天地之所以能长且久者，以其不自生"，再看看自生之人又如何呢？严批举例子说："此采精炼神之家所不待攻，而其说破也。"许多道家说采精炼神能长生不老，可是发明的没有长生不老，炼的也没有长生不老。像老师不信宗教，有缘故。祖父好炼丹，死时腹硬如石。父母好佛，也走了。所以我信"心"，但求无愧于心。宗教不要迷，一迷就坏，人尽人的责任就好。宗教流行有时代的背景、时代的原因。

"靁"字，写灵位必如严批之写法，不可写成"靈"字，写"靈"字，中间有五个人，不吉，所以避之。

王注言"自生则与物争"，与物争就不行了。简单地说，自生就是加人工叫他生，不自生就是顺自然之生。

此处当见宋注。宋注平实而能明道，不言刺激之话。尤其后面说学道之人应如何如何，那更是给清圣祖看的。是故逢此处只要看一半就够了。

学术就是这样，只要有所顾虑，就完了。因此学者千万不能好名，一好名就得违背自己的良知，不要名才能做自己想要做的。想想看，宋龙渊的本子有御序，那得皇帝如何高兴才会赐啊！那想要得这个序，难免有阿谀顺时违背良心之言。

反之熊十力老夫子就有骨气，在那环境中，《原儒》书中还说，社会改革之时可用些非常手段，但长久下去也不会好。所以学人就是学人，不能好名，好名就完了。到任何时候，该说啥说啥，说完后，当道之人，他对我们怎样，那是他的事，我们应该知道自己该说什么，怎么说。

是以圣人后其身而身先，外其身而身存。非以其无私邪，故能成其私。

【王弼注】无私者，无为于身也，身先身存，故曰"能成其私"也。

【宋龙渊注】圣人之德性，本是一诚而已。诚则无私，所以无人无我，无先无后，惟知"后其身""外其身"，一如天地之不自生光明正大，普泽无遗，所以能随方施德，成就家国天下人物万有之私。故曰"以其无私，故能成其私"二句。无私成私，圣人与天地有同揆，观天地则知圣人，观圣人则知天地，圣人天地一而已。

此处参见宋注，特别清楚。

王弼注："无私者，无为于身也。"告诉我们什么叫无私，最恳切的说法就是："无为于身。"看看我们自己，天天有为于身的多么多——自己不是圣人，点缀自己像圣人；自己不是英雄，点缀自己像英雄。

"非以其无私邪，故能成其私"："非"是语词、虚词，不能做"不是"解。

什么是《内经图》？

　　《内经图》以山水画的形式，依照人体经络绘制而成。一说源自《内经》，《内经》亦名《黄帝内经》，为我国最古之医书。一说源自《黄庭内景经》，实则亦不尽相同。

　　本图以人体经络穴位内景绘成，自头顶泥丸宫（又称上丹田），经中丹田、下丹田，至阴蹻，再并行经督脉上行，经尾闾、夹脊、玉枕三关，而达百会穴。

　　现流传在外有武当山版、五台山版、北京白云观版、清宫如意馆版等版本。其中以清宫如意馆版最为精确。

　　有人认为湖北武当山宫观布局及浙江武义郭洞村是按照《内经图》建成。

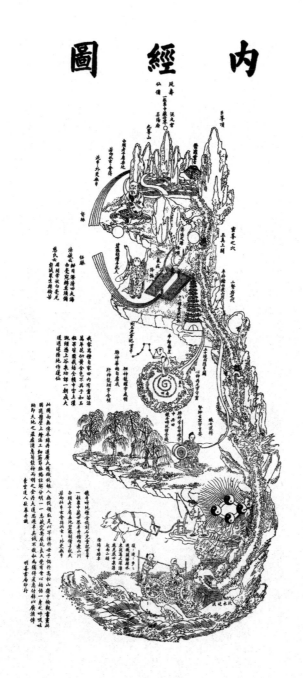

扫一扫，进入课程

上善若水，水善利万物而不争，处众人之所恶，故几于道。居善地，心善渊，与善仁，言善信，政善治，事善能，动善时。夫唯不争，故无尤。

上善若水，水善利万物而不争，处众人之所恶，故几于道。

【王弼注】人恶卑也。道无水有，故曰"几"也。

【严复批】以水喻道。《周易》以善继性，老子以善几道。周茂叔曰"诚无为、几善恶"，皆至言也。

"上善若水，水善利万物而不争，处众人之所恶。"这句话太重要，能悟到此，足矣。人都争众人之所好，这就坏了，结果谁也站不住。有的人就聪明，专居众人之所恶，因为他"上善若水"。

"上善若水"，至高之善若水。"水善利万物而不争"，水最会利万物而不争功。世上唯父母与水之德不说："你小子没有我就死了。"所以父母也有上善之德，利万物而不争功，而且处众人所恶的地方。所恶者为何？王弼注："人恶卑也。"因水往下流，所以道家说水之德——"处众人之所恶"。

老子以水喻道，以为水之性往下流。儒家也亟称于水，说：水之性是"不舍昼夜"（《论语·子罕篇》），水之德是"盈科而后进"（《孟子·离娄下》）。什么是"盈科而后进"？水流到一地方，要平其不平，等那地方、那坑满了之后再往前进。王弼说得更美——"人恶卑也"，他以为人都不愿在卑下，唯有水乐处卑下，所以老子说"处众人之所恶"。由此而窥王弼得亏（幸亏）活得年轻，若要活到八十岁，一定气死老子。那么年轻就把《老子》悟得这么深刻。古人真是有智慧，再看看我们，连人家的注都看不懂，还一个劲瞧不起这、瞧不起那，批评这、批评那，我们现在真是低。

话说回来，"上善若水。水善利万物而不争，处众人之所恶"，这话太重要了，悟此则足以修己治事矣。世上之人都争，如果尽好众人之所好，那就坏了，那必争；一争的结果，谁也没站住。有的人就聪明，专居众人之所恶，最后"上善若水"。

严批："以水喻道。《周易》以善继性，老子以善几道。"以善几道，即"以水喻道"。严氏此批不仅有智慧，且有功夫。功夫最重要，所以《易》要"玩其辞"，"玩"字即功夫，最难得。而严氏此批，非熟"玩"《易》者不可得之。《易·系辞》言："继之者善也，成之者性也"。如果说孔子之学中有"性善"二字，当即来自《系辞传》。严氏此言《周易》以善继性"，确有见道之处。

"故几于道"，王弼注："道无水有，故曰'几'也。"寥寥数字，虽是简单，可是包罗一切，用字之妙，没有智慧，断不能这样注。为什么说水是几于道，而不是道呢？因为道是无，水是有。这有无之分，就是"几于道"而非道也。"几"者，近也，凡此之处需善悟。

我们想要"上善"，可是"上善"不容易达到，但"上善若水"，我们果能以水为法，能够做到"善利万物而不争，处众人之所恶"，虽然非道，亦"几于道"矣。我们想"上善"，得"若水"，"若水"什么？"处众人之所恶"，那虽然非"道"，而"几于道"。

一个人做事，必要天天用点头脑，"久假而不归，焉知其非仁也？"（《孟子·尽心上》）老师常劝同学不要做"真圣人"，要做"真伪人"，伪不怕，因为"久假而不归，焉知非仁"？就怕你早上是甜的，下面是酸的，后面又是辣的，成了三道黏的。不仅人家不知道你究竟是什么东西，自己也不知道自己究竟算啥了。所以，一个人不必说什么圣人不圣人，人就是人，只要能把持一个观念，一拉到底就够了。因此我常说"错误到底就是对的"，这就是我的人生观。总之，人既然生来有个脑子，活着就必要用脑子，否则活着不用脑子，事事不经大脑，那怎么行。

居善地，心善渊，与善仁，言善信，政善治，事善能，动善时。夫唯不争，故无尤。

【王弼注】言人皆应于治道也。

【宋龙渊注】"善地"者，安静无事之地也。若是险峻之地，则非善地矣。所以水性之善，去上就下，险峻不居。以贞静自守，以柔顺自安，行止如然，妙用无方，终无倾丧之患，岂不是善地乎？人之贪高望贵，不知持盈之失，岂善地乎？本经以功成、名遂、身退戒之者，正是此意。

此节参见宋注，注得极好。许多人一谈《老子》，形而上、形而下地说一堆，也不知说什么。王弼注未言形而上者，他告诉我们："言人皆应于治道也。"每个人都得应于治世之道，言切而肯綮。

"居善地"，"居"，守也。人之所居，即人之所守。我们要守至善之地。

"心善渊"，"善渊"就是最渊。人的心太窄，就是"善渊"的反面，一个"善渊"的人，就能有容，有容就无量了。

【宋龙渊注】深妙不可测度谓之渊。水虽无心，光明涵之于内，沉静表之于外。能和万物之性，能鉴万物之形；生物之机不可知，化物之妙不可见，皆是水性中无心之心德也。渊乎深哉，其理至微，其道至深。故曰"心善渊"一句，圣人之心，静以涵万物之理，而幽深莫测。动以妙万物之用，而时措无穷，渊渊乎亦如水之善渊也。

"与善仁"，"与"就是给。与要"善仁"，不要为仁不终，前松后紧，那也不行。给，不继，就是不仁。这不就"吝"了吗？

【宋龙渊注】水之德，施万物而不伐其功，利万物而不求其报。散之为雨露，万物佩其德泽；流之为江河，舟航获其济渡。天下之饮之而御渴，用之而成物，百姓日用而不可须臾离也，其仁至矣。故曰"与善仁"一句。

"言善信"，参考"宋龙渊注"。

【宋龙渊注】水本无言，观之江海，有扬波鼓浪之声；闻之溪涧，有瀑布滴沥之听，此即是水之言也。晦前三日，不期而潮于沧海；朔后三日，不约而退其水势。潮不失时，声不私听。水信如此，以观圣人，时然后发，有物有则。故言可遍天下而不疑，信可传万世而不惑。所以水之善信，与圣人同。故曰水"善信"一句。

"正善治"，"政者，正也。子帅以正，孰敢不正"（《论语·颜渊篇》）。孔子之说正与此相验证。儒家、道家论为政之道相同，不论谁偷谁的，都是有根据，绝不是无病呻吟。什么是政治？"政者，正也。"怎么说"政者，正也"？孔子接着给我们一个最好的注解："子帅以正，孰敢不正？"这"正"就是最好的治，也就是老子所说的"政善治"。中国讲政治，必先治己而后治人。没有自己是王八蛋，天天叫人家好的。孟子说得妙："贤者以其昭昭，使人昭昭；今以其昏昏，使人昭昭。"（《孟子·尽心下》）说的正是这个。

【宋龙渊注】水以生万物为政，升之则化为雨露，降之则流为江河。派分遍及，有生生不息之机；德润万物，有化化无穷之妙。故曰"政善治"一句。以水之政，观圣人之参天地，赞化育，安百姓，和万物，使天下各尽其道，各遂其生，皆是圣人之"政善治"也。

"事善能"，宋注不深刻，故补充言之。我们想要事其事，得找能者事其事。所以，"贤者在位，能者在职"（《孟子·公孙丑上》）。贤者是有德之人，能者是有才之人。"贤者在位"，因为那些老头很有修养，可以叫他在位，但下面必得能者在职管事。如果尽叫无能之人在职，一个个都成了木瓜，跟老头一样，那就完了。《礼记·礼运》"选贤与能"，"选贤"，是要他在位；"与"，举也，"举能"，是要他在职。在位者是贤者，在职者是能者，则不至于害民。譬如说要装电话，人家装一个钟头，他半个钟头就回来了，这就是"能者在职"，然而"能者在职"之后，得"贤者在位"，他再往上是贤者，乱七八糟的事不能搞，这才行。所以说"选贤与能"。由此可知，古人的书在政治上安排得滴水不漏，不仅是文章而已，同学千万不要将之视为文章轻忽读过了。

【宋龙渊注】水之善能不一矣，泽润乾坤，滋生万物，行舟渡筏，去垢煮爨，随宜妙用，应事适当，此皆是水德善事之能也。故曰"事善能"一句。人能德性完全，心神活泼，应事接物之间，随方就圆；处己待人之际，不泥不执，此便是"事善能"之义。

"动善时"，"动"，就得时，且得"善时"，得恰到好处，因此不能轻举妄动。孔子被称为"圣之时者也"，孔子也主张"学而时习之"。儒家与道家都重视这个"时"字，不知道究竟是谁偷谁的？

【宋龙渊注】水之为物，因圆器成圆，因方器成方，盈科而后进，氤氲而后雨。不逆人事，不违天时，皆是善时之妙动。人能不违天时，不逆人事，可行则行，可止则止。事不妄为，言不妄发。亦如水"动善时"之妙也。

"夫为不争，故无尤"，人明白前面说的那些东西，那何必争？按照自己职分去做，做到一百分就一百分，也因为如此，"不争"，"故无尤"。反过来说，人就因为"争"，所以有"尤"。社会上为什么你说他，他说你，就因为"争"。最低限度就是争宠，你不宠他，他就骂你，完全是妾妇行。社会事即如此，同学未细看，细看明白之后，笑破肚皮。

疏密与留白——道家思想对中国艺术空间的影响

疏密与留白，其实只是一事。无论书、画、金石、音乐、园林布置，当一落墨，疏密聚散自然成列，空白于焉自然形成。也可以说，当留白之际，亦自然有疏密聚散。

以书法言，前人曾说："书在有笔墨处，书之妙在无笔墨处，有处仅存迹象，无处乃传神韵。"高明的书法家，除了熟练的运笔，凝意于笔画本身，更着意在笔画之外的空白处。空白有疏有密，有大有小，使通篇章法对比强烈、盘结复杂，却又气脉贯通得意趣于象外。

诗中的言外之意，音乐中的弦外之音，画中的空白云烟，戏曲中的不设布景，都使人从无中看到有，从虚中看到实，从混沌中看到具象。

这正是老子"有之以为利，无之以为用"（第十一章）、"知白守黑，知雄守雌"（第二十八章）、"有无相生"（第二章）的发挥运用。

扫一扫，进入课程

持而盈之，不如其已。揣而锐之，不可长保。金玉满堂，莫之能守。富贵而骄，自遗其咎。功遂身退，天之道。

持而盈之，不如其已。

【王弼注】持，谓不失德也。既不失其德，又盈之，势必倾危，故不如其已者，谓乃更不如无德无功者也。

"已"，停止。我们用手端着盘子，装满了还不停止，迟早会洒了。我们手端着，叫它满，还不如停止。以免到时候，太满洒了，不但把手弄脏了，还把衣服弄脏了。许多人"持而盈之"，到最后把汤洒了，不但不知放下，还不知停止。

王弼注："持，谓不失德也，既不失其德，又盈之，势必倾危。故不如其已者，谓乃更不如无德无功者也。"这就应了北方人一句话："打多大的腰，现多大的眼"——有多大的光彩，丢多大的脸。像老师什么光彩都没有，饿死都没人知道。

"既不失其德，又盈之，势必倾危，故不如其已者，谓乃更不如无德无功者也。"所以人成就，必得真成就；否则不成就了，还不如没有的好，还不如三家村教书先生。

这些地方，同学慢慢玩味。所谓"悟得老氏妙，商韩弊可调"，商、韩之所以出毛病，就因为未悟得其妙。

揣而锐之，不可长保。

【王弼注】既揣末令尖，又锐之令利，势必催衄，故不可长保也。

我们天天琢磨，要他尖，天天尖，那能保持多久呢？一定保不住。北方话说："出头的橼子先烂。"橼子出头，必先烂。这就是道家的比喻。因此凡事要把它弄得尖尖的，不可长保。

金玉满堂，莫之能守。

【王弼注】不若其已。

哪个朝代社会莫不如此，那些金玉满堂的，有几个人守得住？小至个人，大至朝代，乃至人类社会，莫不如是。

富贵而骄，自遗其咎。

【王弼注】不可长保也。

"富"是指有钱，"贵"是有地位。有钱、有地位而骄，"自遗其咎"。因为什么如此？因为"不可长保也"。

功遂身退，天之道。

【王弼注】四时更运，功成则移。

"遂"，成也。功成了，身得退啊！这是"天之道"。因为"四时更运，功成则移"。天之道是自然运行，到时候就变了，那有守到老的？非得叫人撵下去为止，何必呢？古来哪家不想万世一系，谁又成了呢？

第十章

载营魄抱一，能无离乎？专气致柔，能婴儿乎？涤除玄览，能无疵乎？爱民治国，能无知乎？天门开阖，能无雌乎？明白四达，能无为乎？生之，畜之。生而不有，为而不恃，长而不宰，是为玄德。

孔子思想最重要的是变"一"为"元"，变"始终之道"为"终始之道"，"物有本末，事有终始，知所先后，则近道矣"（《大学》）。这些都悟通了，把这些都连在一起，就不得了。"物有本末"，"本末"即一，有"一"就有"始终"。事，讲"终始"。这个事过去了，那个事又和这个事相关，这个事又和那个事相同，这就是"终而复始"。等那个事又和这个事相同，我们就说"历史倒演"。"知所"，"所"字特别重要，识所、知所则近道。找一切事物之"所"，就是一切事物之源，知其源则近道。"所"，就像水；"知所"，就像知水。第八章王弼注："道无水有，故曰'几'也。""几"，近也。道是无形的，水是有形的，故曰水近道。

此章讲一个领袖必须修得"长而不宰"之境界，普通人不容易办得到。通篇皆是真功夫，而以前半段所言为入手处，果能循以修持至"长而不宰"的境界，则未有不成者。

载营魄抱一，能无离乎?

【王弼注】载，犹处也。营魄，人之常居处也。一，人之真也。言人能处常居之宅，抱一清神，能常无离乎? 则万物自宾也。

此章之"乎"字，老师于 1978 年 7 月 31 讲授，以为皆释为"吧"，不作"吗"解；8 月 12 日再次讲授，又皆以"吗"释之。皆有精义，故两存于后。

"载营魄抱一，能无离乎"，此处宋龙渊本解释不大一样，同学可自行参考。我们先研究王弼注。

王弼注："载，犹处也。营魄，人之常居处也。""载营魄"，我们要处在人之常居之处。居者，守也。"人之常居处"，亦即人所常守之处。"营魄"，"营"是动词。按中国传统的说法，"魂"和"魄"两者不同。魄是不离肉身的，人死后随肉身埋土中；魂则升天，进入极乐世界。"载营魄"的意思，即我们得处"营魄"，得"处经营我们的魄"。怎么叫"处经营我们的魄"呢?用儒家的观念言之，就是要修我们自己的身。既然要处于修我们自己身的时候，必得"抱一"。"一"就是我们说过的那个元，就是我们的老祖宗（《易经·乾卦·象传》"大哉乾元，万物资始，乃统天"之"元"），就是王弼说的"人之真"，亦即儒家所说的"性"。了悟了这些，我们将之贯串起来，可以这么讲：

我们必得处于修养我们自己本身，要想达到这个目标，那就在于抱住我们自己的"本性"。从道家来说，就是我们得守住"真"，不离开"真"。我们要处人之常处，就是要抱住"人之真"，不能离开真。这些解释都发人深省。

自王弼注言之，"一，人之真也"。想要处人于常处，必得抱住"人之真"。失"人之真"，就是失此"一"；失此"一"，就失掉真。人常处重要的就是要抱住这个真。例如说话，不管人家对不对，就乱打哈哈，连声说对、说是，这就是失真。再如自己不懂是非，这也是失真。所以我们一般人，可以说每天都不知道自己有真。一个人能守住真了，合乎真的就同一之，不合乎真的就排斥之，那就不得了了。

因此王弼注接着说："一，人之真也。言人能处常居之宅，抱一清神，能常无离乎？则万物自宾也。"此处"宅"不是指房子，而是指我们的身体。言人能常处之宅，永远不离此真也、一也，永远不失此真，则是非永远清楚，善恶永远明白，到最后万物必归真，归真所以"万物自宾也"——万物自然而然地就宾服我们。以是之故，当然就"长而不宰"，因为驱之而不离也。

"无离"，不离道。"则万物自宾也"，"宾"，宾服，归也。你想要天下都宾服你，你要为天下王，那就得抱一，别失真。所以人不要随便用"伪"，老子虽然讲"虚"，但虚中有"中"，虚中有"真"，切莫以为虚就是伪。一个人真能修到"虚中""守真""无离"的境界，不必用什么术，自然而然万物都宾服于你。为什么宾服你？因为你就像一块吸铁石，将万物都吸过来了，你叫它离开，它也不离开。由此可见"真"字的重要。

就领袖而言，"载营魄抱一，能无离乎"，告诉我们做一位领袖人物不能离开大本。而这大本在儒家来说，就是我们必须守住我们的性；在道家来说，就是我们必得守住我们的真。而这"守性""守真"，又不是一时的，而是永远不离的。

讲到这，我们可以回忆一下，以前我们讲儒家讲"诚"，说"不诚无物"（《中庸》）；此处道家讲"不真无物"。可见千古文章千古贼，天下文章一大偷。一边说"不真无物"，所以道家修至一境界为"真人"，到真人的境界天下宾服，而为"万人宰"——万人的主宰。另一边说"不诚无物"，反过来说，"诚"天下就有物。两边讲的都差不多。

同学读《老子》，要细心读，慢慢读，不要急，当然各家注都可以看。中国之学，自始即不会只有一家之言，而是各家有各家的一家之言。但要注意，思想必有其连贯性。因此我们读的时候，虽是从哪家注入手均可，但切不可以这句喜欢王注，就从王注，那句喜欢另一人之说，又从另一人之注，那看完之后，完全忽略思想的连贯性，成杂货铺了。这毛病始于郑康成，所以第一个罪人就是郑康成，其时经有今古文之说，郑氏合之为一家，铸成此一大错。自此之后注家因之，不求其所以，萧规曹随，这一段喜欢某人哪句注，就用哪句注注解，东拉西凑，忽略了思想的连贯性。清代训诂学此病尤甚，这个字、那个字考证一大堆，把思想都弄丢了。一篇文章之中，自己就打嘴仗，就伦类不通了。

殊不知经今古文之分，乃在思想，不在文字。以今天的话说，古文家为"世及"思想，今文家为"大同"思想，二者原不相属，岂可混而为一？若朱子等之后学者，所以特别推崇郑康成，则因其所走乃古文思想的路子。

所以同学真读《老子》，必选一家下功夫，都融会贯通了，才真得其利。千万不可以这一句取王弼注，那一句取别家的注，这种注法，不注完便罢，注完必成杂货铺，因为根本不是一个思想系统。像严老夫子的批，就是他研究《老子》，整套贯串下来的，自有其个人的观点，绝不是这地方用某人的说法，那地方又用他自己的，这一来前后便抵触了。一家有一家之言，断不能擅自拼凑。进一步说，我们要立说造谣，必得自始至终为一思想系统，中间不可自乱。

在这里我们给同学做一提示。等同学智慧程度够了，书拿过来一看就知道有没有抵触。现在大家一本书都看不懂，哪里知道什么抵触不抵触，只是看谁花样新，谁花样多，便采取谁的罢了。同学不进步，就因为不读书。

专气致柔，能婴儿乎？

【王弼注】专，任也。致，极也。言任自然之气，致至柔之和，能若婴儿之无所欲乎？则物全而性得矣。

"载营魄抱一"，能够永远不离，此为总纲，下面则言修养的方法。我们既在有生之年必得"载营魄抱一"，"处"修自己的身，而抱一之真，以儒家的话来说，即修自身永远不离本性。那我们开始如何办呢？老子告诉我们："专气致柔，能婴儿乎？"王弼解释说："专，任也。致，极也。言任自然之气，致至柔之和，能若婴儿之无所欲乎，则物全而性得矣。"

自然之气，即父母做胎所生来之气，也就是"胎气"。任自然之气，能任我们生来就有之胎气，因有此气才能达极柔。道家讲"不失胎气"，孟子则称为"浩然之气"。你若能"专气致柔"，任你与生俱来的自然之气，"致至柔之和"，能够达到最柔的和合，这是功夫。至此"能若婴儿之无所欲乎"，你能像婴儿之无私、无欲吗？能这样"则物全而性得矣"，亦即物全而"真"得矣。物包含事。那事物之全理、一切之性、一切之真都得了。都得，就达到真人之境界；事物之全理都得，则能处理一切事物。此处理一切事物，不损失"道之真"，也就是不损失"性之真"。

道家讲修开天门。因人之初生，天门开，心性与天同，完全无欲，年岁渐长，天门之处渐硬渐满，人也没人样了，成了罪人。所以道家要"返老还童"，"童"即指开天门言。

涤除玄览，能无疵乎？

【王弼注】元（玄），物之极也。言能涤除邪饰。至于极览，能不以物介其明，疵之（《道藏集义》本无"之"字）其神乎，则终与元（玄）同也。

"涤除玄览"，参见严复先生批。

严复批："元，本作玄。玄，悬也。凡物理之所通摄，而不滞于物者，皆玄也。"据以改严批本的《老子》本文及王弼注。

首先我们先就王注作一说明。王注说："元，物之极也。"可见所谓"玄德"即极之德，"玄牝"即极之牝。"言能涤除邪饰"，人为的都是饰，违正之饰、不是真的，都叫"邪饰"，"真"不饰。"涤除邪饰"，要涤除不自然的、人为之饰。看我们天天有邪饰，老的要有老的样子，年轻的要有年轻的样子，天天装饰自己，完全是违正之饰。有时想想，镜子可能是罪恶的东西，没有镜子，可能就没有"邪饰"。"邪"和"正"相对，一个正的东西没有饰，像婴儿就没有饰，等不婴儿了，那就"邪饰"。我们"涤除邪饰"到最后都涤除完了，则"返老还童"，"能婴儿乎"（"乎"，当"吧"解）。

"至于极览"，"极"，物之极；"览"，人之所见者。何以要"涤除玄览"？因"能不以物介其明"，不能够以一切之物欲介入我们的明，把我们本来完整无缺的明分开了，掩盖了。这样，我们所察看的，方能"至于极览"，方能察于玄道至高之境。

"疵之其神"，"之"为衍文；"疵其神"与"介其明"相应，有"之"字则为不辞。"疵其神"，我们的神也出了毛病，"不以物介其明，疵其神"，即不能以物介我之明，使己之神有所瑕疵。神，即精神之神；道家重视"精气神"的"神"，即此神，非神明之神。

"终与元同"，"元"即"玄"。"玄"即道、即真。进一步说，玄为真之母，为一切万物之母，他到人身上为"真"。等我们完全没有前面所说的这些毛病之后，才能达到"玄同"的境界，这境界亦即儒家所言"与天地合其德"的境界。

看完王注，我们再回到《老子》原文"涤除玄览，能无疵乎"。用白话简单地说，就是我们要涤除一切邪知邪见，使我们在精神上一点都没有毛病。

爱民治国，能无知乎？

【王弼注】任术以求成，运数以求匿者，智也。元览无疵，犹绝圣也；治国无以智，犹弃智也。能无以智乎，则民不辟而国治之也。

"爱民治国，能无知乎"，爱民治国时，能够不用你的私智吗？前面讲过，以智治国者贼，以智治民者是贼民（第六十五章："以智治国，国之贼；不以智治国，国之福"）。这里主张不以智治民，也就是福民、福国了。

王弼注特别好。王注说："任术以求成，运数以求匿者，智也。"此处首先要重视"任术""运数"，由此可见人的智慧多么可怕，可以翻天倒海无所不能。本来不能成，他能"任术以求成"。成了还不说，他还"运数以求匿"，运数把东西藏起来，叫别人看不见。"运数"的观念不大好懂，我们用最简单的说法，举个"时"的例子来说明。譬如某人六点半要来，那我们六点二十五分把一切弄好，等他到这里一看，什么都正常，叫之首尾不见，这就是"运数"。这是最可怕的。我们完全"运数"，把东西藏起来，叫别人看不见，这不也就是伪吗？我们若以此"治国爱民"，当然就是害民、贼民、贼国、祸国了。

接着王注说："玄览无疵，犹绝圣也。"为什么至"玄览"就"无疵"了呢，因为前面说过"至于极览，能不以物介其明，疵其神乎"。一个有至高之明、超乎常人之明的人，不能以普通的明来乱他的明，也不能使他的神有所疵。而这不能"以物介其明、疵其神"，又何所指呢？"犹绝圣也"。"犹绝圣"，用白话讲，这就是"绝圣"。"绝圣"的结果是"去智"——去掉智慧。因此我们可得一个结论：这要去掉的智慧是什么智慧呢？这智慧完全是欲中之智，不是熊老夫子说的"性智"。

由此可见熊老夫子于道家老庄确曾下过功夫，他怕后人误解了"智"的观念，所以将智分为"情智"和"性智"。情智能"介其明、疵其神"；性智就是"玄览"，就能"绝圣""弃智"。所以像这种属于情智的智慧，乃是社会上的人云亦云，并不是真正的"圣智"。我们如果能绝弃之，那才是"玄览"，才是"性智"。而就因为用性智，才能治国平天下。因此"爱国治民"，"能无以智乎"，乃是不用情智。不用情智，"则民不辟而国治之也"。

天门开阖，能无雌乎？

【王弼注】天门，谓天下之所由从也；开阖，治乱之际也，或开或阖，经通于天下，故曰"天门开阖"也。雌应而不倡，因而不为，言"天门开阖，能为雌乎"，则物自宾而处自安矣。

【严复批】为讹无，看注自明。

（此节老师曾先后就己之所悟及王注分别揭示二说，兹先说明王注。）

为什么要重视"天门"？因第一章说"玄之又玄，众妙之门"。为什么"玄之又玄，众妙之门"？因为"牝"，是"玄牝"。所以王注说"天门，谓天下之所由从也"。"天下"包含一切事物，也就是说一切的东西事物都得由天门出来。此观念亦见之《易经·系辞上传》第七章"成性存存，道义之门"，与此即为同一观念。王注接着说："开阖，治乱之际也。"可见"开阖"代表一治一乱。"或开或阖，经通于天下，故曰'天门开阖'也。"

王注"天门开阖，能为雌乎"，天下一切事情有治有乱、有进有退、有善有恶、有是有非的时候，你能做这个雌吗？既要做雌，雌是什么呢？王弼告诉我们，雌"应而不倡，因而不为"。"倡"，为首者。"为"，造作、创造、创作。何以"应而不倡"？因坤顺承乾，故任何事情"应而不倡"。何以"因而不为"？因为坤因乾，地因天，所以"应而不倡，因而不为"。为什么因而不"创"？因他是因道而不创作。能"不创""不倡""不为"，"则物自宾而处自安矣"。何以如此呢？因为完全顺自然之道，万物就宾服我们、归从我们。

我们在这个宇宙之中，在"天门开阖"——治乱、善恶、是非、好坏、邪正……这个复杂的环境之中，你能做一个"雌"吗？雌是"应而不倡，因而不为"的。我们是否也能"应"，但不去唱高调，不去"倡首"，因而不造作呢？"倡首"即人之为道。我们应，但我们不人之为道，我们因也不造作。应、因即自然，因自然而不人之为道，要是如此，天下绝对拥戴我们、宾服我们。今天下偏多"人之为道而远人"。在宇宙治乱、是非、善恶的环境中，谁能顺自然而不造作，能守住这个道，谁就能成功。可是放眼今日天下，多是人自为道而远人的人，宁不痛哉。孔子似亦有感于此中深意，所以孔子说"述而不作"，"述"即因，"不作"就是不倡、不为。儒家讲"唯天为大，唯尧则之"（《论语·泰伯篇》），也就是说：唯自然唯大，"唯尧则之"。正与道家言"法天、法道、法自然"相呼应。

"因自然""法天"并不容易，"法自然"得先认识什么是自然，"法天"得先明白天是什么，才知道如何法。那不是嘴巴说说就完的。真弄明白了，去因、去法，才能不倡、不为，使天下宾服。

讲完王注，再回头看第六章："谷神不死，是谓玄牝。玄牝之门，是谓天地根。绵绵若存，用之不勤。"此全言"玄牝"之用，同学于此必自己细悟，可以发现古时候特别重视"玄牝"，因为"玄牝"重要，所以"天门开阖，能为雌乎"。"天门开阖"就是天门之动作、动静，天门之动作能为这个雌吗？也就是说既然"玄牝之门，是谓天地根"，那"天门开阖"，天门之动静，能为这个"雌"吗？天门之动静，若不为"雌"，则为"牝"——"玄牝"。"玄牝之门，是谓天地根"，正好与此前后相呼应，浑成一理。有了这观念，再看"玄牝"与"雌"的区别，这个同学得"心会"，那就看出古人思想，产生在这个"玄牝"，而不为这个"雌"。讲"玄牝"重生生，讲"雌"侧重两性之别。

这大概是受母系社会的影响，把"牝"看得那么重要。野小子到处乱跑，也不晓得哪个是本主，这是坤乾时代；等乾坤时代，那人性就没了，尽是伪的了（后一句为戏语，意指母系社会循天性以母为尊，父系社会重定伦序）。

有了这一个观念之后，我们再看王注："天门，谓天下之所由从也；开阖，治乱之际也。"可以说把真话给解没了，等王注最后再说："言'天门开阖，能为雌乎'，则物自宾而处自安矣"，更与《老子》前之所言、后之解答，完全没接上，总不大合适。是以我们可以第六章与此对证读，自己善悟之。实则注解都不深入，我们若能就前后文体悟，可能更有启示。王注可参看，但不应这么解。古人说"诗无达诂"，所以诗人常自己作注，哲学更是如此——无达诂。

明白四达，能无为乎？

【王弼注】言至明四达，无迷无惑，能无以为乎？则物化矣。

所谓道常无为，侯王若能守，则万物自化。

"万物自化"据第三十七章"侯王若能守之，则万物将自化"，多一"将"字。

王弼解释说："能无以为乎？则物化矣。所谓道常无为，侯王若能守，则万物将自化。"因为万物将自化，我们"明白四达"，无所主了，当然就"能无以为"了。"无为"，就是顺自然。我们顺自然，物和事是顺自然而成的，当然没有抵触而自化了。反过来说，因物和事是顺自然而来的，如果强要人之为道而远人，那物也不接受，事也不接受，只有愈弄愈砸。

谈过理论，再看看我们自己，真的能"明白四达"吗？真的能不以人力加于自然，真的能不以己私加于自然吗？看看我们一会儿教育、一会儿主义，都是人自为道而远人。结果，谁也不信，物和事都不接受，所以少成功者。原因就是违背自然。古往今来多少英雄人物，没有临死不打咳声的，因为到头来无非是枉费心机，谁也没达到目的。原因就在都不识道，都不识什么是自然，结果累死了，人家那边还不理他。其实"天下本无事，庸人自扰之"。"乱"是人自乱，山川河流一点都没变，就是人之为道。所以人力加于自然，没有不失败的。

生之，畜之。

【王弼注】不塞其原也，不禁其性也。

"生之"，"不塞其原也"。王弼注得极美。"不塞其原"，就是不能塞生之原，不要毁他的生机。真明白这句话，便能治国。治国，千万不能塞"生原"。反观我们天天忙着杀鸡求卵，即塞其原。《诗经》"采葑采菲，无以下体"(《诗经·邶风·谷风》)，我们可以采葑采菲，但不能把根拔掉。为政贵乎生之，不能杀鸡求卵，不能塞其原。这就是生生的意思。但古往今来，多少人逆此而行，伤人害己，迷而不返。

"畜之"，王注"不禁其性也"，更美。这也就是孟子"鸡豚狗彘之畜，无失其时"(《孟子·梁惠王上》)。说得粗俗些，鸡豚狗彘之畜，到交尾之时，不能禁其性也。所以强要人不婚不嫁，那是报复心理，违背天道。明乎"不塞其原""不禁其性"二语，人就要做常人，不要做非常人。能这样，以儒家言之，即"大人者与天地合其德"。

最后两句王弼注得极好，断非出自常人。王弼幸亏死得早，否则真是气死老子。

生而不有，为而不恃，长而不宰，是谓玄德。

【王弼注】不塞其原，则物自生，何功之有？不禁其性，则物自济，何为之恃？物自长足，不吾宰成，有德无主，非元而何？凡言元德，皆有德而不知其主，出乎幽冥。

"生而不有"，自然之生生，不自以为有功。我们法之，既"生之、畜之""不塞其原""不禁其性"，此即生生不息，然而生生不息也不必骄傲，生了也不据为己有。

"为而不恃"，虽然我造了天下万物，我也不以这个为恃。

"长而不宰"，我们长万物，可是不做主宰。帝即有主宰义。不能为宰，易言之即不能为帝。"长"，就得管事，我们有聪明智慧，应当替众人服务，应当替大家管理事，就得掌班，就是管家婆，可是不是主人，不能做老大，不能"宰"，不能做"帝"。也就是说尽义务，不享权利。我们有智慧、有能力，得去掌这个舵，可是我们"不宰"。

像坐船，为什么那多人坐船，掌舵就他一个？因为"能者多劳"。他是能者，他就多劳；他一多劳，别人就舒服了。所以，我们有智慧得尽自己的力量，那力就怕不出自己之身，因为"力恶其不出于身也，不必为己"。什么是"为己"呢？简单地说，"宰"即为己。我们有天资，有智慧，有长才，但是不做主宰，不做头头，不为自己出力。"不必为己"，那为什么呢？为众人出力，为那帮坐船的。所以别看坐船的人那么舒服，那是傻子；那掌舵的人洋洋自得，因为他是有智慧的。人能至此，这种人还得了吗？"是谓玄德"，这就是"玄德"——至高之德。以此衡量廿五史人物，有几人不是缺此德，可见那是一部缺德史。

讲到这，我们再进一步探讨"玄德"是什么？"玄德"简单地讲就是至高之德。然而光一句至高之德，尚不足以形容"玄德"。我们以儒家的观念来看，可以这么说，"玄德"就是前面谈过的元之德。"玄""元"二字虽有别，实即一个。孔子思想中最重要的一点就是"变一为元"。一是"始终之道"，等孔子"变一为元"就成"终始之道"，也就是没有始没有终之道，也就是生生不息。

《大学》上说："物有本末，事有终始，知所先后，则近道矣。"物，那没办法，它必有本有末，本末就是一。事则不同，凡事情就有终始，不断终而复始，这事过去了，那个事又来了，如果那个事和这个事相同，那就是历史倒演，以老话来说就是"终而复始"。既是"物有本末，事有终始，知所先后，则近道矣"，"所"字特别重要，知所先、知所后，"则近道矣"。那就是知道这个"所"，能够识"所"，"则近道矣"。那"所"和"知所"之间的关系，就像水和知水一样，如果水是道的一面，那知水"则近道矣"。我们了解事物，要找一切事物之"所"，也就是一切事物之源，源可以说近于道，因此知其源则近道。就像水近于道，因为道是无形的，水是有形的，故曰"近道"。几者，近也，是以称"几于道"。这些个，我们在前面已经说过了，同学若能将这些都悟得通，融会一处必有所得，而有所成。

了解了"玄德"，"玄德"次一点之德即"天德"。"玄德"是天德之父，"是天地根"。天德是有形的生生，因天有好生之德，天德生生，生生就是有形的。

《老子》如我们这样讲的不多，所以书就怕读明白了，真读明白则是非无所遁其形。此章极重要，真明白就可以修己。老氏要大家修真，不是修到肉身不化，肉身不化又能做什么呢？一个人真要修，是要修到"载营魄抱一，能无离乎"，能修到"载营魄抱一，能无离乎"，那就是玄德。由"专气致柔，能婴儿乎"到"长而不宰"，这中间是步骤。得一步一步去修，修到"载营魄抱一"，才达到"玄德"。所以老道都弄错了，一心想修到童颜鹤发，其实童颜鹤发又怎样呢？

【严复批】夫黄老之道，民主之国之所用也。故能"长而不宰"，无为而无不为。君主之国未有能用黄老者也。汉之黄老貌袭而取之耳。君主之利器其惟儒术乎？而申、韩有救败之用。

　　严氏言道家是民主政治，那可真是民主政治。是以我们修身治世，做人即可，不必又是圣人、又是神人，像希特勒似的，那不行（老师意有所指）。我们有聪明智慧，得"能者多劳"，可以"长之"，但不能"宰之"，不能做老大。这才是至高之德，才是天德的爸爸——"玄德"。

　　而研究道家，可必得从头至尾用一个思想读下来，如果用众家思想读下来那就坏了，这个始作俑者就是郑玄。他一搅和，完全把人害惨了。等到后人想要整理，复其本来面目，那太费劲了，并且得有智慧才行，否则怎么整理？有人读一辈子书，背得滚瓜烂熟，《四书》连小注都能背，可是不知道什么是什么。头脑之简单，那比猪差不多少。《四书》小注，当年老师也背过，可是还没背完，就不背了。开玩笑，老师又不做"进士"，背什么？老师到现在，也不多"近视"呀！

　　所以同学必要懂得学术的分野，然后才能读书。同学读公羊学就读公羊学，读理学就读理学，不必把理学再扯到孔子身上。这中间没有什么可靠不可靠的问题：公羊家之学即公羊家学，代代都有公羊学家，公羊学家讲的就是公羊家哲学，哪有什么不可靠的。如果说公羊家之学即孔子之学，那才不可靠。理学家就是理学家，那可靠；若说理学家就得圣人之心，那是哪一个圣人很成问题，可能凉了圣人之心，那就不可靠了。所以中国把学术断代分开，理学家就是理学家，公羊学家就是公羊学家，宋明理学就是宋明理学。他们与孔子思想可能有点关系，但不能说就是孔子思想。

公羊学是上承的，他自称是子夏的徒孙，总差不大格。这好比同学在黉舍中听书，虽不全相信，但有时嘴说溜了，总得露出来一点。因为同是这个门出去的，青出于蓝，虽不说胜于蓝，总不能说一点蓝都没有。再如有些学派挂孔子之羊头，卖禅宗之狗肉，把狗肉往羊肉身上贴，关系虽有，但也不能说是可靠。同学必得把学术弄得有分野，然后才能读书。读理学就读理学，不必把理学扯到孔子身上。这么一读，那将来会一代一代明白。同学现在读过《老子》，再回头看理学家之言，就会明白理学是挂孔子的羊头，卖禅宗的狗肉。

我们现在讲书，多少受时代的影响，因为我们生在今天，想得复杂，从这里把握住，怎么讲都可以左右逢源。任何学说都有时代背景，谁也不能否认时代背景，同学研究一个学说，不明白时代背景，就没法研究。《孟子》上即说我们研究一个人的思想，要"上友古人"（《孟子·万章下》："颂其诗，读其书，不知其人，可乎？是以论其世也，是尚友也"）。孟子那时都如此讲，我们今天这些后来者，不仅无法再向前走一步，而且还更落伍。看今人研究学问，就是硬往上贴，恨不得这句话就是孔子传给他的，别人都不知道，就教他一个人。那孔子岂不成大法师了？天下哪有此事？道岂有不公开的？

今天研究学问必得面对真理，我们不必做卫道之士，就面对真理，我们不必给任何人保镖，事实上谁也倒不了，最后倒的还是我们自己，人家哪用我们去维护？像我们批评朱子，朱子还存在，也不是我们一批评就没了。说孔庙被拔掉，拔掉了有形的，人们心里还有孔庙，永远撵不出去。

话说回来，只要面对真理，任何学问都可以研究，先把时代断开，懂得了时代背景，只要不离大本，怎么讲都可以，但千万不可以把别的东西往上贴。若硬要往上贴，说是我们的思想可以，说是前人的则不可。

扫一扫，进入课程

三十辐，共一毂，当其无，有车之用。埏埴以为器，当其无，有器之用。凿户牖以为室，当其无，有室之用。故有之以为利，无之以为用。

三十辐，共一毂，当其无，有车之用。

【王弼注】毂所以能统三十辐者，无也。以其无能受物之故，故能以实统众也。

北方最讲究的代步工具，是骡驮小车，家有骡驮小车，如今之有包车人家。骡驮小车，轮子很大，约一人高，但也只有十几条辐，也没有三十辐，至于这里说三十辐，是否有别的寓意则不敢确言。至于牛车根本无辐，仅中间有一圆木头，亦可转。

"当其无有车之用"，因为中间有毂之无，因为有虚的、空的毂，安上车轴，它才能转，才能有车之用，否则不能转。也就是说，"无"才有用，此章讲无之用。

埏埴以为器，当其无，有器之用。凿户牖以为室，当其无，有室之用。故有之以为利，无之以为用。

【王弼注】木、埴、壁所以成三者，而皆以无为用也，言无者，有之所以为利，皆赖无以为用也。

"埏埴以为器，当其无，有器之用"，"埏"，严批本作"挺"，当为误植。

"埏埴"就是用黏土做成之陶器。因为中间是空的，所以才有器之用。

"凿户牖以为室，当其无，有室之用"，凿窗子也是当其无，才有室之用。因为中间都是空的。

"故有之以为利，无之以为用"，此话同学若悟得通，则不论何事皆不会吃亏。

世界上的事不是一个"有"，一个"无"就完了。有"有"才有利，"有"有了"无"才有用。"有"之所以有利，就是有"无"之利，有"无"的"用"之利。

为什么有"有"才有"无"之利呢？因为"有"有了"无"，才有"无"的"用"之利。所以，有了"有"，得了那个利之后，要从"有"中找出"无"，从"有"中间凿成"无"，才能为其用，才能有用。若没有"有"，"无"从哪里来？那"有"才是"利"，那"无"才是"用"。利、用两字的区别，也就在这里。

举个例子来说，要有了木头，才能做辐、做毂、做轴，才有车之用；要没有木头，哪里来的辐，哪里来的毂，哪里来的轴？哪里有车之用呢？换句话说，若没有"有"，那无从哪里来呢？所以有"有"才是利，有"无"才是用。所以说："有之以为利，无之以为用。"

因此，我们常说"我要利用你"，"利用"二字，可说啥都包括在内了，既利用其有，复利用其无。中国老祖宗留下来的话，实有深意蕴焉。

【严复批】此章言玄之用，以无为用。近人颇尚中央集权之政策，读老子知惟以虚受物，以无为用者，乃能中央集权也。

我们认为这个批极有道理。反过来说，集权所以垮了，就因为不能"无"。

 楼观台

楼观台，位于西安市周至县的终南山，是我国著名的道教胜迹。《终南山说经台历代真仙碑记》称"楼观为天下道林张本之地"，认为是道教最早的宫观。

相传公元前十一世纪周康王时代，西周大夫函谷关令尹喜在此结草为楼，夜观天象，称为草楼观。一日见紫气东来，预感将有真人从此经过。尹喜便守候在函谷关。后来果然老子西游入秦，尹喜便迎请老子于草楼观著《道德经》五千言，并在草楼观楼南高岗筑台授经，故又称说经台。

苏辙曾有诗记此事："老聃厌世入流沙，飘荡如云不可遮。弟子怜师将去国，关门望气载还家。高台尚有传经处，断壁空留驾犊车。一授遗书无复老，不知何苦服胡麻。"

扫一扫，进入课程

五色令人目盲，五音令人耳聋，五味令人口爽，驰骋畋猎令人心发狂，难得之货令人行妨。是以圣人为腹不为目，故去彼取此。

五色令人目盲，五音令人耳聋，五味令人口爽，驰骋畋猎令人心发狂，难得之货令人行妨。

【王弼注】爽，差失也。失口之用，故谓之爽。夫耳、目、口、心，皆顺其性也。不以顺性命，反以伤自然，故曰盲、聋、爽、狂也。"难得之货"塞人正路，故"令人行妨"也。

"五味令人口爽"，"爽"，王注："差失也。"五味把我们的嘴弄乱了，使我们口味都弄错了。如湖南人拼命吃辣，山西人拼命吃醋，觉得不吃辣、不吃醋，不得味，其实是被辣椒、醋麻醉了，哪有不吃辣椒、不吃醋就不得味的呢？

"驰骋畋猎令人心发狂","驰骋畋猎",不要看得太呆板，认为只是打猎，实则人天天驰骋于名利、钱财、酒色之中。同学至黉舍读书，不要以为读书就好，那也是"驰骋畋猎"。同学来，绝对有所为（音 wèi）而来，绝没说给老师白送学费的。可以说都是"心发狂"来的：有的想，到这边读一读吧，免得将来当中学教员，把古书讲错了；有的想，陪陪女朋友……总之，很多、很多，你们自己知道。这一切欲望的动，都是"驰骋畋猎"，都使你"心发狂"。

"难得之货"，塞人之正路，所以"行妨"。反过来说，我们要没有"难得之货"，怕什么东西呢？什么都不必怕，那就没有"行妨"之害。

是以圣人为腹不为目，故去彼取此。

【王弼注】为腹者，以物养己；为目者，以物役己。故圣人不为目也。

我们先讲一下王注。

"为腹者，以物养己"，什么叫"为腹"？拿这个物来养己，就叫"为腹"。《论语》上说"古之学者为己"（《论语·宪问篇》），就是这个意思。反过来说"今之学者为人"——那就会说：我大学毕业，找不着中学教员的工作，那就糟糕了。这就是"为目者，以物役己"。今人多是"为目"，"故圣人不为目也"。

毓老师笔记

"为腹者，王云'以物养己'，'为目者，以物役己'。孔子之役物，为腹也；役于物，为目也。不役于物，去彼取此也，老孔非出一家欤？"

此段笔记出自何处，老师不复记忆，但义颇可取，所以抄给同学。

因为"为腹者，以物养己"，就是孔子所说的"役物"，"为目者，以物役己"，就是孔子所说的"役于物"。

"是以圣人为腹不为目"，圣人专要养自己的德性。以儒家来说即修养自己的性，以道家来说即修自己的真。不论儒家、道家，绝不叫身外之事，身外之物，"以物役己"。

像今天社会就是专门"以物役己"。今天吃这个，明天吃那个，名堂太多，忙得一天头昏脑涨，这就叫作"为目"。圣人不要这个，圣人专是修养自己之性，修养自己之真，所以"圣人不为目也"。

由此而窥，老子和孔子不是出自一家吗？退一步来说孔子和老聃的关系不论是什么样，总之，中国思想系统是一线下来的，到最后有所异，那就是各人境界的不同，不是完全没有关联。

扫一扫，进入课程

宠辱若惊，贵大患若身。何谓宠辱若惊？宠为下，得之若惊，失之若惊，是谓宠辱若惊。何谓贵大患若身？吾所以有大患者，为吾有身；及吾无身，吾有何患？故贵以身为天下，若可寄天下；爱以身为天下，若可托天下。

宠辱若惊，贵大患若身。何谓宠辱若惊？宠为下，得之若惊，失之若惊，是谓宠辱若惊。

【王弼注】宠必有辱，荣必有患，惊辱等，荣患同也，为下得宠辱荣患若惊，则不足以乱天下也。

【严复批】通章"若"字皆作"如此乃"三字读。

道家以天下为己任的观念很重，不亚于儒家。前一章说"载营魄抱一"，再看此段"宠辱若惊"，就可明白。而学术思想分家，是后人所为，古人自己并不分家，都是讲道，都是道。

"宠辱若惊"，我们受人一宠一辱就惊了。《老子》这就像说我们一样，人家拍我们一个马屁也若惊——人家宠我们了；有人批评我们一下子也若惊——人家辱我们了。

所以一个人没有定力不行，佛家讲"戒、定、慧"，我们就很赞成。修身必有所戒，一个人没有"戒"很难达到"定"，没有"定"绝达不到"慧"。等儒家讲"定、静、安、虑、得"，一开始就自"定"入手。为什么要从"定"开始？因为，"修"就是把不好的东西砍掉，砍东西就有所"戒"；既然"修身"就要砍东西，自然也有所"戒"。等把不好的东西砍去，当然"定"了。

佛家从外国来的，谈修身讲"戒、定、慧"，有一个"定"。儒家是我们祖宗传下来的，修身讲"定、静、安、虑、得"，也有一个"定"字。可见修身，人同此心，心同此理，都必须经过一个"定"，没有"定"不行。

为什么"宠辱若惊"？不就因为我们不定吗？人家一夸奖就高兴，也不管是什么人夸奖，夸奖你的都不如你，那"夸奖"做什么用呢？辱你也一样，人家辱我们，至少也看对方是什么人，有多大分量。总之，只要我们"定"得住，宠辱在我们身上发挥不了作用；人家之宠辱在我们身上发挥作用，就因为我们自己没有定力。所以，自己如果没有一定的境界，宠辱都"若惊"。这几句话若能真懂，在社会上无论怎么乱，就像说"天门开阖"（第十五章），无论如何开阖都镇得住。反过来说，如果自己没有这个定力，那就没有办法了。

再看严批：通章"若"字皆作"如此乃"三字读。为什么"宠辱如此乃惊""贵大患如此乃身"，言人之所以惊，最重要的就因你有个身，自己觉得自己的臭皮囊太可爱，因此人家一说杀你，你把姓都改了（老师此例，意有所指）。同样的，就因为我们有这个"身"，所以就怕大患。

"何谓宠辱若惊？宠为下"，"宠为下"，宋龙渊本作"宠为上，辱为下"。

"何谓宠辱若惊？宠为下"，那些"宠辱若惊"的都是下级的人，所谓"宠为下"；上焉者，哪里还会"宠辱若惊"。一个人若是宠辱若惊，那还有什么了不起呢？像有些人恨不得三岁娃娃夸他也高兴，说："你看，小孩也知道我是好人。"那除了表示自己下贱，有什么用呢？这里娃娃不以年龄计，有些人八岁是娃娃，八十岁也是娃娃，同学自己玩味。

何谓贵大患若身？

【王弼注】大患，荣辱之属也。生之厚必入死之地，故谓之大患也。人迷之于荣宠，返之于身，故曰"大患若身"也。

此句因问，重申上文之意。

吾所以有大患者，为吾有身；

【王弼注】由有其身也。

此承上问以答，答得极好。

"吾所以有大患者，为吾有身"，我们为什么大患在身呢？就因为我们有这个臭皮囊——身。如果把臭皮囊看作粪球，那还怕什么呢？社会上一般人为什么没有成就？就因为把臭皮囊看得太重要，为了保存臭皮囊，让臭皮囊满足，什么坏事都做了。既然坏事都做了，那还能成就什么呢？

及吾无身，

【王弼注】归之自然也。

"及吾无身"，等到把自己这臭皮囊看得不值钱，无所谓了。

吾有何患？故贵以身为天下，若可寄天下；

【王弼注】无以易其身，故曰贵也。如此乃可以寄天下也。

"吾有何患"，此承上句言，如果我们把臭皮囊看得不值钱，无所谓了，那还有什么大患呢？

要是没有大患，就应该按照真道来做事，应该怎么做，就怎么做。孟子说："富贵不能淫，贫贱不能移，威武不能屈。"（《孟子·滕文公下》）所以然者，就因为没把"身"看得太重要。我们不把"身"看得太重要，就能"富贵不能淫，贫贱不能移，威武不能屈"。到那时候就有真我，像那些革命先烈就有真我，他们就没把臭皮囊看得重要。

"故贵以身为天下，若可寄天下"，我这回就把我自己的身视为天下；"若可寄天下"，那这就把天下事寄托在我身上。天下事不是每一个人可以担当的，必得他自己没有"身"了，然后才可以寄天下。以白话来说，必得到无我的境界，把自己的臭皮囊看得无所谓了，然后才可以把天下寄给他。

爱以身为天下，若可托天下。

【王弼注】无物可以损其身，故曰爱也。如此乃可以托天下也。不以宠辱荣患损易其身，然后乃可以天下付之也。

"爱以身为天下，若可托天下"，他认为他爱身是为了天下，"若可托天下"。白话来说，一个人要做大事业，想救国救民，必得把臭皮囊看得不值钱。

比如人家"畏民以死"（七十四章："民不畏死，奈何以死惧之"）。人要是不怕死，那怎样？"畏民"就没有用了。总之，一个人必得忘了我，才可以"寄天下"，才可以"托天下"。如果一般人，"寄天下""托天下"给他，岂能有用？他临死还要回头看太太有没有哭呢？历史上汉奸走狗莫不以"有身"而来。

此章当注意："及吾无身，吾有何患""故贵以身为天下"。他贵什么？贵以身为天下，贵身是为了天下——"若可寄天下"，我们就可以把天下寄托给这个人。"爱以身为天下"，他爱他的臭皮囊是为天下——"若可托天下"。

扫一扫，进入课程

第十四章

视之不见，名曰夷；听之不闻，名曰希；抟之不得，名曰微。此三者不可致诘，故混而为一。其上不皦，其下不昧，绳绳不可名，复归于无物。是谓无状之状，无物之象，是谓恍惚。迎之不见其首，随之不见其后。执古之道，以御今之有。能知古始，是谓道纪。

视之不见，名曰夷；听之不闻，名曰希；抟之不得，名曰微。此三者不可致诘，故混而为一。

【王弼注】无状、无象、无声、无响，故能无所不通，无所不往，不得而知，更以我耳、目、体，不知为名，故"不可致诘""混而为一"也。

"视之不见，名曰夷；听之不闻，名曰希；抟之不得，名曰微。此三者不可致诘，故混而为一"。什么叫"夷"？看不见的东西叫"夷"。什么叫"希"？听不到的声音叫"希"。什么叫"微"？用手摸摸不到叫"微"。三者我们不可以用极尽的力量去研究。因为什么？因为研究不通的。何以研究不通？因为"无状、无形、无声、无响"，"混而为一"，而这三个东西也可以说是一样的，就是一个东西——道。

其上不皦，其下不昧，绳绳不可名，复归于无物。是谓无状之状，无物之象，是谓恍惚。

【王弼注】欲言无邪，而物由以成；欲言有邪，而不见其形。故曰"无状之状，无物之象也"，不可得而定也。

"其上不皦，其下不昧，绳绳不可名"："皦"，光明、光亮。在上位的不显自己有光明光亮，在下的也不昧。"昧"为"皦"的反面，昧不好，皦也不好。一般不是皦，就是昧；不是皦得太厉害，就是昧得太厉害。这一来距离就远了。必要"不皦""不昧"，才"绳绳不可名"。

以人事来说，一个社会如果特别强调智者是智者、愚者是愚者，这个社会最可怕。我们得在上位的并不那么光彩，在下位的也不愚昧，这俩差不多，这才"绳绳不可名"。何以这么说？我们深一层想，如果上面的"不皦"，下面的"不昧"，这不是"平"吗？不是"齐物论"吗？不就是"齐物"吗？这一齐物，不皦不昧，根本没有什么上下，所以"绳绳不可名"，这个情形是不可名的。

"复归于无物"，到最后还归于无物。"无物"，即道。

"是谓无状之状，无物之象"，也就是说道里头没有明暗之分，没有上下之分，那叫什么呢？"是谓恍惚"。道，视之而不见，听之而不闻，摸又摸不到，弄得大家恍恍惚惚的。为什么这样呢？因为"不可得而定也"。

你说它像啥？我们没有办法肯定地说。但是大家不要迷糊了，要进一步问，这到底是什么呢？因为自然就是自然，"自然"，我们看到什么形象，就什么形象，可是我们不能以我们看到的这个形象就代表自然，因为这个形象，只是自然里头的一个。

同样，我们也没有办法说"道"像什么，因为道是自然，我们看见一个东西都是自然的一部分，我们没有办法说这个形象就代表自然，也就没有办法说看见的这个形象就是"道"。

把这些观念整理之后，可以这样说：我们看见的任何一个东西都是自然的一部分，我们不能把那个看见的东西，就说是自然，说是道。哪个东西都不能代表道，因为道没有定型的。所以老子下面说"迎之不见其首"，对面看不见他的首，"随之不见其后"，跟在后面不能见其后。

迎之不见其首，随之不见其后。执古之道，以御今之有。

【王弼注】有，有其事。

"执古之道，以御今之有"：执者，守也，把持、拿住。我们守古之道，拿古之道来"御今之有"，来支配治理现在所有一切事。前面说到不分"皦"、不分"昧"，这里又说，道不分古、不分今。何以这样说呢？因为以古能御今，不就没有古今吗？道无古今，所以古今完全是一样的，古时候的"道"，绝对适合今天，能"御今"。御，差一点也不能御。我们如果守住古时候的"道"，就可以支配运用现在的"有"。

谈到这，我们再回头看看"道"是什么呢？不是没有古今吗？道没有新旧、没有古今、没有光明、没有愚昧，既然道是这样，道生的东西怎么会有贵贱呢？更进一步说，道本身没有的东西，道生的东西怎么会有呢？那贵贱还不是人之为道而来的吗？

说"胜者王侯败者贼"，怎么区分这帮东西就是"胜者"，就是"王侯"；而另一帮就是"败者"，就是"贼"呢？这不是"强凌弱，众暴寡"吗？所以，中国很多话都很有深意，同学未细玩味。若细玩味中国任何一句话，都是反对任何权力，任何一句话里头都含着多少民主、多少平等。而其深意、智慧则有待大家细索深玩，以开智慧、树德行、拯时艰。

能知古始，是谓道纪。

【王弼注】无形无名者，万物之宗也。虽今古不同，时移俗易，故莫不由乎此，以成其治者也。故可执古之道以御今之有。上古虽远，其道存焉，故虽在今，可以知古始也。

"能知古始"，"始"即元、即玄。"是谓道纪"，这就是道之纪，道的范畴，什么东西都不出道这个圈。就因为什么东西都不出这个圈，所以是纲纪。谁要是能知"古始"，"古始"就是"玄之又玄"；知"玄之又玄"，这就是"道纪"；那就没有古今、没有新旧、没有明暗。后面一章有一句话："夫唯不盈，故能蔽不新成。"因为什么？就因为"执古之道，以御今之有"。能"执古之道，以御今之有"，没有新的东西，所以说"蔽不新成"。俗话说:"道,万古长新。"那个办法永远可用于今之世,这不是迷信,而是深切了悟其源,因为前面已经说过"生之,畜之"(第十章)。同学可前后会通,细细参悟。

这章讲的是道,下章讲的是懂得道的人。能够"执古之道",就能"御今之有"。

 郭店楚墓竹简《老子》

帛书《老子》出土后整整二十年,1993年,湖北荆门郭店楚墓出土了竹简《老子》。这是迄今可见的最早的《道德经》。简文抄写在三种不同长短的竹简上,整理者依次谓之甲本(长32.3厘米)、乙本(长30.6厘米)和丙本(长26.5厘米)。甲本现存竹简39枝、1090字,乙本现存竹简18枝、389字,丙本现存14枝、270字。总字数与帛书本或通行本相比,约占三分之一上下,说明它们都还不是足本,但是它们的存在足以说明,《老子》的成书或初步成书,至晚也是在春秋时期。

按照今本的分章来看简本,计简本甲本为20章,乙本为8章,丙本为5章,其中乙、丙两本各有1章与甲本相重;剔除重复,共得31章,约为今本81章的五分之二,其中有19章和帛书、今本内容基同,有11章部分相同。

总之,简本、帛书、今本代表了道家思想的里程碑,各自具有自己的时代特色。

扫一扫，进入课程

古之善为士者，微妙玄通，深不可识。夫唯不可识，故强为之容。豫焉若冬涉川，犹兮若畏四邻，俨兮其若容，涣兮若冰之将释，敦兮其若朴，旷兮其若谷，混兮其若浊。孰能浊以静之徐清？孰能安以久动之徐生？保此道者不欲盈。夫唯不盈，故能蔽不新成。

古之善为士者，微妙玄通，深不可识。夫唯不可识，故强为之容。豫焉若冬涉川，

【王弼注】冬之涉川，豫然，若欲渡，若不欲渡，其情不可得见之貌也。

上章讲的是道，此章讲的是懂得道的人。道没有新旧，只要守住道，就能支配一切，就能"执古之道，以御今之有"。而能"御今之有"的人，是什么人呢？即本章"古之善为士者，

微妙玄通，深不可识"者。

"古之善为士者，微妙玄通，深不可识"，古时候最会为士的人，也就是最了解道的人。"微妙玄通，深不可识"者，到达"微、妙、玄、通"修养境界的士。因为他"微妙玄通"的关系，所以他修养的境界，深得不可使人了悟，使人没法认识他，没法了悟他。

"夫唯不可识，故强为之容"，就因为他"不可识"，人就这么别扭，非要识不可。"故强为之容"，所以就勉强给他形容形容。因为要不形容形容，大家就"望空"了。

"豫焉若涉冬川"，我们说过，做事，事情没来的时候，我们要有准备，我们要有准确万全的预谋，然后才不失败。王注说得好："豫然，若欲渡，若不欲渡，其情不可得见之貌也"。反过来说，要不是先有所"欲渡"，我们又怎么懂得这个事情的事呢？"豫"即是事情没来之前，我们就有一切的"设备"、一切的"计划"。事必有所"豫"，然后才不失败。那怎么"豫"的呢？老子告诉我们一个原则——"若冬涉川"，就像冬天过河那样谨慎小心地预备，就如《论语》所说的"如临深渊，如履薄冰"（《论语·泰伯》）之境。

说到这，我们可以玩味一下，"善为士者"有那么高深的修养，那么"微、妙、玄、通"深不可测，都不敢吹牛，事情没来之前，都那么小心，"豫焉"，"如履薄冰"，就像冬天"履薄冰"那么小心，那么谨慎。再看我们，头脑尚未清楚，走路还在睡觉，一切不怕。

犹兮若畏四邻，

【王弼注】四邻合攻中央之主，犹然不知所趋向者也。上德之人，其端兆不可睹，德趣不可见，亦犹此也。

"犹兮"是事情做完了，成功了，还不敢马虎，还不敢骄傲。就像我为中央之主，怕四邻来合攻我们、对付我们、监视着我们一样，"十目所视，十手所指，其严乎"（《大学》）。到这时候、这环境，还不敢表示态度，我还不叫你知道我往哪走。就是说，在这环境之下，还不能叫别人知道我们之所为。换言之，即使成功，别说不敢大大忽忽，把我们一切所为都告诉人家，连知道都不叫别人知道我们之所为。看看这人多么厉害，到这时候还不表示态度。

再看我们同学，一拍胸脯，人家还没说，自己就先把主张说出来了。并且"知无不言，言无不尽"，不但拽着不让人走，还拿路费告诉别人明白。书多读一点都吓死了，我常说：今天，是天天在刀尖上跳舞。

人，不要成功了就骄傲，成功骄傲，后面跟着就是失败。不要以为他们反正失败了，我们是胜利者，摆出"胜利的微笑"，不旋踵，可能失败就来了。

"豫兮"，是事情未做之前的准备。事情没来的时候，"豫兮若冬涉川"，就像冬天过河一样，"如履薄冰"。"犹兮"，是事情虽然做完了，成功了，都不敢骄傲，还"若畏四邻"，怎样"若畏四邻"？"不知所趋向者也"，我虽为中央之主，我也不能把态度表明，叫外面知道，还"若畏四邻"，还不敢大大方方的、骄骄傲傲的，还像是怕四邻会来进攻我们，监视着我们一样。千万不可像我们同学，先表明态度，表示光明磊落。这可真磊落！

俨兮其若容，涣兮若冰之将释，敦兮其若朴，旷兮其若谷，混兮其若浊。

【王弼注】凡此诸若，皆言其容象，不可得而形名也。

"俨兮其若容"，他本或作"俨兮其若客"，亦可通。"俨兮"，谨谨慎慎地。谨慎到什么程度？"若客"，就像"出门如见大宾"一样。至于"若容"，则是说庄敬谨慎小心，就像随时整理容貌一样。以前在校门、各门都有镜子，出门必要先照照镜子。看看自己哪有毛病，先容一容——整容。

"涣兮若冰之将释"，人不能老是"俨兮"，不能老冷冰冰，人有时也得有点趣味，得"涣兮"。像同学总说老师冷冰冰，将来也得"涣兮"一下。"俨兮"的反面就"涣兮"，像冰化了一样，所以说"若冰之将释"，同学当好好悟这个形容。

子夏曰："君子有三变：望之俨然，即之也温，听其言也厉。"（《论语·子张篇》）正与此相发挥，人就得如此好好修养自己。老师常说同学智慧进步了，可是行为进步太慢。光知道很多，行为上进步太慢，品德与智慧不能平行，那不可以。

"敦兮其若朴"，那诚实的样子"若朴"，像没有雕的玉一样。

这几个"兮"，都是讲人现的形。至于里面是什么？"微妙玄通，深不可识"，所以这家伙是个滑头，见什么人，摆什么相。见老憨，他"敦兮若朴"；看到有幽默感的，他"涣兮若冰之将释"。可谓善变已极的。

"旷兮其若谷"，若"谷"之能容物也。此类似观世音佛现三十二像。

"混兮其若浊"，碰到糊涂人，他"混兮其若浊"。这样不论到哪，都打到一起去，都打成一团，到最后"同流而不合污"。因为，不同流，哪能知道对方的情报？不同流，能改正他吗？他，不光指人，包含事、物环境。所以一个人，如果能看到"混兮"，他就"若浊"，到哪，那地方都认他是老大哥。

孰能浊以静之徐清？孰能安以久动之徐生？

【王弼注】夫晦以理，物则得明；浊以静，物则得清；安以动，物则得生。此自然之道也。孰能者，言其难也。徐者，详慎也。

"孰能浊以静之徐清"，宋龙渊本"以"下多一"止"字。

王弼注说："孰能者，言其难也。"所以"孰能"，这不单说"谁能"，其中含有"难"之的意思。

"孰能浊以止"，即"难能浊以止"。但是你不必怕，不必说那怎么止住浊呢？那多难啊？有一步功夫，"静之徐清"，你只要静下来，慢慢就清了。天下再混乱也不必怕，只要静下来，慢慢就清了。此处"静"与"徐"字是功夫。

"孰能安以久动之徐生"，谁能安得久？"动之徐生"我们看安得久，其实那已经动了，慢慢就生出来了。天下没有真的"静"，也没有真的"浊"。天下大势，"合久必分，分久必合。"静了必浊，浊了必静；安了必动，动了必得安。

第十五章

141

保此道者不欲盈。

【王弼注】盈必溢也。

"保此道者不欲盈"，我们有了前面的功夫，有那么了不起，也不必骄傲，因为"保此道者不欲盈"，一盈就坏了。俗话说"满而必溢"，王弼说"盈必溢也"，所以能保住上面那些修养之道的人，可不能盈。

夫唯不盈，故能蔽不新成。

【王弼注】蔽，覆盖也。

"夫唯不盈，故能蔽不新成"，前面我们说过，盈就是满，满则溢，无论什么东西，满了必定往外淌出去。儒家常说"满招损，谦受益"，由此看来满的结果必有所失。所以这里讲不盈之道。"不盈"有什么好处呢？"不盈"才能"蔽不新成"。"蔽"，遮盖住。遮盖住使其没有新成的。何以能遮盖住不叫之有新成呢？就因为"不盈"，不盈则没有失败，没有失败，则旧的没有倒下去。旧的没有倒下去，新的又从何而来呢？积极地说，"不盈"就是日新，永远新，唯其永远新，故能覆盖得了一切新成的。所以，我们想要永远没有人接替我们，永远不让人接替我们，永远没有失败，那只有永远不盈，永远不满，遮蔽一切新成，新的不成，那旧的永远不败。

以政治言，一个国所以没被革命，因你这个国家没有腐败到那个程度，所以才没被革命。因为我有不盈之德，我就能掩盖住一切新成，压制一切新力量。"蔽"是遮盖住，遮盖住叫它不新成。

你所覆盖的永远没有新成，因为你没有失败；旧的没有倒下去，新的哪里来？你想永远没有人接替你，只有不盈。如果满了，那就掩盖不住了。如果想永远万世一统，那就得有不盈之道、不盈之德，永远别骄傲，永远下人，那你所掩盖的东西，永远没有新的，你永远是新的，永远不满。

怕别人革你的命，那就不要变成老大帝国，永远要有蓬勃的生气。这样，在你的覆盖之下，永远不会有新兴的势力，接替你老大腐朽的势力。

反之，要是不能压制一切新的力量，"敝则新"（第二十二章），我们自己成了破车、破烂，那当然得换新的了。

总之，一切新兴势力的压制，乃在于我们有不盈之德。所以永远别骄傲，永远要下人。此为政治上最重要之政术。

扫一扫，进入课程

致虚极，守静笃。万物并作，吾以观复。夫物芸芸，各复归其根。归根曰静，是谓复命。复命曰常，知常曰明。不知常，妄作凶。知常容，容乃公，公乃王，王乃天，天乃道，道乃久，没身不殆。

致虚极，守静笃。

【王弼注】言致虚物之极，笃守静物之真正也。

"致虚极，守静笃"，"致""守"二字为动词，"虚""静"二字为名词，也是功夫。

"致虚极"，"虚"就是无，有"无"才有用，也就是说"虚"才有用。因此，要"致虚极"，要使我们"虚"的德行、"虚"的功夫达到极点。

"守静笃"，我们守住"静"的德也特别的笃实。

总之，"致虚极、守静笃"这是两步功夫。一个是虚，一个是静；一个是到"极点"，一个是得"笃实"。但是这两个都是天之道。

万物并作，吾以观复。

【王弼注】动作生长，以虚静观其反复。凡有起于虚，动起于静。故万物虽并动作，卒复归于虚静，是物之极笃也。

"万物并作"，"作"，生也。"万物并作"，万物一同生也。道家"万物并作"，这个观念和《中庸》"万物并育而不相害，道并行而不相悖。小德川流，大德敦化"相似。

"吾以观复"，万物共同谋生，而万物之生，并不是一次就生完了，所以我们就以万物之生、万物之作，来察"复"的道理。"复"是什么呢？就是生而又生，生生不息，亦即终始之道。"万物并作，吾以观复"，我以万物共同谋生，就因它他的"生"，拿这个"生"，就了悟了"复"之道，就知道了生生不息。"复"给人无穷的盼望。

《易经》中复卦（䷗），地雷复，最下一爻为阳爻，阴阳一交，即为复卦，就因为它复，才生生不息。复者生生不息，就是终始之道。以人事言，亚当、夏娃必偷吃禁果，一偷吃禁果则复。

夫物芸芸，各复归其根。

【王弼注】各返其所始也。

"夫物芸芸,各复归其根","芸芸",就是众众。凡物众众,虽然是多,可是不乱。也就是说我们看天下芸芸众生,这么多,不必怕,不要被吓住,因为"各复归其根"。芸芸众生每个都回"根",根就是"始",始就是"道纪"。《礼记》和《春秋繁露》中说过,不论叶怎么茂,丝怎么乱,不必心急,因为叶"茂而有间"(《礼记·礼运》),丝虽乱必有端,自"间"入手,自"端"入手(《春秋繁露》"言以元正天端"),必成功,与此章正相发挥。这也一样,芸芸众生虽多,不要被吓住,只要你懂得"玄""元""始""道纪",自根入手,也就是从"道纪"入手,必定成功。

更土气点说,你有芸芸众生没关系,我找你爸爸妈妈,便可以管住你,这就叫道纪。明白这,则不怕"芸芸",因为我以一御万,以简驭繁。老子在前面说"三十辐,共一毂"(第十一章),"毂"就是"一","一"就御三十,因为"毂"就是"始",就是"元",就是"玄"。

前面王弼注:"以虚静观其反复。凡有起于虚,动起于静。故万物虽并动作,卒复归于虚静,是物之极笃也。"虚即无,有生于无,动起于静。可与此反复参悟。

归根曰静,是谓复命。复命曰常,知常曰明。不知常,妄作凶。

【王弼注】归根则静,故曰静,静则复命,故曰复命也。复命则得性命之常,故曰常也。常之为物,不偏不彰,无皦昧之状,温良之象,故曰"知常曰明"也。唯此复,乃能包通万物,无所不容,失此以往,则邪入乎分,则物离其分,故曰"不知常"

则妄作凶也。

"归根曰静，是谓复命"，用白话来说，归根叫静，这就叫复它的天命。

"复命曰常"，复命叫"常"，常道即天道。简言之，前面我们说过，"夫物芸芸各归其根"，什么事我们只要自根想，懂得道理之后，以此为"道纪"，就能处理事情。

这里更进一步阐明，归根叫什么呢？归根叫静，所以我们要是能了解静，就能御一切事。"归根曰静"，归根叫静；"是谓复命"也就是复命，回到天命。何为天命？天之所赋，在天曰命，在人曰性。因此，归根也叫复命；复命就是常，常是什么？常就是道。

"知常曰明"，就是"知道曰明"。前面我们说过，"常"就是静、就是根、就是复命、就是道。所归之根是道，所复之天命是道，常也是道。所以儒家称之为"常道"，这和道家所讲的道理，没有区别。

那什么叫"知道"呢？以老子的话说就是："豫焉若冬涉川，犹兮若畏四邻，俨兮其若容，涣兮若冰之将释，敦兮其若朴，旷兮其若谷，混兮其若浊。"（第十五章）事未来得豫兮，其成之后得犹兮，中间还得"装"兮，见啥人说啥话，"无所不用其极"（《大学》)，结果，"无入而不自得"（《中庸》)。此方为"知道"，方可称作"明"。

"不知常，妄作凶"，要是不懂得道，不知"常"，不知"明"，不知"道"，不知"豫焉""犹兮"等东西，"妄作"，乱七八糟做，那非凶不可。

知常容，

【王弼注】无所不包通也。

"知常容"，"常"即道，一知常，那就不得了了。因为"知常容"，知道"道"了，就"容"了。因为道生天地，造天造地，所谓"大哉乾元，万物资始，乃统天"。既能统天，那天地之内啥不能容？

容乃公，

【王弼注】无所不包通，则乃至于荡然公平也。

"容乃公"，既是天地之内都能容，这一容就公了，所以"容乃公"。

公乃王，

【王弼注】荡然公平，则乃至于无所不周普也。

"公乃王"，"王"者，"天下所归往也"（《说文》）。要是一公，大家都归往我们。所以王弼注："无所不包通，则乃至于荡然公平也。荡然公平，乃至于无所不周普也。"既然没有不周普，那当然天下都归往我们，因此说"公乃王"。

王乃天，

【王弼注】无所不周普，则乃至于同乎天也。

"王乃天"，只要大家都归往我们，我就是天了，就与天合德了。

天乃道，

【王弼注】与天合德，体道大通，则乃至于极虚无也。

"天乃道"，天就是道。

道乃久，

【王弼注】穷极虚无，得道之常，则乃至于不穷极也。

毓老师笔记

"穷极虚无，得道之常，方能至于治理无（不）穷极事物之适（音 dí）然也。"

"道乃久"，王弼注："穷极虚无，得道之常，则乃至于不穷极也。"光到"虚无"之境界还不行，得到了"穷极虚无"之境，才得了"道之常"。得了道之常，"则乃至于无穷极也"。然后处理事情都能达到"适然"；"适然"，即恰到好处，没有过与不及。因"穷极虚无，得道之常"，"方能至于治理无穷极事物之适然"。到这时候就不穷极了，能够治理不穷极之事，什么事都给你对付了，什么都对付得恰到好处，没有过与不及；像一面镜子，谁来照谁。（此有二境，老师具存之，细味之，有深意。）

没身不怠。

【王弼注】无之为物，水火不能害，金石不能残，用之于心，则虎兕无所投其齿角，兵戈无所容其锋刃，何危殆之有乎？

“没身不殆”，一直到死都没有什么危殆，都没有危难，何以能“没身不殆”呢？因为我们到了“道乃久”的境界。因为什么到了“道乃久”的境界，就能“没身不殆”呢？因为我们前面已经说过，我们若果能到“穷极虚无”，得“道之常”了，然后处理一切事务都恰到好处，没有“过与不及”。如此一来，什么都能对付；什么都能对付，那还有什么不妥当的吗？这种人可以说他就是上帝，上帝就是他，那死八辈子也没什么不妥当的，岂止死一次呢？那当然没有危殆。

由此章观之，老子和儒家相通之处极多。

扫一扫，进入课程

　　太上，下知有之；其次，亲而誉之；其次，畏之；其次，侮之。信不足焉，有不信焉。悠兮其贵言。功成事遂，百姓皆谓：我自然。

---

　　^①太上，下知有之；

　　【王弼注】太上，谓大人也。大人在上，故曰"太上"。大人在上，居无为之事，行不言之教，万物作焉而不为始，故下知有之而已，言从上也。

---

　　①　1978年8月12日，老师讲述本章时，适值中华人民共和国和日本签订《中日和平友好条约》，台湾《中国时报》《联合报》发表多篇评论。老师提醒同学看居浩然先生的文章，并要同学特别注意：民国以来截至当时，对外条约，以废除不平等条约及此约最为重要，将来是祸是福不知道。中国人应关心中国事，同学把握这难得之机遇，若真有成就，前无古人后无来者。身为中国人，应把握这个"时"，不要光想有绿卡、当美国人，有绿卡、当美国人有时也不行……

"太上"，什是"太上"呢？王弼说："谓大人也"。此注乃是以儒家"大人者，与天地合其德，与日月合其明，与四时合其序，与鬼神合其吉凶"（《易经·乾·文言》）的观点注释。这还注低了。在道家观念中，"太上"不仅"与天地合其德，与日月合其明，与四时合其序，与鬼神合其吉凶"，而且道家"太上"是超过天地的，所以道家之祖称太上老君。

王弼注说："太上，谓大人也。大人在上，故曰'太上'。大人在上，居无为之事，行不言之教，万物作焉而不为始，故下知有之而已，言从上也。"最简单地讲，譬如说天地间有了苹果、芭乐（番石榴），我们在下面的光知道有这个玩意，光知道有这苹果、芭乐，也不知是谁造的。进一步言，"太上"，在政治上，指的就是最高明的政府，这政府无私无欲，"生而不有，为而不恃"，只讲尽到自己的责任，但是"长而不宰"。能达到这种为而不宰的境界，就是"太上"，一个政府达到这个境界，那"下知有之"。

此处"上""下"乃相对为言，除了上就是下，也就是说除了"上"以外之人都知道这回事，可是光知道这回事，至于"上"是谁？谁也不知道，只知道要从上之道而已。至此，"太上"虽为最小之一单位，然其作为发挥之大，已臻毫无纤介利害关系，完全天人合一，没有分离之域。此是第一等境界，在中国除尧、舜之外，唯羲皇时代有之。

明乎此则知所以有人自号"羲皇上人"，可见羲皇时代之人皆非普通人，连人都是上人，那羲皇当然是"太上"。那完全讲的是：人就是道，道就是人的境界。

说到这，大家可以回过头来与儒家之说印证一下。《论语·宪问篇》"民到于今受其赐"，还不知道是谁，所以"民无得而称焉"（《论语·泰伯篇》）和《老子》这里的观念一样。可见孔、老皆有此相同的境界。

所以同学研究诸子之学，不要故意强分家派，以为他们有什么绝对的不同。他们是有所出入，可是大源都是相同的，否则岂不成了外国人。事实上纵使是外国人，有时也人同此心，心同此理。因此，虽然我们不以为然，可是也有人说康德与孔子一样，这就在于他们的东西有相同、相通之处。不同文化的学术尚且如此，本国的学术当然就更如此了。是故我们今天研究老子，不要上来必说道家、法家、儒家是截然不同的，他们必有相通之处。熊老夫子即言诸子百家皆源于儒，我们虽不必作如是说，然其亦非空言。

其次，亲而誉之；

【王弼注】不能以无为居事，不言为教，立善行施，使下得亲而誉之也。

王弼注："不能以无为居事，不言为教"。这句话当贯着读，念成"不能以无为居事，不能以不言为教"，这就明白了。既然不能以无为来治事，那怎么办呢？当然只得"人自为道"，发明一套，必须"立善行施，使下得亲而誉之也。"

其次，畏之；

【王弼注】不复能以恩仁令物，而赖威权也。

王注或断句为："不复能以恩仁，令物而赖威权也。"二说均可。

"令物"，物包含事。至此时代之政府、领袖，支配事时，完全依赖威权。这就完全用"方式"了。以中国历史上之时代言，这当是纣的时代。大禹的时代可能也一样。

其次，侮之；

【王弼注】不能法以正齐民，而以智治国，下知避之，其令不从，故曰"侮之"也。

此节王注注得极有意味。前面，我们针对"以智治国"的毛病已经略说过。此处更明言"不能法以正齐民，而以智治国"，你扯，则"下知避之"，下面的人知道"避之"，知道躲避，老百姓他知道找法律漏洞。这样一来，上下相互斗智，你下命令，我不听，"其令不从"。因为斗智，找漏洞，怎么会"从"呢？"其令不从，故曰'侮之'"，这不是污辱政府及当政者吗？

这又是一种政府。同学可从历史中寻之。

信不足焉，有不信焉。

【王弼注】夫御体失性则疾病生，辅物失真则疵衅作。"信不足焉"，则有不信，此自然之道也。已处不足，非智之所齐也。

"信不足焉，有不信焉"，如果我们信不够，就有不信我们的。

此节王注深刻，当细味之。

第一，"御体"就是支配我们的臭皮囊，我们很会支配我们的臭皮囊，叫他笑、叫他哭，表现得很自然，像唱戏一样。可是"御体"虽能，但是失去了性；"失性则疾病生"，人要如此则疾病生，国要如此也"疾病生"。

第二，要能"辅物"，我们虽能"辅物"，可是失了真，"辅物失真，则疵衅作"。而追究这一切毛病的来源，乃是"信不足焉，则有不信"，此自然之道也。"己处不足，非智之所齐也"，也就是说自己修身不够，要想以智慧弥补缺德，那是办不到的。这告诉我们，人不行缺德，不缺德就是以正齐民，缺德就不以正齐民。

明乎此，所以就知道老师常说"同学智慧够修身不够"，要想拿智慧弥补缺德，那办不到。

悠兮其贵言。功成事遂，百姓皆谓：我自然。

【王弼注】自然，其端兆不可得而见也，其意趣不可得而睹也，无物可以易其言，言必有应，故曰"悠兮其贵言"也，居无为之事，行不言之教，不以形立物，故"功成事遂"，而百姓不知其所以然也。

"悠兮其贵言"，既然"信不足焉，有不信焉"，那怎么办呢？老子说"悠兮其贵言"。"悠兮"二字用得妙。这说明了不是从我们开始，而是从很久以前，有人类以来就得以言为贵，"贵言"则贵信。所以老祖宗告诉我们，要似"金人三缄其口"，所谓"言行，君子之枢机。枢机之发，荣辱之主也……可不慎乎"（《易经·系辞上传》），这就是"悠兮其贵言"。

"功成事遂，百姓皆谓：我自然"，"功成事遂"也不必居功，因为"为而不恃，生而不有，长而不宰"（第十章）。百姓怎么说的呢？ "皆谓：我自然"，百姓还谁的账也不买，还不感谢你。所以王弼说"而百姓不知其所以然也"，这"不知其所以然"，也就是自然，反正就这么来的，来了就好了。

 毓老师金句

　　君子审乾坤之德，而素位其时，无名而大光，无成而有终，《易》道之本其在斯乎！

扫一扫，进入课程

大道废，有仁义；慧智出，有大伪；六亲不和，有孝慈；国家昏乱，有忠臣。

大道废，有仁义；

【王弼注】失无为之事，更以施慧立善道进物也。

此章当参见第七十八章"正言若反"，不可以照字面理解。因"正言若反"，所以"大道废，有仁义；慧智出，有大伪；六亲不和，有孝慈；国家昏乱，有忠臣"。

如果"大道"如前面所言，"太上，下知有之；其次，亲而誉之；其次，畏之；其次，侮之。信不足焉，有不信焉。悠兮其贵言。功成事遂，百姓皆谓我自然"，"生而不有，为而不恃，长而不宰"（第十章）。到这境界，哪还要讲什么仁义？人到了这种境界，那都是"羲皇上人"，那根本没有什么仁义不仁义

159

的观念，都认为是自己应该担负的责任。等脑子里一有仁义的观念，往好的说他是"示惠"；往不好的说，他是把人家看作"下愚之民"，他就玩弄了社会。所以说"大道废，有仁义"，废者，失也。

"失无为之事"，"无为"就是大道，"失无为之事"则大道丢，大道丢则是有为的。有为之人，人自为道。像这种人如果我们不说他仁义，他为什么替我们拉马车？其实他把我们的钱弄到兜里去了。"善政要民财"，我们还得说他仁义，然后还得说他德政。所以说"大道废，有仁义"，大道失了，才有仁义出来。

"更以施慧立善道进物也"，"施慧立善道"，以道进物，可以说完全把道当东西来用。

慧智出，有大伪。

【王弼注】行术用明，以察奸伪，趣睹形见，物知避之，故智慧出则大伪生也。

"慧智出，有大伪"，等到智慧出了，就有"伪"；"伪"还不算，还是有"大伪"。何谓"伪"？人之为道，就叫作"伪"。"大伪"，就是连一点边都抓不住，都干空中楼阁的事，干的都是大伪之事。

所以王弼注："行术用明，以察奸伪，趣睹形见，物知避之，故智慧出则大伪生也。"最重要的即"行术用明"，同学细玩味之。

这几句话其实告诉我们几个定理，并不是都要毁掉。告诉我们"大伪""仁义"是从哪里来的？告诉大家要警觉这个"大伪"，轻视"仁义"，仁义非道也，但并不是要把这些都毁掉了。

六亲不和，有孝慈；国家昏乱，有忠臣。

【王弼注】甚美之名生于大恶，所谓美恶同门。六亲，父、子、兄、弟、夫、妇也。若六亲自和，国家自治，则孝慈、忠臣不知其所在矣。鱼相忘于江湖之道，则相濡之德生也。

"六亲不和，有孝慈"，六亲和则看不出何为孝，何为慈。就因为有不孝的，才看出孝子。所以现在表扬孝子，可见都不孝，这些皆发人深省。表彰好人好事，就因为没有好人好事，其理亦同。清朝举孝廉方正，便因都不孝、都不廉、都不方、都不正，所以举孝廉方正。总之，当政者勉励什么，就缺什么。像我们天天讲道德，就因为缺德。老师之所以如此讲，就希望同学会动脑，不要叫人家用"歌"就欺骗住了。许多人往往因为一个"歌"就被骗住了，结果自己受骗，别人却撑饱了。

话说回来，既然没有孝慈，那何必去强求孝慈的虚名？所以有人说，要对老师好，老师说不必。因为老师自觉未曾对父母尽孝，那人家又何必孝顺老师呢？

同学在这里要特别注意，老子于此但言"大伪"是智慧的产物，并没有要我们不做"大伪"，不做"大伪"饿死自己而已。我们既知"大伪"是智慧的产物，那人家是一等的智慧，我们就要有一加一的智慧；人家是一加二的智慧，我们就要有一加八的智慧；人家是"大伪"，我们就是"大伪"的平方，必要干过他。老师不叫同学做乡愿，今天再学乡愿，讲道德，可能就

"盗得"了，什么都没了。一个人如没有智慧，那还有什么"大伪"？傻呆呆如泥塑木雕一般，那有什么"大伪"？同学千万不要以为吃点亏可以上天堂，天下没有那回事。要是没有天堂，岂不白吃亏了？像老师……可能上天堂，笑！不懂？因为老师净讲真话，讲真话怎能不上天堂呢？

讲到这，同学也可以看出来，宗教在任何时代都是迷人的，但我们不能因为"迷人"，我们就"迷信"。像有的同学信宗教，信的头脑都没有似的，如同乡愿一般，哪还能上什么天堂？

总记得，天下没有那一个君子是别人抬上去的，都是他抢到别人前面去了，人家没办法了，才说："算了，算了，反正他也是老家伙了，他也不是人，反正也干不过他了。"这才称之为"君子"，称之为"圣人"。所以年轻人不要"伪君子"，天下没那种事。以孔子言，在《论语》就由"吾从周"起，不知变了多少次，最后要造反，弟子说不要去，老夫子说怎么不去？"吾岂匏瓜也哉？焉能系而不食？"（《论语·阳货》）还发脾气了。结果到今天吃两千年生猪肉。像我们天天假惺惺不说真的，不但生猪肉吃不到，连熟猪肉都吃不到。读书必要活读。

"道""不道"是相对的，你对我有道，我就对你有德。千万不要像我们对付小日本，一厢情愿式的，结果多冤枉？然后心有不甘，马桶牌子取个名叫"裕仁"，那除了阿Q，又有何用呢？只为了"道德"这一个虚名，落得如此，再背后骂日本"以怨报德"；自己"道德"了，也骂了，都没有用，反正挨憋的是你，吃亏是真的。

人千万不能后退，只要走得正，行得正，不必满口仁义道德，任谁也不敢碰我们。社会上只要我们能，人家必把好的都送上来了。放眼近世之事，谁都是"大伪"，倘若自己迷仁义，那只有吃亏是真的。我们根本没有明白书上说了什么，自己都变成乡愿了，还说我想办个书院，恢复旧道德，真要那样，那就完了。要知道像我们现在这些学者，这个爷，那个爷，这位先生，那位小姐，什么黑格尔、康德都是点缀品，美其名曰学者，不美其名什么都是。真有用，指哪打哪。从小的讲，有益于时，有益于事；从大的讲，有益于人类历史。那才真有益于一个时代。所以我们必要善用智慧，冷静地看历史，一代中究竟几个是有用的，多少人仅是点缀品而已。

教书，最难得、最有良心的，就是说真话，因为年轻人本来头脑就不灵活，教的人再说假的，那他们一辈子就完了。因此，不要光讲伪道德，讲完了自己都办不到。必要自己读明白一分，就发挥一分，不该把那一分放在后面，还说假的，假仁假义，最后一点不发挥作用。

像一般讲书的，尤其是理学，他们就是这么讲，光说孔老夫子怎么的忠，怎么的……事实上，我们看哪本经书曾经那样写过？书上只说过"公山弗扰以费畔，召，子欲往"（《论语·阳货》），"佛肸召，子欲往"（《论语·阳货》），孔子欲往助叛。什么叫忠臣？"君要臣死，臣不得不死"，就是忠臣吗？"平时袖手谈心性，临危一死以报君"，就是忠臣吗？如果不是的话，回答这个问题最好的办法，便是追究"忠臣"怎么来的？老子说得好："国家昏乱，有忠臣。"所以有忠臣，就因为国家昏乱，国家要不昏乱，哪有什么忠臣？

因此那些跟着人殉葬的，也不过是"召忽"而已，孔老夫子还打个批语，"匹夫匹妇之为谅也，自经于沟渎而莫之知也"

（《论语·宪问》），还不知怎么死的。读书，要研究理学可以，但时代过去了。

在此，我们特别指出孔子"国家至上""民族至上"的观念。这也是我们中国人应该先知道的基本观念。孔子的弟子如子路说："桓公杀公子纠，召忽死之，管仲不死，曰未仁乎？"子贡说："管仲非仁者与，桓公杀公子纠，不能死，又相之。"大家说管仲不仁，孔子则不以为然，说："微管仲，吾其被发左衽矣"，"九合诸侯，不以兵车，管仲之力也"，"管仲相桓公，霸诸侯，一匡天下，民到于今受其赐"（《论语·宪问》）。所以赞之曰："如其仁！如其仁！"这里所说的"微管仲，吾其被发左衽矣"，就是"民族至上"；"九合诸侯，不以兵车"，就是"国家至上"。管仲既能"国家至上""民族至上"，所以孔子许之为仁者。明乎此，则知孔子所言到底是什么。召忽之死，那种忠是殉人，那不必。孟子说："天下有道，以道殉身；天下无道，以身殉道。未闻以道殉人者也。"（《孟子·尽心上》）所以"自经于沟渎"，只是匹夫匹妇的小诚小信，既不足为法，也不足为训，最多只能作为我们的前车之鉴罢了。而孔子所谓忠的观念也在这了，书要读到这种境界，才算真明白，才知道孔子所言到底是什么。

所以，书读明白很不容易。举个例子来说，聪明如中山先生亦不免有疏漏之处：中山先生自言其"天下为公"之道自尧、舜、禹、汤、文、武、周公、孔子而来，实则考之《春秋》，量之史册，其道应自尧、舜、孔子"大同之道"而来，至于由禹至清朝那又是另一系统，属"小康"世，此观念明揭于《礼记·礼运篇》。所以"自禹而德衰"（《孟子·万章上》）一语，可以说从禹一直骂到文武周公。那我们民主大同之治，又怎么可以说其道自尧、舜、禹、汤、文、武、周公、孔子一脉相承而来，既"大同"又"小康"呢？

一部廿五史就是小康之烂账，大同思想系统的史料还得重新整理。然而这不是说廿五史没有用了，廿五史亦值得研究，至少几千年历史陈迹虽不足法，亦足为戒。是以真读古书特别难，于此关节处必要弄清楚，如果人云亦云，不下真功夫，那永无明白之日。

拿老师来说，读书虽不一定真明白，但下了苦功夫，一件事磨很久，不明白不放手，至少要到自己认为明白才可以。至于谁的注解怎么说先都不管他，那是个人之见；但也不批评他，因为他有他的长处，只是我们有自己的看法。总之，读书就是功夫，智慧尚在其次，同学不要以为智慧高才能读书，真能读书有得，必是功夫深，绝不是光凭智慧而已。

我们读书的目的，就是要吸收前人的智慧，来启发我们的智慧，并不是要做书呆子。如果读书不能启发智慧，纵使读得再好，入了圣庙也没有用。圣庙中挤得满满的，可是对国家民族真有贡献的，又有几人？所以一切不必痴心妄想，求侥幸，一个人只要真留德，必能馨香百世。

是故我们读书，断不可随便跟着他人胡扯。尤其生在这个时代，必要将前人苦心孤诣之真理读出来，否则不仅无法向时代交待，也对不起古人。拿《尚书》来说，孔子删《诗》《书》有其一定之标准、层次，何以写得那么多呢？乃是因为其中有的是为法的，有的是为戒的。其始先言尧、舜明其德化；其次为《皋陶谟》，乃弼臣典范，告诉大家如何做宰相，如何辅佐领袖；又次为《禹贡》，告诉我们疆域，盖人必明地理、历史，一个不懂地理历史之人，就不知爱国。至此，是用以为法的。

其后自《甘誓》以降，则是为戒的。何以说《甘誓》是为戒的呢？因为自尧、舜举贤，禹独与子，胤子反对破坏此一制度（此处胤子有不同说法，或以为即庶长子，古时婚姻关系，嫡子不一定为长子），启乃讨伐之，大战于甘之野，作《甘誓》，胁众人说："用命，赏于祖。不用命，戮于社。予则孥戮汝。"（《尚书·甘誓》）《淮南鸿烈·齐俗训》评之云："昔有扈氏为义而亡。"可见禹之所为，其时即有人反对，后世因其一念之私，而历数千年世袭政体，孔子思拨乱反治，故次《禹贡》以鉴戒后人。像这些地方，前人因为时代环境不同，不敢强调。我们生在这个时代，再不强调，就对不起为义而亡的有扈氏。

一般读书人思不及此，唯知好名，成天东考据、西考据，几个字厚厚弄了一大堆，皇帝一看弄了那么多，看也不看，就给个"博学鸿词"，就像给两个钱喂狗一样。无怪乎子思说："现在我才知道，你拿我当小狗养啊！"（《孟子·万章下》"今而后知君之犬马畜伋"）这就是读书人的悲哀，子思可以说是第一个知道读书人悲哀的人，可叹今之读书人，人家拿他当小狗养，尚不自觉。

说了这许多，同学们看书可能会明白一点，千万不要跟着人家扯，扯到最后就完了。像有些人在今天还大力鼓吹恢复书院制度，要知道书院制度衰败了，并不是教育制度衰败了，更不是教育衰败了，那很可能是教育要复苏了。今天这时代的问题，它不是书院制度错没错，而是我们接受了新的，在试验中，不知道哪条路对。就像我们说以前那些大儒是开药方的，他们开了药方，我们不知道老百姓接受哪个，哪个可以治病。教育要办好是事实，现在教育有问题也是事实，若说这一切是没有书院制度，我们恢复书院制度，教育就成了，那完全是谬论。

中国今天强不强的问题，在于是否合乎时。要想强，绝不可违背时。打个比方来说，我们中国本身的电力资源很丰富，可是我们的电插头老没插上通电，如果适时插上通电，那就光照世界。这个时候，同学将来必会碰上。但话说回来，如果老插不上，那就完了，这个责任完全在同学身上。

总之，生在二十世纪，要做二十世纪的事。要以"前"为鉴，不要再想复古。

于此当注意公羊家言："变古易常。"（《春秋繁露·必仁且知》）那个"古"乃指尧舜言，那个"常"也是指尧舜之道，因为尧舜时代是选举的，所以公羊家主张返尧舜之"古"，返尧舜之"常"，若是变了这"古""常"，就是不对的。这与一般所谓"复古"是不同的。我们生活在一个时代，绝对不能忽略他的时代性，忽略了，就不得了了。我们可以不懂，但不能反对。像我们不懂科学，自己可以不讲科学，可是不能反对科学。在今天若是要恢复书院制度，那是胡闹，绝对不能强国。同学切记，凡事不懂，不必乱讲，讲就讲懂的。并且堂堂国家大事，哪是乱晕晕的，否则怎么会有今天。

【严复批】以下三章，是老子哲学，与近世哲学异道所在，不可不留意也。今夫质之趋文，纯之入杂，由乾坤而驯至于未既济，亦自然之势也。老氏还淳返朴之义，犹驱江河之水，而使之在山，必不逮矣！夫物质而强之以文，老氏訾之是也；而

第十八章

物文而返之使质，老氏之术非也。何则？虽前后二者之为术不同，而其违自然拂道纪，则一而已矣！故今日之治，莫贵乎宠尚自繇，自繇则物各得其所自致，而天择之用，存其最宜，太平之盛，可不期而自至。

　　凡此数章可参见严氏之批，同不同意是一回事，但可以给大家一个启示。

扫一扫，进入课程

绝圣弃智，民利百倍；绝仁弃义，民复孝慈；绝巧弃利，盗贼无有。此三者以为文不足，故令有所属：见素抱朴，少私寡欲。

绝圣弃智，民利百倍；绝仁弃义，民复孝慈；绝巧弃利，盗贼无有。此三者以为文不足，故令有所属：见素抱朴，少私寡欲。

【王弼注】圣智，才之善也。仁义，人之善也。巧利，用之善也。而直云"绝"，文甚不足，不令之有所属，无以见其指。故曰"此三者以为文"而未足，故令人有所属，属之于素朴寡欲。

此数章可参见严复之批（见上章末）。看其批，同不同意是一回事，老师叫同学读，是给同学一个启示。

"绝圣弃智，民利百倍"，此处之"圣智"与儒家不同，同学不要误解，以为道家真要人"绝圣弃智"，将儒家之"圣智"拿出来，把圣也绝了，智也绝了，那成什么东西？实则道家视"圣智"为二三等东西，其所以教人"绝圣弃智"，因为"圣智"之后，尚有高于"圣智"的东西。总而言之，道家和儒家观念上是一样的，可是机术上有所不同。

"绝仁弃义，民复孝慈"，复者，复原。上章言"大道废，有仁义"，果能"绝仁弃义"，则恢复道矣。此不言"道"，而言"复孝慈"，由此可见，"孝慈"就是"道"之用，"道"之用就是"孝慈"。

《孝经》云："夫孝，德之本，教之所由生也。"《论语·学而》云："孝弟也者，其为仁之本与。"由此观之，儒、道二界泯矣。我们老是如此强调，不是说老与孔一般无二，而是各家都有连贯性。所以熊氏言诸子百家皆源于儒。我们虽不必如是说，但其出一源必矣！所以我们对于各家不必分得那么厉害。

并且进一步想：中国子书分得最厉害，是源于何时始？就知道那是有政治目的，故分得清楚。以后越分越窄，最后连"大五经"也不看，光读《四书》"小五经"了。小五经者，指定课本也。既知道那是有政治目的，还那样接受，今天准完蛋。今日必广泛地读，多接受指定课本以外的，少接受国定本的。像十三经注疏，即当时的指定课本。除二三者由于没有其他的注，不得已而用之外，其他在今天是否值得读，都应重新考虑。其中道理，稍微思之，当可了然。所以黉舍讲学以先秦为主，汉以后但取一二种而已，就因为其他的都走上定制，乏新义可陈。所以同学看书，也应多发掘秦以前的东西，刺激自己的思想。说了这许多，就是大家把脑子活起来，不要太被束缚了。

学贵乎通，自古即重视"通人"。汉儒以通一经者为博士，通六经者为通人，到通人的境界就不得了了。所以读书必要能贯通，不贯通不行。尤其在今天，中国之"微妙"很难说，不要以为在今天我们讲的落伍了，就没用了，因此就在这混。现在讲的这些，将来说不定是逢其"冲"，后来者居上，将来也可能第一时髦。因为我们准是中国人，必得接受中国东西。所以有机会，老师有意把《四书》串一遍。

谈到这，顺便提一句，有的同学说我们以儒家的观点讲子书，那就错了。黉舍不是以儒家的观点讲子书，不像太老师当年那么文明，我们恐怕同学不明白，讲书已讲到血淋淋的地步，今天若是给老先生们听到我们这样讲法，一定跳脚大骂，因为我们讲的比法家还厉害，比法家还法家。原因就在于我们怕同学误解了，不知道如何用。遗憾的是，同学听课不常听，一段段听，常缺课，得不到好处，还乱晕晕。像讲这话的人，必定不常听我们讲书，可能有一次我们讲得近乎儒家，他听了去便以偏概全，作了结论。

"绝巧弃利，盗贼无有。此三者以为文不足，故令有所属：见素抱朴，少私寡欲"，后八字重要。

因为什么"绝圣弃智""绝仁弃义""绝巧弃利"？因为我们"明道"不需什么圣、智、仁、义、巧、利。绝的目的，就是因为有比他高的东西；既有比他高的东西，何必还要二三等货？一般人完全忽略了至高之物，专注意二三等货。

什么东西比"圣、智、仁、义、巧、利"高？"见素抱朴，少私寡欲"。"见素抱朴，少私寡欲"，这八字做到就可以得道，

第十九章

171

此同于儒家，"道不远人"，人自为道而远人的观念。"绝"下流的东西，是为了求上流之道，可参见《易经·随卦》。道自何来？道自我本身自有来，即自此八字而来，所以说"道不远人"。

"见素抱朴，少私寡欲"，"见"一音 xiàn，一音 jiàn，王弼注念 jiàn 解。

见（音 xiàn）此素，抱此朴，素与朴皆与生俱来本有者。以人言之，即人所受之性。而"见素抱朴"之入手处，即"少私寡欲"。真能"少私""寡欲"，就可以"见素"、就能"抱朴"了。这一"见素抱朴"就能明道了。既然明道了，就是"极虚"（第十六章言"致虚极"）。拿"极虚"不穷，来应天下不穷之事，自然"无入而不自得"，如此一来，何需二三流之圣智仁义巧利？

同学不要以为"绝仁去义""绝圣弃智"，那圣人都完了，实则此"圣"不同于儒家之"圣"，其背后尚有比圣人更高之物，既有更高之物，那二三流之货当然不要，要求最高之物，最高之物就是道。它那办法总纲就叫作"道纪"。从哪得之呢？即自"少私寡欲"入手，"少私寡欲"则"见素抱朴"，"见素抱朴"则"存真"，"存真"即"抱一"，至此时即"明道"。"明道"并非明白道，"明道"则"无所不用其极""无入而不自得""蔽不新成"。能至此境界，则圣者、智者、仁者、义者、巧者、利者均不足以称，既不足以称则把那些都不要了，都绝了。所以能放开欲，"无所不用其极""无入而不自得"，指哪打哪，那还需要那些破烂货做什么呢？

"文甚不足以示道用，故'属'下文八字，以明道不远人，明道何需圣智仁义巧利乎。"

老师笔记中"文"指圣智仁义巧利言。"道用"之道，即指是谓"道纪"那些道言。

用白话言，就是圣智仁义巧利之文，不足以表示道之用。"'属'下文八字"——"见素抱朴，少私寡欲"，八字为修身功夫，将此八字拿出，就能得道。道自何来？道乃我本身自有，即从此八字得来，所以说"以明道不远人"。此与儒家《中庸》"道不远人，人之为道而远人"同一义。

回头看"明道何需圣智仁义巧利"。"明道"，与明白道不同；我们"明道"不需"圣智仁义巧利"；等"明"了这个"道"之后，更不需"圣智仁义巧利"这些下流之物。所以要绝之，绝下流之物，以求上流之道。而此道就是由"见素抱朴，少私寡欲"八个字的功夫来的。所以我们有了道、道纪，那还要什么圣、智、仁、义、巧、利这些东西呢？绝的目的，就因为有了比它高的东西，那何必还要二三等货？

这启示我们：一般人完全忽略了至高之物，专注意次要的东西。

憨山所注老庄书可参看，其实憨山亦未必真懂，然其有智慧。只可惜有智慧、有学问而没有明道。世上有智慧，有学问者不一定明道；那是两回事，同学不要误解了。

第十九章

173

《老子道德经憨山注》

憨山是明末禅僧，生于明嘉靖二十五年（1546），圆寂于天启三年（1623），俗姓蔡，安徽全椒人。字澄印，法号德清，谥号弘觉禅师。根据其年谱记录，其母洪氏，生平爱奉观音大士，初梦大士携童子入，母记接而抱之，遂有娠。周岁时因罹病几死，其母祷大士，遂舍许出家。二十八岁时游五台山，见憨山风景奇秀，默取为号。

憨山主张三教儒、释、道融合为一，平时读书涉猎各家，在《观老庄影响论·论学问篇》中曾有一句名言："吾尝以三事自勖曰：不知《春秋》，不能涉世；不精《老》《庄》，不能忘世；不参禅，不能出世。"憨山著述甚丰，著有《老子道德经憨山注》。由于《老子》五千言，言简意赅，历来各家依其人生体悟与学识背景，解释老子之言，遂各有所见。憨山也指出："迨观诸家注释，各徇所见，难以折衷"，即已道出解老之困难。憨山大师注《老子》另辟蹊径，"援禅解老"为其特色。

绝学无忧。唯之与阿，相去几何？美之与恶，相去若何？人之所畏，不可不畏。荒兮，其未央哉！众人熙熙，如享太牢，如春登台。我独泊兮其未兆，如婴儿之未孩。儽儽兮，若无所归。众人皆有余，而我独若遗。我愚人之心也哉，沌沌兮！俗人昭昭，我独昏昏；俗人察察，我独闷闷。澹兮其若海，飂兮若无止。众人皆有以，而我独顽且鄙。我欲独异于人，而贵食母。

绝学无忧。唯之与阿，相去几何？美之与恶，相去若何？人之所畏，不可不畏。

【王弼注】下篇"为学者日益，为道者日损"，然则学求益所能，而进其智者也。若将无欲而足，何求于益？不知而中，何求于进？夫燕雀有匹，鸠鸽有仇，寒乡之民，必知旃裘。自然已足，益之则忧。故续凫之足，何异截鹤之胫？畏誉而进，何异畏刑？唯阿美恶，相去若何？故人之所畏，吾亦畏焉，未敢恃之以为用也。

【严复批】绝学固无忧，顾其忧非真无也，处忧不知，则其心等于无耳。非洲鸵鸟之被逐而无复之也，则埋其头目于沙，以不见害己者为无害。老氏绝学之道岂异此乎？

严批殊为不妥。

"绝学无忧"，王弼注则仍以此"绝"字为"绝圣去智"之绝，其言"为学者日益，为道者日损"，所以必绝学始能生道，误矣！此"绝"与上章"绝圣去智"不同，上章之"绝"为断绝关系之"绝"，此"绝"，是"绝活"之"绝"，为"到顶了"的意思。一个绝学之人还能忧吗？王弼这再讲断绝关系，则往下无法讲。

何谓绝学之人？就是既明道，又懂得道纪，又会用道纪的人。这种人又"见素"、又"抱朴"、悠焉游焉，已至逍遥游的境界。至此绝学境界的人，可了不得了，那还忧什么呢？至"绝学"境界，即儒家所言"仁者不忧"（《论语·子罕》）的仁者境界。但儒、道所言仁义并不相同。"绝学无忧"之境不易达到，其所举之例太高。

"唯之与阿，相去几何"，"唯"与"阿"皆应辞。但晚辈对长辈唯而不阿。长辈一叫我们，我们就"阿"一声，这在以前家中，非挨揍不可。所以"唯"与"阿"两字相去虽近，但挨打就不同了。

此言"绝学"和一般之学，就像"唯"之与"阿"一样，有人糊涂一辈子，执着一般之学，还自以为是绝学，还自以为是明者。"唯"之与"阿"相差不远，就看是否运用得当。(《礼记·曲礼》:"父召无诺，先生召无诺，唯而起。")

"美之与恶，相去若何？人之所畏，不可不畏":王弼注:"故人之所畏，吾亦畏焉，未敢恃之以为用也。"此"畏"不是怕，而是人之所敬畏的，我们也要敬畏，不要自己大大忽忽的。"唯之与阿，相去几何？美之与恶，相去若何？"不要觉得无所谓，他干那个，我不干。往往就这一点点，就差很多；就因为这一点，有人就有绝活、绝学、绝招，就无忧了。你差这一点，就什么忧都有了。"绝学"就是明道，会用那个道，也就是道纪。

荒兮，其未央哉！

【王弼注】叹与俗相反之远也。

以下所言即得道之人，与一般人不同之处。这就如"唯之与阿"、美之与丑，明白人与不明白人，明道人与不明道之人之分。

"荒兮，其未央哉"，"央"就是穷尽，这是说一切的道体，一切的事物，一切的知识境界，"荒兮，其未央哉"，说那大，大得没有穷尽。

"叹与俗相反之远也"，"远"，老师念"道"字，以解释王弼注。和俗相反之道，和俗相反就是不俗的那一个。就是"唯之与阿"，这是说两者相差不多，结果相去甚远，若真为大道，大道没有穷极。

众人熙熙，如享太牢，如春登台。

【王弼注】众人迷于美进，惑于荣利，欲进心竞，故熙熙如享太牢，如春登台也。

"众人熙熙，如享太牢，如春登台"，"太牢"，祭名。"享太牢"，吃牛、吃大宴之意。一帮人很高兴地、乐乐呵呵地，"如享太牢"，赴大宴一样；"如春登台"，如登春天游玩的地方一样。一般人皆如此。此处"春台"不必强解做另有深义。

我独泊兮其未兆，如婴儿之未孩。

【王弼注】言我廓然，无形之可名，无兆之可举，如婴儿之未能孩也。

"我独泊兮其未兆"，唯独我，把这个看得清清淡淡，一点痕迹都没有，像未发生一样。

"如婴儿之未孩"，就像那些小婴儿还未"孩"，一点私心私欲都没有。到"孩"的境界则有所欲，有所私。

我们常讲笑话，小婴儿，我们拿他手中的棒棒糖，他不但给我们，还对我们笑笑；等再过几天，头顶的囟门渐渐硬了，你再拿他的棒棒糖，他虽不能跑，但来回紧躲。前即"婴"，后即"孩"。

至"孩"则有欲矣，及囟门硬如我们，则黑心利矣（黑心利，东北话，为谋利坑害他人）！黑心之人，那还讲什么仁义呢？所以道家讲"返老还童"，"还童"即婴儿，亦即开天门（囟门）。

道家修至开天门即可上天堂矣。到此境界，看什么都廓然大公。前面的人糊里糊涂，"如享太牢，如春登台"，而我独"如婴儿之未孩"。

儽儽兮，若无所归。

【王弼注】若无所宅。

"儽儽兮，若无所归"："儽"，败也。"败败兮，若无所归"，自己一点成就都没有，连家都没有。

众人皆有余，而我独若遗。

【王弼注】众人无不有怀有志，盈溢胸心，故曰"皆有余"也。我独廓然无为无欲，若遗失之也。

"众人无不有怀有志，盈溢胸心"，就像同学都想做英雄。
"故曰'皆有余'也"，这就是心有余而力不足。
"我独廓然"，廓然与泊兮差不多。
"无为无欲"，如婴儿乎。
"若遗失之也"，此数语即言"遗失之也"，就像把一切欲、一切私都丢了。

我愚人之心也哉，沌沌兮！

【王弼注】绝愚之人，心无所别析，意无所好欲，犹然其情不可睹，我颓然若此也。无所别析，不可为明。

"我愚人之心也哉"，我就是愚人之心。王弼注"绝愚人之心"，此"绝"字用得对，同"绝学"之"绝"，而非断决义。"绝愚之人"即婴儿之愚。此"绝"字用来说明婴儿之愚。

"沌沌"，一本作"混混"，亦音滚滚，二者均可。"沌沌兮"，形容"无所别析，不可为明"。

"绝愚之人"看他究竟是什么？"无所别析"，他"意无所好欲"，"犹然其情不可睹"，到这境界"我颓然若此也"，只好说他"沌沌兮"。

所以道家画个椭圆的球当标帜，这椭圆的球就叫"气"，风吹这样也可扁，风吹那样也可扁。既不能别也，也不能分析。要追究它究竟是什么呢，又不知其所归属，因此说"不可为名"。至于道家为什么取象椭圆，而不干脆画个圆球呢？因为画个圆球，就有固定之形，不合道家之旨，故以椭圆为象。

俗人昭昭，我独昏昏；俗人察察，我独闷闷。澹兮其若海，飂兮若无止。

【王弼注】耀其光也，分别别析也。情不可睹，无所系絷。

《孟子·尽心下》说："贤者以其昭昭，使人昭昭；今以其昏昏，使人昭昭。""以其昏昏，使人昭昭"，必非真"昭昭"，最后一定乱糟糟；"俗人昭昭"即此"昭昭"。但今之当政者，多如是。

"耀其光也"，一般人即如此。一上街，好像自己就是"十目所视，十手所指"，大家都要看他，便拼命照镜子。其实谁有那种闲工夫看你。

毓老师说老子

"耀其光"包含甚广。像小太保，穿太保裤亦是"耀其光也"，表明自己是太保、太妹。所以同学应多玩味，读了书融会在行为中，人总不要太着痕迹。

"我独昏昏"，承上为句。人自知其昏昏者，绝不昏昏。反之越是糊涂人，越说我都知道，其实他什么都不知道。所以然者，因为他必"昭昭"，我独"昏昏"。

"我独闷闷"，"我独闷闷"与"俗人察察"相对为文。

"我独闷闷""我独昏昏"，"闷闷"至何程度？"昏昏"至何程度？这里告诉我们："澹兮其若海。"我的宁静，我的平止，就像大海。王弼注"情不可睹"，"情"字用得妙，但注得不太好。

"飂兮若无止"，"飂兮"，就是宽阔、辽远。它这一飂，没有止境。

众人皆有以，而我独顽且鄙。

【王弼注】以，用也。皆欲有所施用也。无所欲为，闷闷昏昏，若无所识，故曰"顽且鄙"也。

"众人皆有以"，每个人都有个"把"，这就是"以"。像同学谈话，老说"我要什么……""我要什么……"，尽是"我"，即为一例。简单地说，"众人皆有以"，就是每个人都要做英雄。

王注："以，用也。皆欲有所施用也。""施"，土气点说是要设一切，例如"我要发明""我要创造一个国家""我要……"，都叫作"施"。施者，设也，止也，专做前人所未做之事。但这仅是他自己认为，并不是真的。人都愿意自己有所设施，有所发明，都愿自己有所用，有所事。每一个人都要做英雄。于

第二十章

181

是乎往往"人自为道",以求有所施,有所求。

"我独顽且鄙",因为什么"我独顽且鄙"?因为"无所欲为,闷闷昏昏,若无所识,故曰'顽且鄙'也"。此处"若"字重要,应注意。所以如此言者,因"绝学无忧,唯之与阿,相去几何?美之与恶,相去若何?人之所畏,不可不畏"。俗人与绝学之人,相去虽微,但两者截然不同,俗人"昭昭""察察",绝学之人"昏昏""闷闷",绝对不同。此章后之所言,皆以注释前者所提出之观点。

不过话说回来,一个"昏昏""闷闷""顽且鄙"的人,必是达到绝学之境的人,方是绝学之人。不到这境界,故意装给人看;明知道,故意装昏昏、装闷闷、装顽鄙,那就是作伪,那就是乡愿。绝学之人与乡愿之别即在此。

我欲独异于人,而贵食母。

【王弼注】食母,生之本也。人者皆弃生民之本,贵不饰之华,故曰"我欲独异于人"。

"我欲独异于人,而贵食母",这句是结论。前面说了许多:有的人"如享太牢""如春登台""皆有余""昭昭""察察"……而我"独异于人"。

为什么如此胡扯?为什么"异"?

这"异",不是天生的,而是自己做主,自己愿意"异于人",所以说"我欲独异于人"。因为要"异于人",于是我下了绝学之功夫;功夫未白下,就达到绝学的境界。这境界自"修"得来,非天生得来。大家要特别注意。

因为我们有这"绝修"的功夫，别人贵"太牢""如春登台"，我贵"食母"。"食母，生之本也"，那不就是"见素抱朴"吗？

读此章不要看得太玄，这就好比同学在一起大家胡扯一遍：你贵什么，我贵什么；你如何如何，我如何如何，说了很多很多。我们老和人不同，为什么我们老这样胡扯呢？就因为我自己的"独"和人不一样，既要和人不同，就要下"绝学"的功夫，因为有了这"绝修"的功夫，于是达到"绝学"的境界。"见素抱朴"，自然与众不同。

然而话说回来，既然这"异"不是与生俱来的，那"修"的功夫就特别重要，特别应该注意，否则不过是哗众取宠、知和而和的乡愿而已。

《老子》原文常见的重要版本

《老子》原文版本现在常见的版本有：

一、傅奕的《老子古本篇》，又名《道德经古本篇》，简称傅本。

二、河上公注的《老子道德经河上公章句》，简称河本。

三、东汉张陵著的《老君道德经想尔训》或名《老子想尔注》。另一说该书作者是张陵之孙张鲁。简称想本。

四、王弼的《老子道德经注》，简称王本。

五、郭店楚简摘抄本——1993年10月湖北荆门出土，1998年公布。为现今可见《老子》最早的版本，约在战国中期。

目前所见摘抄本字数，为通行本三分之一。又分甲本、乙本、丙本。

六、马王堆汉墓帛书本，1973年长沙马王堆3号汉墓出土。《德经》在《道经》之前，无分章。有甲、乙两种。

这些版本均为研究老子的重要资料。

扫一扫，进入课程

孔德之容，惟道是从。道之为物，惟恍惟惚。惚兮恍兮，其中有象；恍兮惚兮，其中有物。窈兮冥兮，其中有精。其精甚真，其中有信。自古及今，其名不去，以阅众甫。吾何以知众甫之状哉？以此。

孔德之荣，惟道是从。

【王弼注】孔，空也，惟以空为德，然后乃能动作从道。

"孔德之荣，惟道是从"，王弼注，"孔"作空言讲，"空德"即前言之"虚"。"孔德之容"即虚德之容。

第二个解释："孔"，作"大"字解；"容"，指形、样、貌。"孔德之容"即大德之容，大德的表现没有别的，"惟道是从"，只要是道，就从道而行。反过来说只要跟着道去做，从道而行，就是"大德之容"。

我们以为，后面当"大"字讲，较佳。

道之为物，惟恍惟惚。惚兮恍兮，其中有象；恍兮惚兮，其中有物。

【王弼注】恍惚，无形不系之叹。以无形始物，不系成物，万物以始以成，而不知其所以然，故曰"恍兮惚兮，其中有象"也。

"道之为物"，道这个东西。

"恍兮惚兮，其中有物"，怎么说"其中有物"呢？道是什么，我们虽然不知道，可是看天下万物，我们不能说没有生它的东西，纵使说天生的，也得有个"天"。天可能是道，道也可能是天。因此我们要是一看万物，追究其所从来，就不敢遗漏，也不可遗漏，所以说其中有物。

道是"恍兮惚兮"，可是道虽然看不见，你必得承认有这个玩意。因为，我们一看万物如此微微妙妙，当然有生万物的东西。这和儒家《中庸》"体物而不可遗"的观念，完全一样。

"惚兮恍兮，其中有象"，这就是前面说的"体物而不可遗"。道是什么东西？不知道，但其中有个象，看见那个象，看见那个东西，就知道有这个玩意。

窈兮冥兮，其中有精。其精甚真，其中有信。

【王弼注】窈、冥，深远之叹，深远不可得而见。然而万物由之，其可得见，以定其真。故曰"窈兮冥兮，其中有精"也。信，信验也。物反窈冥，则真精之极得，万物之性定，故曰"其精甚真，其中有信"也。

"信，信验也"，什么是真？什么是信？像天地之运，即又真又信；万物之生，也真也信；虽然看不见，但它有象，有物，因为"其精甚真，其中有信"。

自古及今，其名不去，以阅众甫。

【王弼注】至真之极，不可得名。无名，则是其名也。自古及今，无不由此而成，故曰"自古及今，其名不去"也。众甫，物之始也。以无名说万物始也。

"自古及今，其名不去"，从古到今，道之名不曾离开，也不会离开。

"以阅众甫"，"甫"通"父"。参见王弼注："众甫，物之始也。"

道是什么？就是"众甫"。"众甫"是什么？"众甫"就是物之始。"恍兮惚兮"之道，即所有东西之父。所以王弼说"以无名说万物始也"。

吾何以知众甫之状哉？以此。

【王弼注】此，上之所云也。言吾何以知万物之始于无哉，以此知之也。

"言吾何以知万物之始于无哉，以此知之也"，我怎么知道众甫的情状呢？何以知万物之始于无呢？"以此知之也"。

曲则全，枉则直；洼则盈，敝则新；少则得，多则惑。是以圣人抱一为天下式。不自见，故明；不自是，故彰；不自伐，故有功；不自矜，故长。夫唯不争，故天下莫能与之争。古之所谓"曲则全"者，岂虚言哉？诚全而归之。

曲则全，枉则直；洼则盈，敝则新；

【王弼注】不自见其明则全也，不自是则其是彰也，不自伐则其功有也，不自矜则其德长也。

"洼则盈"，洼才能盈。

"敝则新"，前面十六章已经说过，所以有新的、就因为我们的破了、旧了。因此说"敝不新成"，言我们自己新的力量，掩盖一切新成的力量。为政者要想万世一系，就得以自己新的力量掩盖一切新成的力量，那才能成功。也就是说，自己得永远不"敝"（破败、疲倦），一"敝"则有新的出来；是故自己必得苟日新，日日新，否则自己这边新的力量"敝"，那边"新成"的力量出来，那就只有交边（交边，东北方言，交班、换班的意思）了。

由这看，如果仔细，《老子》一书，可用政治整个将之解释通。可以说是最高一部言政治之术的书。这里要注意，是书乃言政治之术而非政治之学。

少则得，多则惑。

【王弼注】自然之道，亦犹树也。转多转远其根，转少转得其本。多则远其真，故曰"惑"也；少则得其本，故曰"得"也。

是以圣人抱一为天下式。

【王弼注】一，少之极也。式，犹则之也。

"是以圣人抱一为天下式"，因为这个，所以"圣人抱一而为天下式"。"一""式"王注注得极好。据此我们可以说：所以圣人专抱这个少的极（少的极即真）而为天下则。圣人抱真而为天下则。"式"，就是模型，就是则。

这观念与儒家完全没有区别。

不自见，故明；不自是，故彰；不自伐，故有功；不自矜，故长。夫为不争，故天下莫能与之争。古之所谓"曲则全"者，岂虚言哉？诚全而归之。

【王弼注】不自见，其明则全也。不自是，则其是彰也。不自伐，则其功有也。不自矜，则其德长也。

"不自见，故明"，"见"音 xiàn。自己不自见自己就能明。

"不自是，故彰"，自己不说自己对就能彰。

"不自伐，故有功"，不自伐就有功。

"古之所谓'曲则全'者，岂虚言哉"，人要想保全自己，必要懂得"曲则全"。中国的格言，都含有深意，像俗话说"出头的椽子先烂"，为什么先烂？就因为它太突出，太直了，直则不全，曲才能全。因此什么事太表现自己，总往前跑，必先损失。年轻人最容易误解，总以为在前面才占便宜。占便宜？打开历史看看，占便宜的都跑在后面，跑在前面就不占便宜了。因为擒贼先擒王，谁做头，人家要打，必定打他。

此与"后夫凶"（《易经》比卦卦辞有"不宁方来，后夫凶"）之义不同，同学不可误解。"后夫凶"，是指在两个不同，甚至敌对的团体，我们看人家出息了，再拍马屁，硬要往人家那堆挤，这一来慢了，于是"后夫凶"。

"曲则全"则是在一个团体，一个圈中，谁要是强出头，那先干先牺牲，后者成元老。所以年轻人要注意，不要人家许之以名利，要我们干，就糊里糊涂干了，那是要牺牲我们，他自己"曲则全"。

椽子，木条用以支持房顶而托屋板与瓦者，宫殿椽子有三层。

《老子》何时称《道德经》

老子五千言，在司马迁之前，称《老子》。较早将"道德"二字与老子著作联系起来的始于《史记·老子列传》："老子修道德，其学以自隐无名为务……老子乃著书上下篇，言道德之意五千余言。"又云"申子、韩子之学皆原于道德之意"。但其时《老子》书尚未以"经"名，当然也就没有称之为《道德经》。

司马迁之后，《汉书·艺文志》载《老子》本书后题以"经"名者，有《老子邻氏经传》四篇、《老子傅氏经说》三十七篇、《老子徐氏经说》六篇等。

但班固以后，《道德经》之名的出现应尚有一过程。

虽然西汉扬雄《汉志·蜀王本纪》已言"老子为关尹喜著《道德经》"。

唯《后汉书·淳于恭传》云汉明帝时淳于恭"善说《老子》……进对陈政，皆本《道德》"，仅将《老子》书名与《道德》书名等同。

至桓帝时边韶作《老子铭》云："见迫遗言，道德之经。"

稍后的葛玄《老子序》："作《道》《德》二篇五千文上下经焉。"二人已将"道德"二字与"经"联系起来。《道德经》之名盖于此萌发。

再后的皇甫谧撰《高士传·老子李耳》云："作《道德经》五千余言……以其年老，故号其书为《老子》。"

所以《老子》称《道德经》，最迟在东汉末，至于出自谁手，文献阙而难征。

又明代焦竑《老子翼》卷七言："《老子》之称经，自汉景帝始。"不明所据。

第二十二章

扫一扫，进入课程

第二十三章

希言自然。故飘风不终朝，骤雨不终日。孰为此者？天地。天地尚不能久，而况于人乎？故从事于道者，道者同于道，德者同于德，失者同于失。同于道者，道亦乐得之；同于德者，德亦乐得之；同于失者，失亦乐得之。信不足焉，有不信焉。

希言自然。

【王弼注】听之不闻名曰希。下章言"道之出言，淡兮其无味也。视之不足见，听之不足闻"，然则无味不足听之言，乃是自然之至言也。

"希言自然"，"希"的本意就是少。"希言自然"，即少言自然。人话越少，少说少言，越合乎自然。进一步言，既然少言是自然，那多言就是不自然。什么是不自然呢？简单地说，人之为道，加人工的，都是不自然。自然，是本乎其初的，像

《三字经》"人之初"的"初"即自然。所以顺于自然者，必少言，完全没有人欲的搀杂；等人之为道，各说各话，每个人皆自以为天之道，那就不是圣人之旨。

谈过道家的自然，我们再看孔子也说"予欲无言"，弟子一听，不明白夫子的意思，就急了，说："子如不言，则小子何述焉？"老夫子回答说："天何言哉？四时行焉，百物生焉，天何言哉？"（《论语·阳货》）这边所讲的"天"，正和道家的自然一样。

由此可见儒、道两家，在许多大本之处并没什么截然的不同。而我们在此提出孔子的说法来印证，也就在希望大家不要把中国旧学分得乱七八糟。中国之学，我们虽不必如熊老夫子说皆源于儒，但其必出于一源则为不争之论，我们当从其大同之处，下手深悟玩味，方能有用。后世所以将中国之学分那么多流派，那是另有目的的。

故飘风不终朝，骤雨不终日。孰为此者？天地。天地尚不能久，而况于人乎？

【王弼注】言暴疾美兴不长也。

此观念特别重要，深悟方明其真义。什么事雷厉风行，皆非好事。像"飘风不终朝""骤雨不终日"，"孰为此者"？谁干这个的？"天地"。"天地尚不能久，而况于人事乎？"因此，做什么事不要雷厉风行。天地之暴风雨，都不能持之以久，何况人事？所以做事要"慢，慢才能稳"。老师常常告诉同学："做不好，千万不要乱做。"因为，做不好，我们不做，大家还不知道我们怎样；等我们做了，不好，自己失败还事小，还影响别人，影响大局。所以一个人真读完老子之后，做事就很稳。一个人做事必要"稳"，方能成就事业。

由此可见，老子并不是消极。他看到连天地都不能控制狂风暴雨，那何况是人？所以，人要顺其道而行，狂风暴雨就是反其道而行。顺其道就是顺自然。其实不仅老子这样主张，儒家也曾说过"自然之谓美"，也同样谈"自然"。孟子言"充实之谓美"（《孟子·尽心下》），张横渠说："充内形外之谓美，塞乎天地之间，则有光辉之意。"讲的就是自然之美。

既然我们得顺其道而行，不可反其道而行，那像一般人做事专求急功近利，就不免有许多流弊。我们在这儿（台湾地区），有个最大的毛病：无论什么工程，专赶纪念日落成。那就不能久。一个工程，水泥多少时间干，什么东西多少时间好，都有一定的时间，工程师算妥多少天，就是多少天。这一赶就只有做假，就只有偷工减料，而且是合法地、公开地偷工减料。"差之毫厘，谬之千里"，那还有不出问题的吗？一个人的伟大与否，在不在乎用东西纪念？拿东西纪念人，雷峰塔尚且倒了；自古做的东西，有不毁的吗？拿孔子来说，孔子有啥东西纪念？不但两千多年奉祀不绝，现在还漂洋过海，各方抢着学其学。又是哪一个东西能代表之、纪念之的？

古人说"一言以为智，一言以为不智"，"一行以为智，一行以为不智"。国家既有法律，大家就应该守法做事。既有专家，就应该尊重专家。法律决定的事，就不应该以行政命令更动之。像近日某花园土地之事，法官既已判定，官员即不宜以行政命令调整之。要知道，政治必走正常的路，不可完全用政治手腕解决一切。报纸是领导百姓的，更应说真话，扰乱了国民视听，于国家有害无益。并且一个流弊产生之后，不知将造成多少流弊。

什么是为政正常的路子呢？最简单地说，做一切事要以"国家至上""民族至上"。像公子纠死，召忽死之，管仲不死，卒成"九合诸侯，不以兵车"的霸业，其不死即"国家至上""民族至上"。

中国地广人众，风俗习惯不同不必说，光文字、文化完全不同的民族即有汉、满、蒙、藏等五十多个，必真认识真理，始能孚众望，始能领导大家。所以青年人必要有正知正见，认识真理，否则不要说领导别人，将来连自己"立足"都成问题。孔子有鉴于此，于是以"有教无类"四字，以启人之正知正见，两千余年，"爐倒"（小火慢熬，慢慢耗，最后对方没力量，就倒了）专制帝王，拨乱反正。在这补充说明一下，这里我们所说的"立足"，并不是指个人的生死存亡；个人的生死存亡那又是另一回事，那是"天命"。

明白了这些，我们应该了悟，有些事格于大环境，我们一时无法做，我们没有"除恶"的勇气，但我们至少可以"不助人为恶"，至少得有"不助人为恶"的修养，那么恶人就没有办法了。

故从事于道者，道者同于道，德者同于德，失者同于失。

【王弼注】从事，谓举动"从事于道者"也。道以无形无为成济万物，故"从事于道者"，以无为为君，不言为教，绵绵若存，而物得其真，与道同体，故曰"同于道"。德，少也，少则得，故曰"得"也。行得则与得同体，故曰"同于得"也。失，累多也。累多则失，故曰"失"也。行失则与失同体，故曰"同于失"也。

"道者同于道"，此即《易经·系辞上传》"方以类聚，物以群分"。俗话说"鲇鱼找鲇鱼，嘎鱼找嘎鱼（嘎鱼，学名黄颡鱼，外形似鲇鱼），癞鲡鲞子（鳓鱼干）找虾米"，人如不臭味相投，那还能在一起吗？所以我们常说"不识其人，则视其友"，两人能在一起，必有相同之处。

"德者同于德"，此亦"道者同于道"之义。"道""德"二字不要看得太死，这仅代表两个行为，"道者同于道"是较深的境界，"德者同于德"是较次的境界。这就好比喜欢穿漂亮衣服的人，和喜欢穿漂亮衣服的人，都聚在一起，因为这样才显出这一堆人够身份，如果杂了一个不喜欢漂亮衣服的人在内，他们就觉得不够身份了。

"失者同于失"，此处王注不够清楚。根据《老子》第三十八章"失道而后德，失德而后仁，失仁而后义"，则我们认为"失道而取仁义，失者亦与仁义同为一体"。因为失德而后有仁义，"失者同于失"，即仁义者同于仁义。失道者，才有仁义。

老子将"仁义"看得特别轻，以为缺了"德"才讲"仁义"，不缺"德"则不讲"仁义"。像我们言某人"仁义"，则必有"不仁义"之人。所以，以老子之境界观之，今日选举好人好事，那就证明不好的人、不好的事太多了，若像老子之时则不选好人好事矣。

话说回来，"失者同于失"，失者同于失者，就是缺德的找缺德的。

同于道者，道亦乐得之；同于德者，德亦乐得之；同于失者，失亦乐得之。

【王弼注】言随行其所，故同而应之。

"同于道者，道亦乐得之；同于德者，德亦乐得之；同于失者，失亦乐得之"，此处所言就是每个人的境界，不必分什么高低，一团就是一团，在一端则得一端，不是同于道就是同于德，不是同于德就是同于道，再不就是同于仁义——缺德的。所以说"不识其人，则视其友"。

信不足焉，有不信焉。

【王弼注】忠信不足于下，焉有不信焉。

"信不足焉，有不信焉"，要是信不足，不够真的信，那就有不信焉。

所以"真"和"信"，"精"和"实"皆为紧要处。儒、道、法各家于大本之处皆得真、实、信。连商鞅这么讲究用术，尚得立三丈之木于国都市南门，以重金募能徙之北门者，有一人徙之，则真的、实的予五十金，以立信。此"予五十金"，得真、得实、得信，否则以后之法不行，此术亦不行。是故无论做任何事，大本上都得站得住，出入，唯有在机术上找出入而已。

因此不要以为法家就没好人，真要那样认为，就成了笑话。

事实上，唯有好人，才能搞法家，否则搞了，也没人相信。光搞法家而无"信""实"，那成了一家之法，谁也不相信，那法还有什么用呢？搞法搞得人相信，正是因为搞的人有诚、有实、有精、有真，否则的话，谁也不相信所搞的法，谁也不相信搞法的人，那还搞得成什么呢？

拿最近埃以之事来说，同学即可见诚、真、信的重要。埃及今日于舆论各方面占上风，即因其有时很"真"。我们虽不必说萨达特就是真的，但至少他有"大智若愚""妙伪若真"的功夫，使人家感到比以色列的贝京"真"和"实"。今后我们做事亦复如是，必要表现出"真"和"实"，不要一到那，两眼叽里咕噜乱转，不等事办成，人家说这小子滑头滑脑，两眼滴溜乱飞——事情就办砸了。本来我们也没有坏到那境界，就因为两眼乱动给动坏了。

 毓老师金句

达德光宇宙，生命壮自然。

治学不在理论中争胜，要在血泪中印证。

读书是为明理，明理是为改变器质。既未明理，又不能改变器质，就是未读书。

扫一扫，进入课程

企者不立，跨者不行，自见者不明，自是者不彰，自伐者无功，自矜者不长。其在道也，曰余食赘行。物或恶之，故有道者不处。

企者不立，跨者不行，自见者不明，自是者不彰，自伐者无功，自矜者不长。其在道也，曰余食赘行。

【王弼注】物尚进则失安，故曰"企者不立"。其唯于道而论之，若却至之行，盛馔之余也。本虽美，更可薉也。本虽有功，而自伐之，故更为肬赘者也。

"企者不立"，同学一般都误解，以为滑头滑脑是灵活，是八面玲珑。这里就说了"企者不立"。"企者"，用脚尖站着。用脚尖站，站不了多久，所以说"企者不立"。北方有句话说："踮着脚尖走，能走多远？"即为此意。

"跨者不行"，同学中许多聪明人，往往脚踏两条船，以为哪一边成功，都有他一份。那可不？哪条船一动，他都掉下河去，都要他的命，那可不都有他一份吗？

是故，人必要真的靠在一方面，万一错了，那也是没办法，只有自己认了。靠，要有眼光。有些人辛辛苦苦干了一辈子，成就有限，就是因为托主托不好。像诸葛亮，就诸葛"亮"而已。不要看诸葛亮会算，会算为何走"空头"？他要是真会算，那就不跟刘备跑，说你干不了多少年，我得找干的年数多的，跟别人跑，不就不得了了吗？

我们今天看诸葛亮的空城计，真是"空城计"。要是"真城计"，哪有自己骗自己的——说大汉是"正统"，恐怕只有陈寿这样说，别人都不这样说。像严复于本书批中但言"蜀相"，可谓吃尽豆腐。所以，诸葛亮虽自言学管子，最多也只学了一半，一半未学通，若有管子之智慧，既不会管他"统"不统，也不会跟着刘备跑。当然也就不致被人吃豆腐，戏称作"蜀相"了。

是故，一个人是不是真聪明，要盖棺才能下定论，要是没死，那就没法知道了。像我说某位宗教领袖"小事糊涂"，那是"盖棺定论"了；他再想做聪明事，来生再说。话说回来，人生于世，尤其是在今天，必要看得"真"清楚，若是光看到目前，将来最多可能是"蜀相"；若是抱着脚踏两条船的心理，脚踩两只船，那船动，都掉下河去，《易经》上说得好——"后夫凶"。切记！切记！

"自矜者不长"，自己矜夸自己的能，不会长久。

"其在道也，曰余食赘行"，要是在道上来说，这种行为就不行了。

人多好自夸、自伐。今日世事就是一个大棋盘，每件事都是一步棋子。同学们不应该老是大而化之的，那样，跟都跟不上。人逢盛世多么难？这个盛世如果白白过去了，白逢盛世，不仅对不起这个时代，也对不起自己。别的不说，在今天多少宝贵资料值得写？但同学可别做腐儒，闲着没事，连吃臭豆腐都来上一段打油诗，登在《民族晚报》（台湾《民族晚报》，于1950年2月1日由王永涛先生在台北市创刊，后因不堪亏损于1990年结束）上。所以同学不要说整天没事干，打球、游泳……今天再借个脑子，都忙不过来，应该快下功夫，否则成最落伍的一群，绝对比不上人家（指大陆）。

物或恶之，故有道者不处。

"物或恶之"，"物"包含事。在事物上都讨厌这个行为，个个都不喜欢这个。

"故有道者不处"，有道的人不处于这个环境，不处于这事之中。有道的能干这个吗？不干这个，那咋办？

由此见老子所言，都不是什么形而上不形而上的，每个都是绝招。后面所言更加厉害，更值得玩味，所谓"知白守黑，知荣守辱"，同学应好好体悟。

扫一扫，进入课程

有物混成，先天地生。寂兮寥兮！独立不改，周行而不殆，可以为天下母。吾不知其名，字之曰道，强为之名曰大。大曰逝，逝曰远，远曰反。故道大，天大，地大，王亦大。域中有四大，而王居其一焉。人法地，地法天，天法道，道法自然。

有物混成，先天地生。

【王弼注】混然不可得而知，而万物由之以成，故曰"混成"也。不知其谁之子，故"先天地生"。

"混然不可得知，而万物由之以成"，用白话说，就是不知道他是什么，可是他是一切的爸爸。而我们又"不知其谁之子"，所以说他是"先天地生"。

寂兮寥兮！独立不改，周行而不殆，可以为天下母。

【王弼注】寂寥，无形体也。无物之匹，故曰"独立"也；返化终始，不失其常，故曰"不改"也。周行无所不至而免殆，能生全大形也，故"可以为天下母"也。

王注"寂寥，无形体也"，因为没有形体。"无物之匹"，就没有物匹之。像我们天天跟人家争长短，他写一本书，我就抄两本半，这就是搞物匹之。与人相匹，多么低！应叫他"无物匹之"，叫他没有东西能和我们相匹配、相比，这才是境界。物包含了物、事、人等很多东西。专和物相争匹配，可以说是我们最大的缺点。具体点来说，像我们专和"伟人"相竞争一样，他了不起，我要比他更了不起，他死了盖一面旗，我要盖三面旗，这都是以物"匹之"。岂不知"满街贴告示，还有不识字者"，若非遗德在民，谁管谁棺材上盖了几面旗？我们想要有真成就，必得超过这一切，叫之没有形象和我们相比才行。

所以在这儿插句闲话，我们要是真崇敬一个人，不能用物代表他。用物代表就是"以物匹之"。

为何"周行而不殆"？因"周行无所不至"，周行没有地方不达到，那还有什么危殆呢？所以"能生全大形也，故'可以为天下母'也"。

同学于此当细玩味。

吾不知其名，字之曰道，强为之名曰大。

【王弼注】名以定形，混成无形，不可得而定，故曰"不知其名"也。夫名以定形，字以称可，言道取于无物而不由也。是混成之中，可言之称最大也。吾所以"字之曰道"者，取其可言之称最大也。责其字定之所由，则系于大。大有系，则必有分，有分则失其极矣。故曰"强为之名曰大"。

"字之曰道"，"字"是动词，"字余曰灵均"（《离骚》）之"字"。"字之曰道"，给他起个名叫"道"。

大曰逝，逝曰远，远曰反。

【王弼注】逝，行也。不守一大体而已，周行无所不至，故曰"逝"也。远，极也，周无所不穷极，不偏于一逝，故曰"远"也。不随于所适，其体独立，故曰"反"也。

"大曰逝"，王注，"大"，"不守一体而已，周行无所不至，故曰'逝'也"。含义特别深。大，不守一体。因守一体，则有形有象有所指。"道"，"不守一体"，没有"而已"，"周行无所不至"，无所不在，"故曰'逝'"。这"逝"即自此来，盖大则无所不包也。

王注"不随于所适"特别重要。一个人"不随于所适"就是独立。我们做事，老"随于所适"，跑得最好，也不过某某人第二而已。我们黉舍常常说"成功于此，失败于此"，就是因为"不随于所适"。一个人自己独立去做，成功是自己的，失败也是自己的。不论成功失败自己都有个型。反之，如果把自己人格学问一切都出卖了，那就连型都没有了；连型都没有了，那就等而下之，毫无足论之处了。孟子说："天下有道，以道殉身；天下无道，以身殉道。未闻以道殉乎人者也。"（《孟子·尽心上》）一个人如果"以道殉人"，那成什么人？那还能独立？还能自己吗？像这种人，连自己都不知道自己是什么玩意，更遑论成就事业、领导大家了。

所以人贵乎真知，真知则有志，一有志则谁也左右不了我们，《论语·子罕》说："三军可夺帅也，匹夫不可夺志也"。历代兴亡更迭之际，都有那些"老匹夫"，不要看他"老匹夫"，谁也动不了他。像我们为什么站不住？为什么听人家说话，话还没有听人说完，就尽"是……是……"？就因为不真知，不真知则心无所主，心无所主则"随于所适"。而我们为什么举动如此低呢？原因就在，小时候没有严格的训练，没有人管。一个人，起码答话也应等人家讲完了再说。

"逝曰远，远曰反"，在这，我们必先了解"道"是什么。前面说过"反者道之动"。所以"不随于所适，其体独立"，这就是"反"。

由是可知，人不在乎知道得多，而在乎悟得通，真悟明白，取之不尽，用之不竭。

前面既然提到家庭教育，我们再说点题外话。一个家庭中孩子与母亲接触最多，影响最大。所以结婚要找贤妻良母型的，不要太重视外貌。在今天所以有许多问题，就因为家庭教育失败，如果有家教，许多问题在父母处即可解决。我们生之于世，一举一动可以说都是父母的幌子（幌子，也叫望子、酒帘、酒旗，始见于晋朝），都代表了父母。再进一步说，人就是人，不要唱高调，不要做超人的事，世上超人总是少数，绝不会是我们，如果不是我们，强要人做超人的事最后必定砸锅。总记住天下没有几个圣人，多是挑剩下的"剩人"。因此人必走正常的路子，不要抱独身，连最会吹牛的孟子都动心，都要出妻，何况我们。像近代某宗教闻人，当年在南京之新闻即可为鉴戒。

故道大，天大，地大，王亦大。

【王弼注】天地之性，人为贵，而王是人之主也。虽不职大，亦复为大。与三匹，故曰王亦大也。

"王亦大"，《说文》"王，天下所归往"。"天下所归往"那就和天地一样大，所以说"王亦大"。所以有一"亦"字，因有的王不像王，那就不能达到这个境界了。

我们常说人与天地同其德，所以与天地合德者以此。

域中有四大，而王居其一焉。

【王弼注】四大，道、天、地、王也。凡物有称有名，则非其极也。言道则有所由，有所由，然后谓之为道，然则是道称中之大也，不若无称之大也。无称不可得而名，曰"域"也。道、天、地、王，皆在乎无称之内，故曰"域中有四大"者也。处人主之大也。

王注自己细玩味。

"而王居其一焉"，王氏以为"域中有四大，而王居其一焉"，是因为"处人主之大也"。我们则不以为然。我们认为"域中有四大"而王也居四大之一，乃是因为大家都归之。所以都归往，因为其"出乎其类，拔乎其萃"之故。我们这样解释，因一个人想要有成就，必得"出乎其类，拔乎其萃。"什么是"出乎其类，拔乎其萃"呢？这就是说，我们在众类之中，以服务言，我们是最会服务的；以跑腿言，我们是最会跑腿的；以赛跑言，我们跑第一；以搬东西言，人家搬九十九，我们搬一百……这样，我们在各类之中，当然是老大。这完全不是以武力、以术得来的，完全是以行为走到人家前面去，达到"出类拔萃"的境地，所以才"出类拔萃"。一"出类拔萃"，天下人皆归往我们。这一"归往"，道大、天大、地大，我们也和天地一样大——因为天地之间都归往我们，我们也是四大之一。

人法地，地法天，天法道，道法自然。

【王弼注】法，谓法则也。人不违地，乃得全安，法地也。地不违天，乃得全载，法天也。天不违道，乃得全覆，法道也。道不违自然，乃得其性。法自然者，在方而法方，在圆而法圆，于自然无所违也。自然者，无称之言，穷极之辞也。用智不及无知，而形魄不及精象，精象不及无形，有仪不及无仪，故转相法也。道顺自然，天故资焉；天法于道，地故则焉；地法于天，人故象焉。所以为主，其一之者，主也。

【严复批】熊季廉[①]曰："法者，有所范围而不可过之谓。"洵为破的之诂。惟如此解"法"字方通。

严批所引极好，可谓真明白者。似此小玩意，得细玩味，

---

① 熊季廉（1879-1906），名元锷，谱名育锷，号惠元，字季廉，后易字师复，南昌县人。

方始有得。此即《易经·系辞上传》"范围天地之化而不过，曲成万物而不遗"，"故神无方而易无体"。

"范围天地之化而不过"，这是"法"的境界。我们学天地，只能学天地之化，不能超过天地。因为我法此天，法此地，是在天地之中作，超不过人家的范围方是"法"。换言之，我们如果学谁，永远超不过谁，永远是老二。

"曲成万物而不遗"，道家特重曲成，因有此"曲成万物而不遗"之德，故无弃物，无弃人。

此同于《易经》坤顺承乾之义。"地法天，天法道，道法自然"，"自然"为道家之最高境界。

毓老师金句

读书读不到一字一义，就得不到奥质。

读有用书，任天下事。

友世界以小天下。

召远在修近，闭祸在除怨（患）。

扫一扫，进入课程

重为轻根，静为躁君。是以圣人终日行不离辎重。虽有荣观，燕处超然。奈何万乘之主，而以身轻天下？轻则失本，躁则失君。

重为轻根，静为躁君。

【王弼注】凡物，轻不能载重，小不能镇大。不行者使行，不动者制动，是以重必为轻根，静必为躁君也。

"重为轻根"，我们常常骂人"轻薄""浮躁"，"轻"即浮，二而为一。像有些人在女学生面前吹口哨，女学生骂他"死鬼"，他还做个鬼脸，这就是轻浮，就是不自重。一个人若轻浮，必得修"重"的功夫，以"自重"的功夫，来治轻浮。所以《论语·学而》说："君子不重则不威，学则不固。"我们解释"重"是自重，一个君子人不自重，就没有威仪。为什么《论语·子张》说一个人"望之俨然，即之也温，听其言也厉"？就因为他有威仪。人必以自重的功夫，来治轻浮，养威仪。朱子以"重"为厚重，以"威"为威严，就跟《论语·子张》的说法不同了。

"静为躁君"，"躁"，浮躁。"轻浮"和"浮躁"不同，"浮躁"得用"静"之功夫治之，静就得不动，像水和山，山就是静，所以"仁者乐山""仁者寿"，所乐的就是山之静。

同学细玩味这两句话，当知老子不是糊里糊涂地乱闹，这里每步皆是真功夫，不能误解老庄之学。同学看完注之后，再看黉舍所讲的，必有所悟。切不可误解老庄之学，就是放浪形骸而已，实则老庄之学有其功夫在。

是以圣人终日行不离辎重。

【王弼注】以重为本，故不离。

宋龙渊本作："是以君子终日行不离辎重。"

"辎重"，一个东西一个东西往上积叫"辎"，积多则"重"。所以军队所用的东西曰"辎重"，就因为其中包含很多东西。

人之"自重"非一蹴可几，乃是"辎重"来的。如何能"辎重"呢？通俗点说，就像童子军"日行一善"。进而言之，"辎重"即孟子所谓"积义"（《孟子·公孙丑上》"是集义所生者"，朱熹注："集义，犹言积善。"老师为使同学明白，直接用"积义"释之），亦即圣人做事不离"日行一善"之善，以"积善"、以"积义"。所以，老子说"是以圣人终日行不离辎重"。

王注："以重为本，故不离。"说得对，但太文绉绉。

虽有荣观，燕处超然。

【王弼注】不以经心也。

"虽有荣观，燕处超然"，古时候中了状元，得了官之后，游街，叫"荣观"。"荣"与"观"是两个境界。虽然有"荣"，有"可观"于天下者，但我"燕处超然"，我平常处事超乎这个境界，忘了什么是荣，什么是辱，完全不重视这个"荣""观"。

《孟子·尽心下》说："勿视其巍巍然。堂高数仞，榱题数尺……食前方丈，侍妾数百人……般乐饮酒，驱骋田猎，后车千乘，我得志，弗为也。"即为此意。所以然者，因"不以经心也"。

奈何万乘之主，而以身轻天下？轻则失本，躁则失君。

【王弼注】轻不镇重也。失本，为丧身也；失君，为失君位也。

"奈何万乘之主，而以身轻天下？轻则失本，躁则失君"，君者，本之用。作名词解即国君，即主；作动词解则如"君临天下"之"君"，"主临天下"之"主"，乃管一切之意。王注："失本，为丧身也；失君，为失君位也。"君者本之用。君临天下，管到一切。

在进一步探究本句意义之前，我们先得对中国人对"人"的看法有一了悟。

第二十六章

《孟子·尽心上》说"是故知命者，不立乎岩墙之下"，告诉我们，上天赋予我们一个责任，我们知道自己天命责任所在的人，绝不会走危险的路。因为我们要尽自己之责任。

自己之责任是什么？尽己之性、尽人之性、尽物之性，然后达到"可以赞天地之化育""与天地参矣"（《中庸》）的境界。

什么是"尽己之性""尽人之性""尽物之性"？简单地说，我们把人性之大能，本性之大能，完全发挥出来；然后叫人把人性之大能，都发挥出来。这就是"己立而立人""己达而达人"。等到能立人、达人之后，再进一步尽一切物之性，叫天下没有废物。这就达到"赞天地之化育""与天地参矣"的境界了。

为什么这样就能"与天地参"呢？因天能生物，我们就能役物，所以人能与天地并列同参。而这就是我们的"命"，也就是我们的"责任"。

由此可见人的尊严、人的尊贵是多么的崇高。一个人在了解人之"尊严"、人之"尊贵"之后，怎么可以走危险的路，"以身轻天下"呢？普通人尚且如此，为何一个万乘兵车的国君，却以其身来自轻于天下呢？换句话说，我们的身是无价之宝，既然这样宝贵，绝不能"以身轻天下"，绝不能作无谓的牺牲。如果作无谓的牺牲，"轻则失本"，"躁"则失"主"之所能。

是故，人主喜怒应不形于色。看看历史上那些人主杀人，刀未落下去之前，还杯酒言欢。岂可对部属动不动大发雷霆，还连打带踢？若然，则下次见面，未有不说假话者。像这样的人还能"牧天下"？所谓"羔羊之牧，道义者师"，这样的人，那成了"盗"义者师。

毓老师金句

永禊山河浮寇迹，寸息天身粪稚裔。

依众生养我生，以我生报众生。

扫一扫，进入课程

第二十七章

善行，无辙迹；善言，无瑕谪；善数，不用筹策；善闭，无关楗而不可开；善结，无绳约而不可解。是以圣人常善救人，故无弃人；常善救物，故无弃物。是谓袭明。故善人者，不善人之师；不善人者，善人之资。不贵其师，不爱其资，虽智大迷。是谓要妙。

善行，无辙迹；善言，无瑕谪；

【王弼注】顺自然而行，不造不始，故物得至，而"无辙迹"也。顺物之性，不别不析，故"无瑕谪"可得其门也。

"善行，无辙迹"，何为"善行"？真是善行，善不欲人知。善不欲人知，即"善行，无辙迹"。由是可知儒、道二家最高境界，并无分野，这也是黉舍中如此转相为训，所要提醒大家之处。

"善言，无瑕谪"，"善言"，好的话。"谪"，批评之意。好的话，就没有一点瑕的批评。"瑕"者，玉上之纹，然为天生者之痕迹，不是碰坏的。等到像碗碰而未裂者，称之裂纹，而不称之为瑕。瑕，一般人又称为瑕疵。

善数，不用筹策；

【王弼注】因物之数，不假形也。

宋龙渊本作"善计，不用筹策"。

"数"同术。参见《孟子》。

"善数，不用筹策"，因何不用筹策？因为我们就地取材。同学做事不"因物之数"，专另造楼阁。儒家早说过：因丘为高，不必造作。

王氏此处注得极好，包含无量处事之义。大凡世人做事，莫不匠心独运，巧用心机，务求步步算计靡遗。何以这里说处理事情不用筹策？因为我们就地取材："因物之数。"既是"因物之数"，那就不必造作；不必造作，那又何必筹策呢？

然而"因物之数"并不是照着葫芦画瓢。所以王氏进而点出"不假形也"。"因物之数"最重要的"术"，在"不假形也"。"假形"，则低一着。因为有个葫芦，都按葫芦形处理，岂能高人一着？顶多他从东边处理，我从西边处理。但既然按照固定之形，则不论东西南北哪边下手，最后还是会碰在一起。

认识到大家都"假形"以理事，如果我们也"假形"以理事，无法超过别人，我们就不"假形"。我们不"假形"，"假形"的都超不过我们。你按固定之形，而我们不用，另来一套，不以"形"处理事情，则别人无法测度。既然无法测度，自然更无法超过我们。

进一步举个例子，如果我们看到葫芦，只知能做瓢，人家看了之后却以为能治癌症，那么葫芦的价值就不同了。人家"因物之数"的筹策，当然也高出我们千百倍了。

所以，我们在社会上处理事情，绝不按着事情发生的经过去处理事情。因为一般人都是按着事情的本身处理事情，我们如能在了悟事情来龙去脉之理后，离开事之本身去处理，到时必高人一等。

善闭，无关楗而不可开；善结，无绳约而不可解。

【王弼注】因物自然，不设不施，故不用关楗、绳约而不可开解也。此五者皆言不造不施，因物之性，不以形制物也。

"善闭，无关楗而不可开"，最会关门的没有"关楗"。譬如说一般关门都用门插，人家只要会对付门插之法，即可启门而入。所以我们不用门插，改用立杠、原子、电子，亦达关门之目的，而人莫之能启。如果以开门插之法启之，必失败。此即"不假形"。用门插，人得循迹启之；用电子、原子，别人也可以循其迹以开之。天下事都一条路，人必有以开之，若独这老家伙不用门插，用立杠，或其他方法，则别人开不了。北方大户多用立杠。

"善结，无绳约而不可解"，最会打结的，不用绳来约这个结，则人无法解此结。

《礼记·仲尼燕居》言："礼者，理也。"礼，就是要理天下事。天下之事那么乱，怎么办？不必慌，天下之事，不论如何乱，他"茂而有间"（《礼记·礼运》）。就因为他必有"间"，有"间"则必可解。如用绳子绑则必有间，有间则可解。但这回老子要我们无形迹，无形迹，何来间？无间则如何能解？儒家告诉我们如丝之纷，寻间理之，必至于理。道家高乎儒家一个观念，根本无间，光有那个结，却没有结的那个物，也就是没有绳，没有绳则无间，没有绳则无法解之。

此处即老氏最高明之处，悟透了比商、韩还厉害。商、韩就是偷老子，偷丢了一块，丢一块，就不完整了。若真偷完整，商、韩可能就不会死。

人的毛病就在不肯深入，像同学也是，学一点就知足了，说："算了！不必再听那老头扯了，越说越多。说的就这一点，我还喜欢……"好像他还有选择。其实他之所得，只是最简单的东西，他所懂得的是合乎他的脑子；至于超过他脑子的东西，他没懂，就没法接受，还自以为有选择。

所以同学读书必要深究，不要究到自己不懂就完了。商、韩二人就是究其所懂之老子，就为止了；结果弄得自己不得好，老百姓也不得好。倘使当时二人再深究，可能就成了道家，而不再是法家了也不一定。此所谓"管仲之器小哉"。

我们在这里，要解释一下为什么说"管仲之器小哉"。我们知道孔子的政治理想是"大道之行也，天下为公"，要达到这个境界，又分成"据乱世""升平世""太平世"三个阶段。管仲其时"九合诸侯，不以兵车"，再进一步，那不就天下大同了吗？可是管仲及此而骄，所谓"管仲之器小哉！邦君树塞门，管仲亦树塞门；邦君为两君之好有反坫，管氏亦有反坫"。

"九合诸侯，不以兵车"，那是他的仁，使中国免于"被发左衽"，所以孔子许之以为"如其仁，如其仁"。为什么器小？因为他功高震主，君都得买他账了，这就是器小，为什么不再往前走一步？

所以《论语》真正读明白不容易，要好好读。为什么孔子之语前后接不上？孔子论管仲，一下许其仁，一下又说其器小哉，表面看来前言不对后语。如果仔细玩味，孔子说他小器的地方，就因为他僭越自划；说他仁的地方，就是他"国家至上""民族至上"。"九合诸侯，不以兵车"，没有战事，老百姓没遭死伤战祸之苦，使中国文化免于"被发左衽"之厄，此皆其仁之处。

可叹《洙泗考信录》不审于此，却以为这两段为后人加进去。时至今日，更有甚于此者。书，自己看不懂，就说人家胡扯，然后就强制立说，肆意割裂，民国初年研究中国哲学者，越是大师，越是此中之尤，像新理学真可谓血淋淋的。

是故，当我们读书，越是不明白之处，越要打通，一关通，关关通。反过来说，要是一关打不通，那永远不会明白。例如同学问问题，老师叫之回去再多读几遍，不多说，因为他不懂，讲再多亦无用，只告诉他几个要点，回去再读，等再过一阵子，他读回来说，我觉得如何……就差不多了。

老师有的书读上百遍，任何书不可以看一遍，即以为当时了悟的是正知正见。如果永远那样讲，可能永远没看书。我们如果天天看书，一熟之后，往往以这部经书的话，就解释了那部书，书自己即为我们作了解释，有时可能比注解释得还好。

第二十七章

举个例子来说，人都有百密一疏，以朱子之聪明，于《论语》中"何有于我哉"一语，即有许多不同的解释，甚至说成哪一样有我。实际上"何有"说的都是"何难之有"，"何有于我哉"，就是"在我身上何难之有"。大可不必一下子说"哪一样有我"，一下子又说："这几样事，在我身哪一样办到了呢？"这便告诉我们读书谈何容易。以朱子之聪明、学问，尚且在一部书中就抵触了，何况我们。所以读书不要完全相信一部注，应该多读经书；多读，这部经书，可能就为我们解释了那部经书，那自然就进步了。

这又可以举一个例子实际说明一下，《论语·学而篇》有子曰："信近于义，言可复也；恭近于礼，远耻辱也；因不失其亲，亦可宗也。"孔安国说："因，亲也。"以为"言所亲不失其亲，亦可宗敬也"，所言殊乏伦次，且前后语气不相连属。老师当年读书，始则疑之；及读《尚书》解释"亲，新也"，方悟此当是："信近于义，言可复也；恭近于礼，远耻辱也；因不失其'新'，亦可宗也。"告诉我们要因古之文，可是"不失其新"，这才可以做宗法、做宗主。这样才与"殷因于夏礼，所损益可知也；周因于殷礼，所损益可知也；其或继周者，虽百世可知也"（《论语·为政篇》）之旨相呼应，也才说得通。并且《大学》也引汤之《盘铭》说："苟日新，日日新，又日新。"可见我们思有所述作，必得因，可是因古不失其新，这样才"亦可宗也"。所以"因而不失其新"，亦即"述而不失其新"，此亦庶几孔子著《春秋》"述而不作"之旨。

话说回来，今日许多年轻人有理想有抱负，想要救国，想要做政治领袖。但是想要救国必得先认识中国，想认识中国必得先重视本国文化。以亚洲诸国言，各国文化没有比中国更完整的。尤其韩、日、越南可以说完全继承中国文化。拿日本来说，其所祀之"天照大神"，即"天朝大臣"一声之转，或以为"天朝大臣"即是徐福。而其所以不承认承袭中国文化，也是在明治维新以后之事。再看韩国，朴正熙也想废除汉字，可是诸多不便，结果只好回转头来。由此可见文化力量的可怕，影响特别深。

中国人必自自己文化中发掘，才能救中国。而今日中国之所以失败，就因为"认识了外国，来救中国"。揭起这阵邪风的始作俑者，可以说就是胡适。其一生完全做了应声虫，其事同学可以参见徐子明先生之《胡祸丛谈》。别的不说，当其有孩子时，所作新诗"不教你来，你就来了"，乖违人伦，集丑陋之大成。

胡适今天还能成立公园？那我应该有"○○塔"（老师讳）。

看看我们今天的生活，有几样像中国？

然而飙风不终朝，像近日有两外文系学者回来，有感于法国人从自己文化中发掘东西，发愤想读中国书。但是既要研究中国文化，应该知道中国文化必有师承，有些大关节处，非经老师讲授，无法明白。

拿《五经》来说，《诗经》，古人认为"可以兴，可以观，可以群，可以怨"，因为它完全反映老百姓心理。老百姓的心理完全受环境影响的，高兴就"兴"，不高兴即哭。

《书经》是一部政治哲学，它告诉我们有可戒之处，如《甘誓》以下；有可法之处，如二典一谟，使我们知所戒法。

《礼记》则是辅佐政治的。然礼随时而变，自古及今所易者屡，我们今天也可以因时制礼。

再往下看，大本之处就在《大易》和《春秋》。可是这两本书不下真功夫，没有师承，根本不知所云。必得这两部书加倍下过功夫，真有了悟，看其他东西才会明白。放眼这块土（指台湾地区），讲中国哲学的，《四书》未读通，这两部书未看，讲中国哲学，那不讲错，往哪跑？

除了师承外，今天研究中国学问必要客观，必要有所本，不可跋扈。我们不必帮孔子，也不必专主哪一家之说，应该放弃掉标榜立异之处，自成一家之说，拨乱反正。秦汉以下的东西，多少有些标榜立异之处，因为那时代所说的话，必有一半是假的，以便讨皇帝高兴，好升官发财。像这些地方，今天必要扔掉，方能还其本来面目，得到真东西。像今天有许多人，也对《论语》下了不少功夫，可是完全未得孔子之义，即因见不及此，终为束缚。

你看看那易理之礼，到《礼记》之礼，已经改变了多少？早先那个礼过去了，我们今天，改变它也可以，《礼记》那是帮政治忙的。

今天《大易》《春秋》不读，你怎知中国书从哪读？《大易》和《春秋》得下真功夫。不下真功夫，根本不知道指什么说的。《大易》和《春秋》真了悟，然后再看其他东西才会明白，光看引申义也没用，不会完全特别懂。经书应精读、熟读原典。看别人的注，别人整理的东西，有帮助，但终有所隔。

讲到这里再提醒同学一句，必得在《论语》上下功夫。因为我们讲孔学，这部书就是根本。这部书绝对可靠，如果说这部书不可靠，那所有的书都不可靠。要是可靠，从这里下功夫，再印证别的，决不离谱。不要学那种割裂方式去研究，那样下面都讲不通。

是以圣人常善救人，故无弃人；常善救物，故无弃物。是谓袭明。

【王弼注】圣人不立形名以检于物，不造进向以殊弃不肖，辅万物之自然而不为始，故曰"无弃人"也。不尚贤能，则民不争；不贵难得之货，则民不为盗；不见可欲，则民心不乱。常使民心无欲无惑，则无弃人矣。

【严复批】庄曰"因明"，老曰"袭明"，因，即袭也。

此处王注应细看，与儒家观念重叠之处极多。

"常善"，经久不变之善，如人性之善，即经久不变。在儒家的观念，人虽然有时为恶，但到最后还是复其善。

我们能以经久不变之性善，尽己之性、尽人之性，然后尽物之性，这就是"常善救人，故无弃人"。

"常善救物，故无弃物"，我们"能尽其性，则能尽人之性；能尽人之性，则能尽物之性；能尽物之性，则可以赞天地之化育；可以赞天地之化育，则可与天地参矣"（《中庸》）。也就是《易经》上说的"知周万物""道济天下"，所以没有弃物。更白话点来说："常善救人""常善救物"的前面都有一个源于人、源于物本身的标准，这个标准是善的，我们以这个常善来救人，每个人都复其善，那样没有一个不成材的人，所以说没有弃人。我们以这个常善来救物，物各尽其能，所以也没有弃物。所以能"无弃人""无弃物"，就因能"尽己之性""尽人之性""尽物之性"。等人物皆尽其性，皆尽其能，那就到了儒家"与天地参矣"的境界。

这个说法与王注略有出入，但可能较比进步一点。因为王注"不尚贤能，则民不争；不贵难得之货，则民不为盗；不见可欲，则民心不乱"有点绕弯。社会要是啥都没有，人才不乱，才不做坏事，那不糟糕了吗？应该有"可欲"，但不乱，这才行。举个例来说，我们如果有委托行、有舶来品，可是不看、不买，那才叫功夫。如果说不是不买，是没有钱，那也行，那也是功夫。因为"君子固穷，小人穷斯滥矣"（《论语·卫灵公》）。

然而这也不一定谁是谁非，也不一定要怎么样才对。最重要的是，借着书启发我们自己。照王注那个解释，天下得没有可欲，老百姓才不乱，有时可能把人困住了。我们看，满街都是可欲，那老百姓作乱啦？所以这不是真功夫，要有而不爱，那才是功夫。

"是谓袭明"，严批于此说"因，即袭也"。可是仔细研究一下，两者之间多少有些不同。像我们解释《论语·学而》说"因而不失其亲（新），亦可宗也"，而不做"袭而不失其新，亦可宗也"。用"袭"字的地方，如爵位我们说"世袭罔替"，而不言"世因罔替"。可见两字之间，里边有层次的不同。在此我们可以从"袭"字的结构上作进一步的了悟。

"袭"字拆开为"龙""衣"，因为世袭的时候，袭的就是这个衣，爸爸穿上了，儿子接着穿，这就叫袭。所以"袭"是有物有执的。"因"则不一定因物，有时是因理，像"因而不失其新"，应该就是指"理"而言。所以"因"和"袭"是有区别的。

讲到这我们可以看到中国文字结构之美，不可轻言改易。同学总记住"乌云没能遮住日头的"，真理就只有一个。所以人家不能干的事，我们单干；人家打倒孔家庙，我们偏讲孔学。最近不单我们捧孔子，大陆也承认孔子有贡献，再过一阵子可能又成至圣先师，要开始祭孔了。原因就在"乌云遮不住日头"。既然祭孔可能恢复，那再过些时日，字可能也不改了。

话说回来，为什么"常善救人，故无弃人；常善救物，故无弃物。是谓袭明"呢？因为这个"明"，不光是我们一代这么用的，而是代代都接着这么用。《大学》上说"大学之道，在明明德"，也正说明了这个"明"，是"袭"的明，并不是我们自己有这个办法使它好，而是它从根上就有这好的本能，因为我们性是本善的，所以我们才能使人好、使物好。

故善人者，不善人之师；不善人者，善人之资。

【王弼注】举善以师不善，故谓之师矣。资，取也。善人以善齐不善，以善弃不善也，故不善人，善人之所取也。

"善人者，不善人之师"，因为既然有"袭明"，那么"善人者，不善人之师"，等到善人变成"不善人之师"，不善人也就变成善人了。

王注于此言"举善以师不善，故谓之师矣"，从"师"字着眼。实则"举善以师不善"，即《论语·颜渊》"举直错诸枉，能使枉者直"之义，正与"善人者，不善人之师"之义相印证。真能"常善救人"，岂仅止于"师"而已，苟能至此，自没有"弃人"。

由此可见儒、道两家并没有什么基本上的不同，只有在许多事的看法上不同，如果必得故意说是基本上有不同，那就错了。

"资"者，取也。如《资治通鉴》之"资"。不善之人，正是善人的借镜，正是善人的戒鉴；看到不善的不善，我们就改之，那就是"戒鉴"。取其不德之处，以为戒鉴。《论语·述而》"三人行必有我师焉，择其善者而从之，其不善者而改之"，即为此处最佳说明。

不贵其师，不爱其资，虽智大迷。是谓要妙。

【王弼注】虽有其智，自任其智，不因物，于其道必失。故曰"虽智大迷"。

"不贵其师，不爱其资，虽智大迷"，"师"，善善者；"资"，不善者。一个人不知道"贵其师"，不知道贵那个善善者，也不知道"爱其资"，不知道爱那个不善者，那就坏了。那"虽智大迷"，虽然自以为是个智者，实际上却是个大迷者。此处"大"字用得发人深省。何以说是大迷呢？因为小智察察，对小事弄得清清楚楚，可是大处却糊涂得不得了，所以说是"大迷"。反过来，我们不但贵这个善善的，而且还爱其不善，那到最后就无弃人。这章此数语特别重要，不过这只能对根器重的人说，至于那些根器低的人则无法讲这个。

然而什么是"迷"呢？我们可以从我们常说的"迷信"两个字上去了悟。人不迷就不会信。有时候我们看许多人很有智慧，可是信佛着迷了，信主着迷了，信主义着迷了，以为可以上极乐世界，以为可以救天下。这就是迷。大家总应该用理智去想事情。天下没有白捡的。极乐世界哪那么容易就得到？人必要从真功夫去求"得"，与草木同朽的人就是与草木同朽，绝没有侥幸。一个人如果苦一辈子，像酱缸里的蛆，乱鼓动，扯了一阵子，所作所为对社会完全没有影响，一无是处，怎可能有异乎寻常的成就呢？所以大家必要下点真功夫，才能得点真东西。尤其生在举世纷扰的今天，如果我们不能留下点什么，等一切都恢复到定制之后，再想有点成就，那不仅难，而且也空负了这一生。

但是，想要在这个时候有点成就，必要有正知正见。没有正知正见，那是不行的。什么叫"正知正见"呢？简单地说就是绝不能感情用事。所谓"四十而不惑"，最低限度得不惑于欲。人的欲很多，如好名、好利、好地位等都是。如果一好，就糟糕了。因为名利一来到面前，就不知道正知正见。那样，所得之名就是"匪名"，所得之利就是"匪利"。所以我们必要有正知正见，那个名、利送上门来，必要考核考核，看那个名是不是站得住，利是不是站得住？若是站不住，千万不要。我们不是常说"见得思义"吗？那个义，就是正知正见。我们得名、得利、得什么什么的时候，一定要思"是"和"非"。不要一看送上门来了，说这回可得必得。殊不知这名和利还没到手呢，已经在阎王那儿注了册。到那时，名和利要了有什么用呢？

可是一个人要有正知正见很难，像我们有时受名利的驱使，感觉这有名、这有利，做了，也得了。但一上了道，就跳不下来了。说得粗一点，纵使有再好的漂白粉，也不如不受污染；一旦受了污染，再好的漂白粉也没有用。处乱世之时，于此更

第二十七章

应小心，"一行以为智，一行以为不智"，偶一不慎，一步踩不着，可能终身都毁了。这"毁"不一定就是死，可能比死还痛苦。今日就走在岔路口上，往后是福是祸，就看我们如何选择。

选择，是最难的事，别看平日想得清清楚楚，很容易，事到临头就犹豫了，马上分辨不开了：要不要做？这不做，错过这机会就没了。这很难得，这要做的话，既有什么，又有什么。这完全看自己的智慧。上了可能就糟糕了；不上，看不破，可能终身痛苦，穷一辈子，到时还学韩愈作《送穷文》。或者抄一遍也可以，韩愈的《送穷文》还有效。

说到这，不能不令人感慨，为什么许多人读一辈子书，有时还会写写文章，可是完全不得书的利益和好处，读到的智慧完全不能受用，书读得越多，博士也得了，却越糊涂。

要知道读书贵乎达礼。礼者，理也。白话来说就是读书得明理，如果不能达到理的境界，无法达礼，就不能理事，那读再多的书，也没有用。这就是为什么许多人读了一大堆书，上堂也能讲得滚瓜乱叫，可是一办事就糊里糊涂，落得"百无一用是书生"之讥。原因就在于读书不达"礼"，不达"礼"当然不能达到"理"的境界。这种人什么事都不能做，一张口，大家认为没用，就说是"书生之见"。什么是书生之见呢？简单地说，就是没有用的见解。因为在屋里头，门也不出，马路上跳什么"芭（八）蕾舞""九蕾舞"也不知道，就是闭门造车，那意见提出来，岂能有补于时事？所以说"书生"是最没有用的，世事也不是光读书就完了。

无怪乎许多枭雄之主完全看不起书生，不能说看不起"读书人"。说看不起"读书人"就糟糕了，而是看不起这帮糊里糊涂的读书人。就因为他们不能达礼，不能达礼，虽然读了那么多书，只是无用而已。无用的话，又怎么能叫人看得起呢？

达礼既然这么重要，那怎样达礼呢？是不是很难呢？实际来说，这并没有绝对的难处，但也不是一看就懂，也不在乎看出一点，而贵乎去"悟"。"悟"的前头还跟着"体"的功夫。什么是"体"呢？简单地说，人必得身体力行。像许多的事，许多的道理，不论在家里怎么去讲叫他明白，也不会懂。要去做，等到社会经过几次失败，吃过几次亏，于是乎就明白了。人生没有不失败的，那个吃亏、失败的损失，就是交学费。因为这就是"体"，有"体"才有"悟"。

是故，我们常说对于一个人"若有所用，必有所试"。我们想用一个人，不能一眼望到底，那么先试一试他。人一到用事的时候，短处都容易露出来。看了之后，他四两八斤都在那搁着，我们要用什么样的才，便怎么样任之。所以任人想要任才的话，不能不叫他做点事情。有些人虽然是做一件小事，也能撒豆成兵似的，摆成样子，那就是有理路的人。像我们常说笑话，一个人下棋都得先看上三步，否则也赢不了那盘棋。世事亦复如是，所谓"狡兔三窟"。人如果按部就班，一步一走，成不了大事。既是得看上三步棋，那必有两个虚招，必有两个虚张声势的玩意儿在那搁着，叫人家摸不透，这样才行。换言之，人难免要在几个堆里打滚，但是就是在一起混，也不叫人家知道我们究竟是什么，把人家要得稀里糊涂的，也不叫之明白，这才叫厉害。反过来说，如果叫人家都摸清楚了，那就完了。

进一步说，人要做事，必要有智慧。这智慧，不光是在事情本身上有智慧，如果只是那样，就完了；得在这事情之外，有连锁性的地方，也能看得通，才行。所以光会讲道理、文章写得好，遇事，一点都办不到，那没用，那是书生。想要超出书生之见，就必得在体悟上下功夫，才能有得。

既要体悟，那每天都得有实验。想要试验，恐怕再也找不到今天这么千载难逢的好机会，可说每天都有事情发生，热闹得不得了。在同学一生中，恐怕再也赶不上这种历史倒演。如果真的每件事每天都好好体悟体悟，必有所得。

像伊朗近日之事就值得玩味，这边巴列维刚发出戒严令，不到几个钟头就大乱起来。这证明高压手段在今日没用。

再如卡特的戴维营会议，可以说比当年的鸿门宴还厉害。要是失败，必定大家都介入。

这些实际情形，大大小小都是我们学习的机会，每个都可以做我们的借鉴。不要以为伊朗距离我们那么远，隔山听不到孩儿哭，那没关系，不必管它。不往心里想那当然没事，要往心里想，那事儿就很多很多。因为这就是"活历史"，一天跟着一天，容易得证验，等过了再去找，就成了"死历史"；用"活历史"，与用"死历史"结论绝不同。所以面对今天的问题要细想，弄清楚他的来龙去脉、前因后果，他日自己到了那个地位，也懂得如何处置，不至于临时抓瞎。

许多宝贵的经验，不是用钱买来的。可叹许多人在这么紧张的社会活着，还瞪眼睡觉，那与活死人何异？

总之，我们对周遭发生的一切事情去下功夫，去玩味，就是"体"。"体"，不定必得我们自己发生的事，才去体。有体必有所悟。处此千载难逢之机，可以说过了这村就没有这店，同学千万不要轻易放过。要知道现在发生之事，便是最宝贵的资料。我们有报国之心，得有报国之术。报国之术即自此求得。同学勉之。

此章所言之重点一为"袭明"，一为"要妙"。先告诉我们"袭明"的境界，再介绍如于用事中用此"袭明"，等到能善用之，则不仅是妙，且为"要妙"。

同学读完此章当知道：我们看问题，研究问题，应该和与我们有同等智慧的人去研究问题，不可以和没有同等智慧的人去研究问题。什么叫"同等智慧"呢？用最简单的话说，像我们谈问题，必要找也懂这问题、与我们有同一了解的人去谈才有用，如果他根本不懂，我们还拼命找他谈，那我们就是傻子。

举个例子来说，譬如有人说中国旧东西没有用。我们必要先看看说的那个人是不是看过中国旧东西。如果他连看都没有看过就说没用，那还跟他谈什么呢？如果说他看过，再说没用，那我们就应该问问他，是哪几个地方没用，没用的地方我们就不读，挑那个有用的再读；如果他说都没用，那就问他因为什么都没有用了。这样说不定就把他卡住了，怎么可以他一说就接受了，还盲目地跟着扯？一个智者的行为和不智者的行为，差别就在这。

我们有智慧，自己就可以分辨是非，分辨善恶。分辨是非善恶，决不能靠别人来分辨，不能让别人来影响我们。所以说要有正知正见，不要因为"一言之誉"，就跳了起来，因为"一言之毁"，也跳了起来。如果那样，就是愚人。"一家饱暖千家怨"，穷人必定骂有钱的人，这是人共同的心理。所以听人家说话，必要看看说话的是何许人，他为了他自己的目的，对我们当然有毁誉，但那毁誉、是非、好坏究竟以何为标准呢？是不是有定夺呢？这都是未知数。因此，尤其在今天，我们必要有一个"平"的心，才能得着正知正见，才能衡量一切。要不然随波逐流，将来一定永远走不到正路上去。

像前一阵子，还批孔，把孔子批评得一无是处，说要打倒孔老二，大家也印上书跟着骂。这会子又说孔子可以了，有些东西还有价值，还值得研究。这一搞，那些跟着跑的人怎么办呢？同学总记住：时代的乌云影响不了大本，东西有用就是有用。我们黉社中，就说读孔学以后必有用。这只是一个例子，今后类似的事，必然还多。尤其在今天，社会变迁特别频繁，有时候事情本身就变了。也就是说在孔老二之后，可能还有孔老四、王老五都还闹，如果他们一闹，我们就跟着跑，等他王老五变成王老六，那我们跟着跑的又扯不上了。所以尽跟着马后跑，除了疲于奔命，永远跟不上。而且今天扯这个，明天扯那个，最后扯得自己也没有正知正见了。是故必要懂得"知白守黑"迎头赶上；迎头赶上，或许就捡到便宜了。

同学们若是认识不清，除了殉葬，没有别的好处；并且有时"殉葬"，人家还不要呢。因为人家殉葬还要找那臭味相投的，我们与他臭味不投，人家当然不要。

懂吗？殉葬是有原因的。像清太祖高皇帝死后，怕多铎、多尔衮之母擅权，将其殉葬，故多尔衮被重用。这也造成日后权势之争。今天人家也计划好那几个够格殉葬的名单……去悟吧……

【严复批】《南华·养生主》一篇是此章注疏。其所以善行、善言、善数、善闭、善结，皆不外依乎天理，然何以能依乎天理，正有事在也。

管夷吾得此，故能下令如流水之原，又能因祸以为福，转败以为功。

人、二，善、不善而已。吾能贵爱之，天下尚有弃者乎。

得此而所为必成，所交必固，所保必安，是诚要妙。然而道左因袭，非自用也。

扫一扫，进入课程

知其雄，守其雌，为天下谿。为天下谿，常德不离，复归于婴儿。知其白，守其黑，为天下式。为天下式，常德不忒，复归于无极。知其荣，守其辱，为天下谷。为天下谷，常德乃足，复归于朴。朴散则为器，圣人用之则为官长。故大制不割。

知其雄，守其雌，为天下谿。为天下谿，常德不离，复归于婴儿。

【王弼注】雄，先之属。雌，后之属也。知为天下先也，必后也。是以圣人后其身而身先也。谿不求物，而物自归之，婴儿不用智，而合自然之智。

此章首分三大段：

"知其雄，守其雌，为天下谿。为天下谿，常德不离，复归于婴儿。"为一段。

"知其白，守其黑，为天下式。为天下式，常德不忒，复归于无极。"又一段。

"知其荣，守其辱，为天下谷。为天下谷，常德乃足，复归于朴。"第三段。

"婴儿""无极""朴"之境界应细悟，那不是言语可明白的。注意！要去悟。

"知其雄，守其雌，为天下谿"，我们知道是"雄"者，可得守"雌"之道。所谓"雄"就是刚，"雌"就是柔。"知雄守雌"即知刚守柔。

"为天下谿"，"谿"，就是河沟子淌的水，即两山之间所淌的水。

"常德不离，复归于婴儿"，"常德"，经久不变之德。此德不同于一般之德，一般之德则有离。因为什么会有离？因为"回也，其心三月不违仁，其余则日月至焉而已矣"（《论语·雍也》）。经久不变之德，我们没有办法离开，等离开的就是"日月至焉"。

我们能执此经久不变之德，总不离开，那我们的一切都变成常德，常德之行就像婴儿一样。婴儿无私无欲，所以常德就是无私无欲。

"日月至焉"的人，有时天良一现，能去其私欲，可是不旋踵间，私欲又起，又有私有欲了。

知其白，守其黑，为天下式。为天下式，常德不忒，复归于无极。

【王弼注】式，模则也。忒，差也。不可穷也。

"知其白，守其黑"，我们知道白的，就守住这个黑的。为什么这样子呢？因为"物极必反"，"反者道之动"。既然白到头了，必是黑的，那我就不跟在后头跑，免得"后夫凶"。我们先守住黑，等它到那儿，我们就把它卡住了，我们就及时了。

　　这和下棋一样，我们如能先看到三步棋，知道它必得这么走，走完必得往这边来，我们如果老跟着它屁股后跑，跑不过它，光捡热屁。那就反过来，先在必经之路上等着，等它回来了，就一举成擒。同学如果成天跟着后面追，跟着别人白完了黑，黑完了白，那不是没完没了？累都累死了。所以我们用个釜底抽薪的办法，知道它是白，我们先守黑，先到那儿瞧着，等它到那儿，以逸待劳，一下子便将它打住了。

　　我们不论在什么圈子中，就这样磨上几回，准知道人性是什么；知道人性是什么，就知道如何处人，如何处事，如何成就事业，如何造就自己。

　　"为天下式"，"式"就是法则。"知其白，守其黑"，这是天下的法则。既是法则，人想要成事必得遵循之，否则跟着跑，"后夫凶"，永无止期。如果说只差一步，差一步成第二名，那也无法成功。

　　"为天下式，常德不忒"，"常德"，经久不变之本德。"不忒"，不错。

　　"常德不忒"者，经久不变之本德，永远没有差错。换句话说，前面所言知白守黑、知刚守柔，有些人以为太阴险。老子说这是"常德"，不忒之常德。能行此者，方为常德之人。而那帮凑热闹、专跟着后面跑的人，那是"坤顺承乾"，是妾妇之行（《孟子·滕文公》"以顺为正者，妾妇之道也"），"妾妇行"又如何"为天下式"呢？

"复归于无极"，"无极"是什么呢？无极者，万有之大本，万有之母。

> 知其荣，守其辱，为天下谷。为天下谷，常德乃足，复归于朴。

【王弼注】此三者，言常反终，后乃德全其所处也。下章云，反者道之动也。功不可取，常处其母也。

"知其荣，守其辱"，荣极必辱，当世俗之荣至的时候，不取其荣，专守其辱，到最后，我就装这一切荣和辱，成了"天下谷"。这必有"上智"及"尚志"的功夫，送上门来的荣不要，还守辱，那可不容易。"谷"，比溪还深，能藏一切。同学在这里，要细玩味，天下有荣就有辱，没有一荣到底的。俗话说"树不焦烧顶破天"。

我们荣送上门来，不要，"守其辱"，则能成己之"容"，将荣辱都包含进去，"能容乃大"，乃能成不世之业。

"为天下谷，常德乃足，复归于朴"，"朴"，即真，就是那个经久不变的东西。搁儒家讲，就是那个"性"。

"为天下谷，常德乃足"，"乃足"包含前面说的"不离""不忒"，然后"复归于朴"，复归于真，复归于那个经久不变的东西。然后就生万物。

为"溪"—"不离"—复归于"婴儿"。

为"式"—"不忒"—复归于"无极"。

为"谷"—"乃足"—复归于"朴"。

这几个层次，细细体会，慢慢了悟。所以王弼说："此三者，言常反终，后乃德全其所处也。"

朴散则为器，圣人用之则为官长。故大制不割。

【王弼注】朴，真也。真散则百行出，殊类生，若器也。圣人因其分散，故为之立官长，以善为师，不善为资，移风易俗，复使归于一也。大制者，以天下之心为心，故无割也。

"朴散则为器"，"朴"，就是真。"真"一分，则成"万有"，万有各为一器。中国人常说"大器晚成"，所以"人"也包含在"器"中。然而儒家以为"君子不器"，方才是最高境界。孔子说子贡是"瑚琏"，虽许以庙堂之器，终以为未达完美境界。至于道家的观念，并不认为人成"器"是不好的。"大器晚成"，调查学家许晚成，名"晚成"。

"圣人用之则为官长"，"官"，即管。"官长"，管事之长。也就是说那个真、朴，一散、一变、一生生之后，就成为器。等圣人用这个器，就把它作为管之长。

毓老师笔记

"大制，天地之运也。不割，顺自然。割者，人自为道。故人法地，地法天，天法道，道法自然。"

道家主张法天，顺自然，最反对的就是人自为道。

这一章首先告诉我们，不论对任何一件东西，做任何一件事情，不能光看一步，跟着第一步的路子，走直线条，那没有不失败的。任何一件事情，至少也得看上两三步。知道别人走第一步白的，我们不跟着走这路子的人去走；快快先卡住第二步，我们就守着黑；等到走第一步路子的人，进入第二步的情况了，他就受制于我。要是我们知道第三步，那更不得了，那更高一招。前面我们说"狡兔三窟"，连小兔子都有"三窟"，一个人如果做任何事，都走直线条，那没有不失败的。

懂"知白守黑"，做事永远先人一步。这与"先发制人"又有所不同，"先发制人"是强制的，被制之人有所觉。"知白守黑"却是顺自然，被制者自自然然就跑到洞里来，送上门，还不知道我们在等着他。因为他由白变成黑的，看我们守黑的人，也是黑的，于是乎自然就和我们同了。这就是"和而不流"的境界。他黑，见我们也黑，于是就"和"了，但我们事先就守黑，不是跟着跑到黑，所以说是"不流"。等时候一到，"和而不流"，就"强哉矫"！

做事，不能老尾随在后，老跟着扯，老跟着扯准报销。

换个角度说，如果我们要对付一个国家，当他很强的时候不必动他，他不能强一辈子，我们在那等着，等他一软弱，再对付他。这就是"知其雄，守其雌"。

等我们自己，必得"知其荣，守其辱"。辱者，耻也。人必"知荣守耻"，方高人一招。千万不要别人给我们一点荣，我们就像小哈巴狗，尾巴也摇了，嘴也张开了，把饵就吞下去了。殊不知这饵后面，还有条看不见的线，在那拴着。因此见"得"必得多考虑，天下事没有白捡的，有好处别人何必给你？

这些，必须社会经验够，了悟的才多，才了解这是金石"凉"言。

懂这些之后，再依"常德不离，复归于婴儿""常德不忒，复归于无极""常德乃足，复归于朴"三段下功夫。

等到这些都知道了，然后才能悟"大制不割"。"割"，就是用人力把东西分开。"大制"，就是天地之运，就是自然。天地之运，谁也别想用人力去影响它，谁也别想用方法改变他。把这道理放在人事上说，便是一切要顺自然，不可人自为道，人自为道是没有用的。俗话说"命由天定，何必巧用机关"，自古"巧用机关"的，最后都失败。

这也是下一章所谓："天下神器，不可为也。为者败之，执者失之。"可是古往今来那帮英雄人物，专思旋乾转坤，大制"必"割，越是聪明的，陷得越深。这里说的聪明，是指世俗的智慧，不是真正的智者。这种聪明人，必"为"、必"执"，越聪明，结果失败越大，只落得让大自然笑一笑而已。

他们要是知道"知其雄，守其雌""知其白，守其黑""知其荣，守其辱"，那荣有个限度，也就不至于"为者败之，执者失之"。

每个人的一生，也像大自然一样，有的时候是日出东山，有的时候是日落西山；等到日落西山的时候，必要强制他日正当中，没有不失败的。

一切事情，过去的就过去了，再怎么样，也没法子改变。所以必要顺自然，把握住目前；把握住目前，才有将来。

扫一扫，进入课程

将欲取天下而为之，吾见其不得已。天下神器，不可为也。为者败之，执者失之。故物或行或随，或嘘或吹，或强或羸，或挫或隳。是以圣人去甚、去奢、去泰。

将欲取天下而为之，吾见其不得已。天下神器，不可为也。为者败之，执者失之。

【王弼注】神，无形无方也。器，合成也。无形以合，故谓之神器也。万物以自然为性，故可因而不可为也，可通而不可执也。物有常性，而造为之，故必败也。物有往来，而执之，故必失矣。

"将欲取天下而为之"，前面说"大制不割"。"将欲取天下而为之"，要取天下有所作为。这可"割"了。

"将欲取天下而为之，吾见其不得已"，要取天下有所作为，

"吾见其不得已"。

"天下神器"，天下是"神器"。"神器"，形容其是不可捉摸的东西，以别于日常生活所用之器。"神器"，那不是我们自家的尿壶，可以随便拎来拎去，打了，再买一个。

"不可为也"，承上文"天下神器"为句。

"为者败之，执者失之"，天下既是神器，不是一般日常所用之器，当然不能随便"为"，随便搞。所以"为者败之"，要是"为"必败；"执者失之"，要是想抓着不放，那它就飞了、跑了。但是话说回来，道理虽如此明白，古今为之如一，否则又怎么会有廿六史呢？

故物或行或随，或歔或吹，或强或羸，或挫或隳。是以圣人去甚、去奢、去泰。

【王弼注】凡此诸或，言物事逆顺反复，不施为执割也。圣人达自然之至，畅万物之情，故因而不为，顺而不施，除其所以迷，去其所以惑，故心不乱，而物性自得之也。

"故物或行或随"，"故物"，当断句。"行"是往前走，"随"是坤顺成乾。深入点说，"行"是走在前面，主动的；"随"是后面跟着的。我们做事必要知道什么是"行"，什么是"随"。像有时候，人家在前面走，我们在后边随，如果我们懂得知白守黑，到那嗑劲的时候（**节骨眼上**），一下子便跑到前面去了。比如龟兔竞走，兔一打瞌睡，龟就跑到前头去了。

"或歔或吹"，"歔"与"吹"不同，"吹"很有力量，"歔"则如鱼离水用最后剩的一点气喷泡沫。这就是说，人有时是强而有力，有时是强弩之末仅余的一点力量。人必知自己所处的环境，所有的境界，千万不可到了"歇"的时候，还不晓得保存自己的力量，还乱吹，那么必自速其祸，自速其亡。人如此，国家亦然，时代亦然。此处可参见《庄子》"相濡以沫"的故事。

"或强或羸"，"羸"是强的反面。

"或挫或隳"，别本作"或载或隳"。老师以为"或载或隳"相对为文，与上文义相应，较"或挫或隳"好。我们做事如果懂得"载"或"隳"的境界，那么在"隳"的境界，就不用"载"的方式处理事情。换言之，懂得一个境界，才懂得处理那个境界的事情。

"是以圣人去甚、去奢、去泰"，"甚"，就是总觉得自己高于一切。希特勒可为这种心态的代表。"奢"就是奢望。什么叫作奢望呢？超乎自己本能的，超乎自己能力以外的，都是奢望。譬如说自己的能力，只能拿五斤东西，偏要拿五千斤，那就是奢。"泰"是骄泰。许多人做事常常"约而为泰"，本来在"约"的环境该"约"了，可是不但"不约""不歇"，还自以为"泰"，还"吹"，结果没有不失败的。

为什么圣人要"去甚、去奢、去泰"？因为一个人所以有"为"的观念，所以有"执"的观念，就是因为有"奢""泰""甚"的心理。一个人有了这种心理，必定"为者败之"，"执者失之"。打开历史看看，失败的人，都没有少这三个。我们要避免"败之""失之"的后果，那就只有不甚、不奢、不泰，按照我们自己之本，按照我们自己之所能，按照自己之实力去行事。换言之，就是顺着自然去做。懂得我们自己的立场，懂得我们自己的环境，按照我们的立场、环境去做事。

总之，行、随，歔、吹，强、羸，载、隳，乃相对的概念，我们必因其时，各以其境，行其境界之事，故必去己之甚、奢、泰的心理。不为、不执，方可免于"败之""失之"的结果。千万不可效法莽夫孤注一掷。人生在世，有一分力量，就得留一分力量，孤注一掷，绝不能成大事。

此可与前面"知白守黑""知雄守雌"相参悟。

老子之学，在今天，尤其在政治上，特别有用。但必要去悟。不要我这一说，下课就完了；回去，必要去悟。各人有各人的智慧，我们讲过很多"要道"，给你们一点启示，你们了解时事越多，体悟越深。要是你们天天连报纸都不看，那就只有姑妄听之，根本不知说些什么。像我现在说的，许多同学就不了解，讲到哪儿？讲到什么地方？什么事儿？根本就不知道。

书，就是个启示，怎么想都行，在乎去悟。

【严复批】老子以天下为神器，斯宾塞尔以国群为有机体，真有识者，故不异人意。

严批此说不佳。

【严复批】验于诸国之中，知其不善者，皆由于甚、奢、泰，是以去之。

严批此说好。不善就因为甚、奢、泰；甚、奢、泰，即骄、吝。

扫一扫，进入课程

以道佐人主者，不以兵强天下，其事好还。师之所处，荆棘生焉；大军之后，必有凶年。善有果而已，不敢以取强。果而勿矜，果而勿伐，果而勿骄，果而不得已，果而勿强。物壮则老，是谓不道。不道早已。

以道佐人主者，不以兵强天下，其事好还。

【王弼注】"以道佐人主"，尚不可以兵强于天下，况人主躬于道者乎？为始者务欲立功生事，而有道者务欲还反无为，故云"其事好还"也。

"以道佐人主者，不以兵强天下"，"人主"就是领袖，我们拿道来帮助人主治理天下，不是以兵来强天下，拿兵来强天下是不行的。

"好还"就是循环，循回。"其事好还"，就是事情很容易循环、循回，也就是我们常说的"历史倒演"。

当年汪精卫演讲，曾特别分析过"历史倒演"。其人为有名的美男子，且越老越美。然"好汉无好妻，癫汉娶花枝"，妻陈璧君，为最丑之女人。汪氏谋刺清摄政王载沣，事败被捕，经肃亲王善耆斡旋，改判终身监禁。陈璧君有胆，每日送饭，感动汪，遂支使汪一辈子。陈璧君又听胡兰成的。所以表面胡兰成是汪的文胆，其实他是汪精卫老板的老板。

师之所处，荆棘生焉；大军之后，必有凶年。

【王弼注】言师凶害之物也。无有所济，必有所伤。贼害人民，残荒田亩，故曰荆棘生焉。

"大军之后，必有凶年"，为什么"大军之后，必有凶年"？《孟子·梁惠王下》云："凶年饥岁，君之民老弱转乎沟壑，壮者散而之四方者几千人矣！""凶年"，就是五谷不丰收、歉收的年。大战之后，男人都被杀光了，没有人耕种，故成凶年。日本在第二次世界大战之后，就曾吃过这个亏。

日本人吃苦的精神值得一提。日本多山，种地必须将山上的土背下来，山下的土背上去，其中甘苦，不言而喻。日本人尊二宫尊德为农神。二宫尊德因为对农业有贡献，所以被尊为农神。

一个国家要强，必得捧许多平凡的人，才能强大。反之，一个国家就由几个人当伟人，这个国家必定完蛋。因为，这样一来，大家都不奋斗了。大家奋斗的目的，就为出人头地，如果不能出人头地，那又何必拼命？所以越能表扬下面人的国家越会强，越是不会表扬基层，光知集名于一身的国家，那非坏不可。

再举个例子，是日本第一个到美国研究细菌学的野口英士，日本奉之为医圣。事亲至孝，自国外回来，第一先看母亲，第二才晋见天皇，把一切荣耀归于母亲。

反观我们这个时代，几个人敢把母亲领到人前面去的？要知道一个人出身的高低，并不影响一个人的伟大。《论语·雍也》子谓仲弓曰："犁牛之子骍且角，虽欲勿用，山川其舍诸？"这些地方，也就是孔子思想所以伟大之处。像我们两千年后的今天，论及一人，还要品评人家的父母，可以说是人最丑的一面，其去孔子思想远矣！

中国人传统的观念：祖宗无德，绝没有飞黄腾达的儿子；既是有德，那就不在乎职业高低。所以越是荣华富贵，越要显父母，哪怕是农人出身，或做什么出身，那都不管，因为那样子，才显出他的高。一个人要是官居一品，那他府上，必要有好几代的阴功鬐。既然如此，那还在乎丑不丑吗？俗话说"儿不嫌母丑"，要是儿嫌母丑，那么这时代的人性就没了。

清朝历史上，张廷玉母甚丑，老太后赐宴其母，张氏怕惊驾，以干妈代之。老太后一看，以为状元之母，不应若是，一见即道破。

再如李瀚章、李鸿章之母，脚甚大。其时观念，选媳妇，脚必周正。某次上朝见驾，因当时以为同朝之母亲，即大家之母亲，于是公以下官员都去接。李瀚章、李鸿章兄弟二人，亲把轿杆，侍候母亲下轿。老夫人一落轿，露出大脚，李鸿章请老太太稍微掩一掩，老太太斥之说："俺脚大养中堂。"盖李氏兄弟一母同胞皆至中堂。

所以，天下无不是的父母。同学上街，也不要和父母距离一米以上（**不是真的一米，指距离太远**）。总之，今日社会道德沦落，完全矫揉造作。

一个国家要强，必定要以平民起来做精神领袖；这样，一方面可以使百姓感到有希望，另一方面也可以树立道德规范，使大家知所遵循。

善有果而已，不敢以取强。

【王弼注】果，犹济也。言善用师者，趣以济难而已矣，不以兵力取强于天下也。

【严复批】善，一字为句。

"善有果而已，不敢以取强"，严复批"善，一字为句"，可见严老夫子读得太仔细了。

此句宋龙渊本作"故善者果而已矣"。"善"上多一"故"字。承上为文，意思是善用兵的"果而已"。

若严复说，则有善有不善，其不善者如："师之所处，荆棘生焉；大军之后，必有凶年。"其善者，最好的结果，也不过是"有果而已矣"。"果"者，成果，成就也。因是之故，"不敢以取强。果而勿矜，果而勿伐，果而勿骄，果而不得已，果而勿强。"

"善，有果而已，不敢以取强"，战争不是好事，善，也不过是有果而已，也不过是有点成果，有点成就而已，不敢拿这成果来取强。

果而勿矜，果而勿伐，果而勿骄，

【王弼注】吾不以师道为尚，不得已而用，何矜骄之有也。

"果而勿矜，果而勿伐，果而勿骄"，何以"勿矜""勿伐""勿骄"？因为"果而不得已"。

果而不得已，果而勿强。

【王弼注】言用兵虽趣功果济难，然时故不得已，当复用者，但当以除暴乱，不遂用果以为强也。

为什么"果而不得已"？因为用兵是被迫去用兵，绝不是为夸功而用兵，所以虽有一点成果，也是不得已而为之。

"果而勿强"，就是"功而勿强"。也就是前面所言"不敢以取强"。也就是说，虽然有成就，不以这个成就为"强"。为什么呢？因为"物壮则老"。

王弼注或以为当作"言用兵虽趣功济难，然时故不得已，后用者，但当以除暴乱，不遂用果以为强也"。去"果""当复"，增一"后"字。

物壮则老，是谓不道。不道早已。

【王弼注】壮，武力暴兴，喻以兵强于天下者也。飘风不终朝，骤雨不终日，故暴兴必不道，早已也。

"物壮则老"，无论什么东西，经过壮年以后就要老了。像

第三十章

日壮，日正当中，一过中天之后，没有不到夕阳的时候了。

"是谓不道"，这是不道之事。

"不道早已"，不道的事必早止。因为不道的事，没有传之永久的，中间必有所停，也就是上面所说"为者败之，执者失之"。

夫惟兵者，不祥之器。物或恶之，故有道者不处。君子居则贵左，用兵则贵右。兵者，不祥之器，非君子之器，不得已而用之，恬淡为上。胜而不美，而美之者，是乐杀人。夫乐杀人者，则不可以得志于天下矣。吉事尚左，凶事尚右；偏将军居左，上将军居右，言以丧礼处之。杀人之众，以哀悲泣之；战胜，以丧礼处之。

夫惟兵者，不祥之器。物或恶之，故有道者不处。君子居则贵左，用兵则贵右。

"夫惟兵者，不祥之器"，参见"严复批"。

【严复批】经学家以佳兵"佳"字当作"隹"，而"隹"为"惟"字之简，古文宜如是。

旧注多释"佳"为"佳",当美字讲。老师以为未若严氏之批好。

"夫惟兵者,不祥之器",非指当兵之人,乃指兵器言。先秦之书,"兵"字都指兵器。"夫惟兵者,不祥之器",战争所用之器具,是不祥之器。

"物或恶之,故有道者不处",既然在这些事物之中,兵器都是人不喜欢的,所以有道者不处兵器。

"君子居则贵左",君子平居的时候,以左为贵,以左为重。

兵者,不祥之器,非君子之器,不得已而用之,恬淡为上。

"兵者,不祥之器,非君子之器","兵",仍指兵器。兵器是"不祥之器",不是君子所用之器。

"不得已而用之,恬淡为上",在不得已的时候,我们用兵器了,也要以"恬淡为上",千万不要热衷。用现在的话说,不要天天喊口号。天天喊,就是恬淡的反面。

胜而不美,而美之者,是乐杀人。夫乐杀人者,则不可以得志于天下矣。

"胜而不美",因为什么"恬淡为上"呢?因为"胜而不美",虽然胜了,也不是好事。为什么"胜而不美"?因为胜败不过是一个名词。如同第二次世界大战结束之后,战胜国与战败国,一样伤亡,一样穷,一样垮得一塌糊涂。所以虽然是胜,并不是一件好事,其损失一也。

"而美之者,是乐杀人",要是以这个为美的,就是喜欢杀人。

"夫乐杀人者，则不可以得志于天下矣"，喜欢杀人的人，就不可以行其志于天下。这正和《孟子·梁惠王上》"天下恶乎定？""定于一。""孰能一之？""不嗜杀人者能一之"之义相发挥。"不嗜杀人者能一之"，就是得行其志于天下。了悟了这些，我们翻开历史看看，可以说有人类以来就有战争，但是战争没有解决过一次问题。每次战争所以停下来，就因为打得不能再打了，不得不停。可是，停下来，就准备下次再打。结果兵连祸结，永远完不了。因此，或许将来真到了"人人皆有士君子之行"的时候，战争可能会少。

因为一般野心家支配的只有两种人：一种是热衷名利的人，一种是愚民。热衷名利的人，唯名利是视，不分善恶，就帮人忙，也就是我们所说的"助纣为虐""助人为恶"的人。因此我们常说，一个人最重要的就是不"助人为恶"。至于愚民，就像猴子一样，给他朝三暮四，他不愿意，给他朝四暮三他又愿意了，所以就受野心家摆布利用。等到真的"人人皆有士君子之行"，这两种人都没了，那战争也就没了。归根结底，教育很重要，如果真教明白了，那这些愚妄之行也就没了。世界上就怕愚，若不愚，那一切都好了。所以孔子有四字法宝："有教无类"。能"有教无类"，就可以治一切愚妄之行。

吉事尚左，凶事尚右；偏将军居左，上将军居右，言以丧礼处之。杀人之众，以哀悲泣之；战胜，以丧礼处之。

"吉事尚左，凶事尚右"，吉事以左为尚，凶事以右为尚。

"偏将军居左，上将军居右，言以丧礼处之"，宋龙渊本

"居"做"处"。上将军主宰战场，支配一切，一切战争杀人之事，皆出其令，所以居右，盖"以丧礼处之"。

"杀人之众，以哀悲泣之"，"杀人之众"，宋龙渊本作"杀人众多"。"杀人之众"，应"以哀悲泣之"。

"战胜，以丧礼处之"，虽是战胜了，得"以丧礼处之"。第二次世界大战结束，能"以丧礼处之"，恐不致有今天。

毓老师金句

书有古今，智慧没有古今。用古人的智慧，启发我们的智慧。会天下士，宣至圣言。

第三十二章

道常无名，朴虽小，天下莫能臣也。侯王若能守之，万物将自宾。天地相合以降甘露，民莫之令而自均。始制有名，名亦既有，夫亦将知止，知止可以不殆。譬道之在天下，犹川谷之于江海。

道常无名，朴虽小，天下莫能臣也。侯王若能守之，万物将自宾。

【王弼注】道，无形不系，常不可名。以无名为常，故曰"道常无名"也。朴之为物，以无为心也，亦无名。故将得道，莫若守朴。夫智者可以能臣也，勇者可以武使也，巧者可以事役也，力者可以重任也。朴之为物，愦然不偏，近于无有，故曰"莫能臣"也。抱朴无为，不以物累其真，不以欲害其神，则物自宾而道自得也。

"道常无名，朴虽小，天下莫能臣也"，道是无名的，这个"朴"虽小，天下没有人能够臣服它，没有人能够控制它。然而究竟什么是"朴"？什么是"道"？两者之间的关系又是怎样？其他的注解，说"道"就是"朴"，"朴"就是"道"；或者说"朴"的层次比"道"低。这些说法都不甚好，都不如宋龙渊的注讲得清楚，同学可以参见。我们用简单的比喻说明，道家的"道"，就像儒家说的"命"；道家说的"朴"，就像儒家说的"志"。"匹夫不可夺志也"，"志"并不很大，可是就是一个匹夫，天下不能夺他的志。何以不能夺其志？因为匹夫存其志，存其志则旁人不能夺之。

所以一个人没有主见，东风来随东风，西风来随西风，就因为他没有志，有志的话，志虽小，"天下莫能臣"焉。在历史上，我们可以看到许多古怪人，谁也斗不过他们，原因就在于"斗志"。

所以儒家又说"士尚志"，"士"，不是读书人，而是国家最起码的公务员，即所谓士大夫阶级。一个有"士"地位的人，就得以"志"为尚，尚"志"之后，谁都不能夺其志。一个为国服务的人，他能尚志，能心有所主，绝不会做汉奸，绝不会卖国，绝不会做对不起国家民族的事。反过来说，为什么会做出对不起国家的事？因为他忘掉了国家民族，因为他忘掉了祖宗，就因为心中没有志，一切以欲为尚。以欲为尚的人，他中国书不能说没读，外国书也没少读，但祸国又殃民，啥都干，最后招罪，啥也跑不了。

所以儒家要求"士尚志"。士都尚志了，那士以上的大夫更不必说，这样一来，国家民族岂能不复兴？

所以朴就是那个纯真而没有分散的东西，它包含万有，大，大到无外；小，小到无内。"朴虽小"的"小"，不是指大小，而是指那个几、微而言。任何东西没法测验它。小，没有内；大，一切都包含在内。因此，"天下莫能臣也"，天下没有人能控制他。

【宋龙渊注】生天生地，生人生物，为造化之根宗，故曰道。不变不迁，不坏不灭，有一定之理，故曰常。至神至妙，莫可名状，故曰无名。阴阳未判，全体未破，谓之朴。譬如树之有根，未发萌芽，形质不见，具无极之本体，有浑全之妙理。切思道之实际，本无名象，本无朕兆，不变不易，能常且久。莫可见闻，莫可名状。虽然不可名状，无而不无之真无。索存涵妙，有而不有之实理，浑然全具。是以谓之道，是以谓之常，是以谓之无名，是以谓之朴。谓之常者，大道悠久之妙也。谓之无名者，大道微妙之机也。谓之朴者，大道浑全之理也。朴之义，即是混沌无名之朴也。具万物生成之理，藏天地造化之妙。虽以小名，至微至妙，众妙之门，实未尝小也。天地万物，皆从此无名之朴而生化。可知大无外，小无内，尊无上，贵无极，谁敢以臣字之名，称无名之朴乎。故曰"道常无名，朴虽小，天下不敢臣"，盖是此义。学道之人，若能以父母未生之前，五行不到之处观妙，则我之真我，顿超于物表，游心于无名。朴之为朴，自可见矣。

"侯王若能守之，万物将自宾"，严复在第三十七章批中曾提到："老子言作用辄称侯王，故知《道德经》是言治之书。"

所以，老子说了那么多东西，都不是讲玄尚空的，我们读前人书，也该从这些地方去悟。

"侯王若能守之"的"之"，就是前面所指的"朴"。物包含事。无论是侯，无论是王，要是能守住朴，守住心，不失自己的性，不失自己的真，那天下所有的事，不必用什么术，都将自然而然地宾服，而且像"川谷之于江海"那样地宾服。

于此大家或许又会疑惑：前面说"道"就是"命"，"朴"就是"志"，这边又说成"性"、说成"心"了呢？实则这几样东西，在天曰命，在人曰性，在身曰心，心之所主谓之志，都是指一个东西说的，就因为所处之位不同，乃有不同的名称。或谓人之心有善恶，人之性又有善恶，则与此所言又有不同。然此处所言命、性、心，乃指属于本性，属于天命者言。属于本性的，属于天命的，都是圣洁的。等情之用事的，情心、情之欲那又有所不同。

王弼注"故将得道，莫若守朴"，此处"将"字重要。自此以下至"力者可以重任也"，你们善用其道，就懂得耍（用）人之方。

"夫智者可以能臣也"，如果你是智者，人家想用你，就给你戴高帽，说你能，你就受人家支配了。尤其年轻人，谁给带个高帽，连祖宗都忘了（老师意有所指）。别说你们了，连我现在，都慨叹年轻时，被人利用。我不知你们有没有慨叹过？我今天老到这个程度，有时躺在床上，想当年，还慨叹年轻时，被人利用了。说句自豪的话，我绝不比你们傻，都被利用了……你们？唉……

要知道，一个人被利用之后，如同马烙了印，流氓刺了青，永远洗不掉，永远不能翻身。所以人要多读书，培养智慧，再加上年龄大了，年龄与智慧并进，等真明白了，去做，回头看就错不了。所以，真有智慧的，像庖丁解牛，游刃无间，达到目的，全真保性。做事绝不可以不看环境，不知左右，硬闯，硬碰硬，结果龙门点额回，都没用了。最后卖身的时候，只额上有个红点搁着，比一般鲤鱼贵一点而已。

所以，当人家说："老夫子！硕果仅存哪！""非你不可！"别人马上就跳起来："既然硕果仅存，来请，那还能不去吗？"老师可不如此，胡子一捋，笑笑。要知道既是"硕果仅存""非你不可"，那更得好好养养，那才有厚望焉；要是一去，可能不值钱了。同学真明白这些，再被人"使"的时候，就免得被人利用；反过来如能善用，也知道如何用人。

"勇者可以武使也"，对勇者，想用他，就说"我感觉非你不可"，"非你挂帅不可"。给他戴高帽，硬往上挤。

"巧者可以事役也"，你巧，人家想用你，就说"能者多劳"。

"力者可以重任也"，你有力气就要你担重任。

此段所言就是耍人之术。从正面看，不要别人巧用我们；反过来，只要悟得通，我们也可以巧用别人。天下人不会都读过《老子》，我们读过《老子》，就要胜过没读过《老子》的，就要懂得"夫智者可以能臣也，勇者可以武使也，巧者可以事役也，力者可以重任也"。

所以读《老子》，不仅原书不可轻忽，所有注也不可轻忽，任何东西传上几千年，中间不知经过多少才智之士的裁判，如果还能站得住脚，就不能轻视。这代年轻人就是太轻忽别人，所以自己得的就特别地少。

"朴之为物，愦然不偏，近于无有，故曰'莫能臣'也"，这句不是不重要，但不及下句重要。"抱朴无为，不以物累其真，不以欲害其神，则物自宾而道自得也"，人不可以叫物累了我们的真，不可以叫欲害了我们的神。如果一个人两眼无光，精神不饱满，绝不是读书累的。要真是因为读书累的，那不是把孔子气死了吗？《论语·公冶长》不是说"子曰：'十室之邑，必有忠信如丘者焉，不如丘之好学也。'"所以两眼无神，精神不饱满，不是物累心，就是欲累心。人生在世要想有伟大的事业，必得有健康的身体，这得从年轻时修养，到老了才有本钱。因为事业的成功，必定是在老年，所以我们从年轻就得修"不以物累其真，不以欲害其神"的治己功夫。否则，到真要用的时候，可能就没本钱了。

俗话说"留得青山在，不怕没柴烧"，"留得青山"必自年轻时修。同学或者不以为然，说"那像王弼及那些青年才俊，不是年纪轻轻就出息了吗？何必还要等到老的时候呢？"但是，王弼注《易》《老》，虽有智慧，总不健全，如果年纪再大些，思想再成熟些，注完了《易经》，那成就可能更大些，更丰硕些。至于那帮青年才俊，无非是给人当猴子耍。静下心看看，有几人真能当家做主？所以从年轻就要修自己，不要"以物累其真，以欲害其神"。比较起来"不以物累其真"，还容易些；要"不以欲害其神"，可说是难中之难。同学当深玩、深悟、深戒之。

天地相合以降甘露，民莫之令而自均。

【王弼注】言天地相合，则甘露不求而自降；我守其真性无为，则民不令而自均也。

"天地相合以降甘露"，"天地"，就是阴阳。"天地相合"就是《易经·系辞传》说的"阴阳合德而刚柔有体"。阴阳和合之后，于是"以降甘露"。甘者，美也。"甘露"，就是及时之雨。当大家"若大旱之望云霓"的时候，"油然作云，沛然下雨"（《孟子·梁惠王上》），那恰到好处的雨，就是及时雨。人如果有此和合之德，则"民莫之令而自均"，老百姓不必告诉他们怎样做，他就"自均"。

我们可以举个例子说明。像我们同学，自己有棱有角，也想使别人和我们一样干净，一下看这不对，一下看那不顺眼，这样一来无法和合，那就只能教书。所以，有同学说这说那，然后问老师怎样，我说："就像你？就会教书！"

有和合之德就不一样，我不是说商人好，像商人在买卖的一刹那，一定"和合"。只要你买他的东西，哪怕他恨你，你是他的仇人，在买东西的一刹那，他绝对把你当人，其他的，买卖过了再说。因为"买卖分厘吃饱饭"，只要来了，决不叫你走。顾到一分一厘，他也会有一刹那的"和合"。这一刹那的"和合"，很重要；这一"和合"，他就达到他的目的。

所以我们做人要像铜钱一样，"内方外圆"，这样才可以达到"和而不流"的境界。因为外圆，所以能和；因为内方，所以心有所主，所以不流。

如果不能这样，棱角毕露，那只有孤高自赏，既是自赏，那就遑论"自均"之道、"自均"之能。

"民莫之令而自均"，但我们何以"自均"呢？简单地说就是法天。如何法天呢？我们讲《孟子》的时候说过："智必识时，行若时雨。"前一句话说，一个识时的人就是智者。俗话说"识时务者为俊杰",因此要想做事必先识时务,先认清什么是"当务之谓急"(孟子"当务之为急",老师易"为"为"谓","之谓"当"就是"解,义更深)。"务"者,专心致志也。人如果知道,什么时候应当专心致志什么事情,一辈子不失败。所以会失败,就是不知道什么是当务之急,不知当务之急,急其不急,本末倒置,那当然非失败不可。明白这个之后,我们再看"行若时雨"。时雨之行是什么呢?简单地说,就是我们的行为,我们的德,使人感觉舒服。为政的人只要行为够得上格,真对老百姓好,老百姓自然感激,就像天一样,"天何言哉"?反过来,行为没到那,纵使说得天花乱坠,老百姓笑了,说:"苦的都没尝到,还甜呢!"历史上尚宣传的时代,越宣传,格局越小,没有成功的。

同学了悟这一段,应好好看今天,尤其是中国的今天,是什么时候了?什么是今天的当务之急?什么是今天的时务?什么是今天应当专心致志的事情?今天走到三岔路口上,如何走完,全看大家的智慧。偶一不慎,就像我,白搭一辈子。老师是前车之鉴,白搭一辈子,还皇恩浩荡,更有甚者,生不如死。

不过话说回来,老师现在还有后十年的计划,要懂得自求多福,活着,就要想办法去做。到今年十月教外国学生二十年,中国学生三十年。学生目前最高水平初中校长,小主管。

当年"满洲国"垮了,太师母看外头乱,不放心,怕老师再搞政治。以前人含蓄,没有直接问的,请师母从旁了解。老师没说什么,只写了"长白又一村"五个字,师母转禀太师母,太师母就明白,自己孩子,另有想法,怎么搞不知道,但绝不会再搞政治了。这么一晃三十多年。懂什么是"长白又一村"

吗？教书了，"造谣"生事，不造反生事……

人必想办法活，路子走错，不活也得活。

我就是在分水岭走岔了，那还不是对或错，是走岔了，走岔了也得活下去，但那必得学庖丁解牛，游刃于无间，此路不通走那路，切不可以硬磕，净弄石头碰，以卵击石，否则除了搭上自己别无好处。

同学要以老师为鉴，同学要是走错了，还不能像老师这般活法，因为老师脸皮厚，到哪疯言疯语，人以为老师疯了（无尽感慨）。

始制有名，名亦既有，夫亦将知止，知止可以不殆。

【王弼注】始制，谓朴散始为官长之时也。始制官长，不可不立名分以定尊卑，故始制有名也。过此以往，将争锥刀之末，故曰"名亦既有，夫亦将知止"也。遂任名以号物，则失治之母也，故"知止所以不殆"也。

"始制有名，名亦既有，夫亦将知止，知止可以不殆"，有生于无，由无而始物，那就有名了。土气一点说，在开始时一无所有，可能是牧猪奴，这下开始拼命，于是有了名。名有了以后，"夫亦将知止"，也应该知道将要终止。要是不知止，一定糟糕，必有殆，所以"知止可以不殆"。什么是殆呢？简单地说就是危殆，用白话说就是不妥当，不客气地说就是完蛋。如果知止，就没有危殆，就没有不妥当，不会闹个坏结果。俗话说，树不焦烧，就顶天了。自然景观尚且如此，那何况是人呢？

第三十二章

《大学》言："知止而后有定，定而后能静，静而后能安，安而后能虑，虑而后能得。"《诗》云：'邦畿千里，维民所止。'《诗》云：'缗蛮黄鸟，止于丘隅。'子曰：'于止知其所止，可以人而不如鸟乎？'"（《大学》）一只小鸟还知道止在那个小山窝的角上去，何况人？所以人必要懂得知止，白话来说就是"见好就收"。人能见好就收，不会有大问题，不会出大毛病。翻开近代史看看，有些人要是知止，可能就是今之尧舜，成为惊天动地的人物，可是不知止，一刹那便毁了。更实际一点说，袁项城如果知止，不走洪宪那条路，为中国第一任大总统，成历史人物；不知止，结果洪宪就"红线"了。什么是"红线"？北方人手上划道口子，谓之"起红线"，就用金簪子或银簪子一搓即可压回去，表示不长久之意。然而这些话说来容易，多少聪明人一见到名和利就把持不住，抓着名利就不放。结果到最后，一反过来就坏了。

譬道之在天下，犹川谷之于江海。

【王弼注】川谷之求江与海，非江海召之，不召不求而自归者也。行道于天下者，不令而自均，不求而自得，故曰"犹川谷之与江海"也。

"譬道之在天下，犹川谷之于江海"，大道在天下，就像那川谷之水自然而然地都流入江海，换言之就是皆宾服了。因为江海并没有招请百川，但川谷之水自然而然都归之江海。所以儒家常讲"殊途同归"亦本此而来。此句承上文举例。

同学读这些，细玩味，必有所悟。同学虽说年轻，但也得面对事、做事情。一件事情发生了，不要莽撞，要用智慧，先看事情做得做不得，做有什么利，有什么害？利害都分析好了，如果利大于害，还可以一试，冒冒险。要是害多于利，那就不必浪费了。我们做事总不能只有押宝的精神，像袁项城一样，押一次宝，如果祖宗有德就当皇帝，如果不行，那就千载臭名。但话说回头，真这么想，要做，也行。

 毓老师金句

　　为什么讲学讲到先秦？为什么称夏学？

　　我们为什么讲学讲到先秦？因为夏、商、周三代封建力量衰微，到周末叶，有知识的人受到"压迫"，或看到老百姓受到"压迫"，到这时候大家受不了了，都要晕晕了，每个人陈述己之所见、己之主张，解决问题。这和我们的时代背景相仿。所以我们从最古讲到先秦，看看他们思想上的变化，从思想上的变迁，求其"所以"，启发我们。

　　中国的学问为什么称作"夏学"？因为中国最早称"夏"。《说文》说："夏，中国之人也。"这个夏，不是后来的夏朝，是《尚书·舜典》"蛮夷猾夏"的"夏"。那个时候，大道之行，天下为公。夏，"明而大也"（见《尚书·舜典》蔡沈注。"而"，能也。明能大，中有功夫，"明"的德，就是"生生"，必能"明"、能"容"，才能"大"。详见《毓老师说尚书》），《尔雅》即说："夏，大也。"讲"夏"，指大同世说。讲"夏学"，表明我们讲"大同世之学"，讲民胞物与之学，不是讲"小康世之学"。

"夏学"为什么讲到先秦？因为到先秦，诸子百家争鸣，有的还走"小康"的路子，甚至更紧——像法家（"小康世之学"之一）就盛得不得了。有的感觉"小康"压迫得太厉害，回头又谈"大同世"，谈"夏学"了。我们讲书的程序，讲"夏学"，是往这接下去的。称作"夏学"，即为别于"小康世之学"。讲"夏学"，就是讲"大同世之说"。"小康世之学"，像廿五史。一部廿五史，那是"小康"的陈迹。

扫一扫，进入课程

知人者智，自知者明。胜人者有力，自胜者强。知足者富，强行者有志。不失其所者久，死而不亡者寿。

知人者智，自知者明。

【王弼注】知人者，智而已矣，未若自知者，超智之上也。

"知人者智"，一个知人的人才是智者。但是如果我们不是智者，如何知人呢？我们可以用一个笨方法——"如有所用，必有所试；如有所试，必有所悟"。我们既然没有那么大的天才，对人一看到底，那就先试一试他，一试就明白了；不但明白了，就"悟"了。我不说"明白"了，是"悟"了，"大彻大悟"了。同学必要懂"试"，反过来，哪个人不想用能人？人家一试，你不能，人家就不用你。

然而儒家对知人的人不称之为"智"者，而称之为"明"

者，所谓"浸润之谮，肤受之愬，不行焉，可谓明也已矣"（《论语·颜渊篇》）。

"自知者明"，一个人真正了解自己叫"明"。这可以说是最难的一件事。所以难，难在自知不能之后，无法拉下脸来拒绝别人。

像老师来台，一辈子不写文章（指至授《老子》课时），不挂名不当挂名之处。做系主任，学校负责人请写文章，反问学校负责人："何以找了个不会作文的系主任？"我自己不写文章，也限制同学写（此有未尽之言）。

学校（"中国文化大学"，时称"中国文化学院"）举办华学会议，筹办完，不参加，告诉学校负责人，"没说系主任必参加"。也不许在"勾魂簿"（出席名册）列名。

不要说"不好意思"。不好意思就做？维护自己怎可不好意思？一个人在维护自己的时候，拉不下脸来，那等于和自己拼命，马上就成送命三郎。自然界的小虫子尚有保护色，虫比鸟还小，如果人连自己都不能保护自己，那连虫子都不如。所以人千万不要傻里傻气的，不知道自己所处的地位，要知道"不在其位，不谋其政""识时务者为俊杰"，焉能人而不如"虫"乎？

看王弼注："知人者，智而已矣，未若自知者，超智之上也。"

此注说得极好。一个人能知人虽然是智者，那还算不了什么。如果一个人是自知的人，那就超乎智者之上了。但是这些话说起来容易，当名利地位引诱于前，又有几个人跳得出去呢？不过话又说回来，我们静静地翻开历史，再了不起的名利地位又怎么样？多少人今天当皇帝，第二天就变俘虏了。人必要自知，到该决断的时候，就决定了。当我们是九五之人的时候，大家山呼万岁当然可以；当我们不做了，那怎么样都可以。不要把那些看在眼里，更不要被别人甜言蜜语，说是"你能回天""非你不可"，就灌迷糊了。我们曲解一下《易经》"否之匪人"的意思，想想看既然"否"是天意，不是人的事情，你能回天吗？更何况自己究竟有多少能耐，自己还不知道吗？

像老师当年在某学院教书，有某要人说"听说您老是下任院长（校长）"，我就问他"'行政院长'？不是！学院院长你干吗？"某要人说："我干。"我说："你是武大郎服毒。"老师当年要肯干，当年任"考试院长"的人就当不上。老师啥都做过，"导师"也做过，都不"合格"……人生就如此，老师到哪都玩票，玩玩罢了！

懂吧！"识时"。尤其在今天，你们应该该好好看自己该怎么走，如果有自知之明，莫不如自己攒些小钱。像老师在屋里就赚你们一百五（当时束脩，以物价言极低，缴不起者尚免费），同学不要轻视攒小钱，要知道金子是从沙里一点一滴筛下来的，人的成就也是这样筛来的。

回过头再说"自知"。"自知"的范围特别广，人如果知道自己将来要做什么，再看看自己缺什么，知道缺什么了，就好好充实之。譬如说自己将来要掏煤，那就要锻炼身体；自己将来要做科学家，那就要好好研究科学；自己将来要当翻译，那就要好好学外文；自己缺德，就添德；缺学，就努力去学。千万不要糊里糊涂，自己不知道自己缺什么，张口就说"这个社会净是人事关系"。其实用人的人没有不需要人才的，假如他需要什么，我们就会什么，人家必定找我们；反过来，假如人家需要什么，我们不会，其他的东西又和别人差不多，那人家当然用有关系的人。懂了没？人家要会"黑斑牙"文的，就你会，人家就请你。如果人家会写个"一"，你也会写个"一"，当然找他小舅子；如果人家会写个"一"，你会多写个"二"，那就有希望。不必骂这骂那，这个社会最公平，就因为你和他小舅子会的一样，当然他找小舅子。如果你超过他小舅子，任何人都用人才。

疯言疯语，懂没懂？老师别的没有，到哪都摆弄几个人，社会就是"需要""有用"，他"需要"，你"有用"。

所以说得土气点，人必要"自知""自量"。倘若我们一次吃八碗饭，可是只有赚两碗饭的能力，那我们只有挨点饿，否则一定赔本。像老师，现在一餐就两个馒头，能搬两个石狮子；同学六个煎包，两碗豆浆，肩不能挑，手不能提，用你，哪能不赔本？

胜人者有力，自胜者强。

【王弼注】胜人者，有力而已矣，未若自胜者，无物以损其力。用其智于人，未若用其智于己也；用其力于人，未若用其力于己也。明用于己，则物无避焉；力用于己，则物无改焉。

王弼注后面两句要细玩味。

"胜人者有力，自胜者强"，譬如清朝僧格林沁，一餐能吃半只猪，力能举王爷府前的石狮子，既是王爷，又领兵，可是脾气很坏，缺少自胜的功夫，结果叫人把头给割了。假设他要温顺一点，听听别人的意见，不刚愎自用，可能就不会有那样的结果。由于他的结果和关公一样，于是以后的人就说他是关公转世。

知足者富，强行者有志。

【王弼注】知足自不失，故富也。勤能行之，其志必获，故曰"强行者有志"矣。

"知足者富"，这个"富"并不是有钱，而是"知足常乐"。当年老师心里不痛快，偶尔发发牢骚，溥二爷（溥儒）劝我，说我写几个字给你，就写"知足常乐，能忍自安"。

"勤能行之，其志必获，故曰'强行者有志'矣"，"勤能行之"，能够勤勉去作，这几个字特别重要。"其志必获"，自己的志向一定达到。"故曰'强行者有志'矣"，所以说勉强自己行为去做的人是有志向的。反过来说，没有志，就不能勉强自己。

像我们给自己订日课表、起居表，可是往往一年数变，天天给自己开路子，老是自己原谅自己，说："没关系，明天再说，明天早起来半个钟点，今天多睡点没关系。"天天自己这没关系、那没关系，算了一辈子账，最后自己算不清楚了。所以说"强行者有志"。

"强行者有志"，在儒家来说就是"勉强而行之"，"困而学之"。"士尚志"，一个士能"强行"，因为有"志"，所以一个士最重要的是有"志"。从这些地方来看，不论儒、道哪一家，都是相通的，都是以此为重，以此为本。

不失其所者久，死而不亡者寿。

【王弼注】以明自察，量力而行，不失其所，必获久长矣。虽死而以为生之，道不亡乃得全其寿。身没而道犹存，况身存而道不卒乎？

"以明自察，量力而行"，这里需要注意的是"以明自察"，不要以明察人，天天说这个不对，那个不对，人家对不对与我们没关系，最重要的是我们自己不要不对，所以要"以明自察"，"自察"之后要"量力而行"，不做过力的事情。

"不失其所，必获久长矣"，不失自己之所，也就是"不在其位，不谋其政"，"素其位而行，不务其外"。换言之，人必在其位谋其政，务己之所志；自己是干什么的，就拼命研究什么，这样子才能"必获久长矣"。

前面说了许多自修的功夫，但是我们为什么那么辛苦，那样拼命地修炼自己？因为"死而不亡者寿"。人，都有生死，但是当短短数十年有限的生命，倏忽而过之后，却有些不随着时间消逝而亡的东西存在。那就是人的"行"。一个人的生命有限，但是他的善行、恶行，都会长留人间。就近现代史来说，孙中山、袁项城都是"死而不亡"，都是"寿"；远一点说，印度甘地，也是"死而不亡"，也是"寿"。差别在于，有的是"臭寿"罢了。

儒家讲"仁者寿"，不是说仁者长寿，而是说仁者与天地同寿。像颜回，孔子称赞他，"其心三月不违仁，其余则日月至焉而已矣"，结果那么年轻就死，仁者一定长寿不就被否定了吗？所以"仁者寿"，不是说仁者长寿，而是说仁者与天地同寿；其所以能与天地同寿，因为他的善行，"死而不亡"。

然而人想要有善行，总是施舍得多，绝不是自私，绝对不是谋自己有什么好处。施得越多，善行就越彰显，这样的人为自己打算得特别少，可以说完全忘了自己。

所以，我们经过前面自修的功夫后，完全不能为自己打算，必要对别人有好处，这样才能"死而不亡者寿"。套句《约书》（《圣经》）的话"施比受有福"。

毓老师金句

"不随于所适"特别重要。一个人"不随于所适"就是独立。我们做事，老"随于所适"，跑得最好，也不过某某人第二而已。我们常常说"成功于此，失败于此"，就是因为"不随于所适"。

一个人自己独立去做，成功是自己的，失败也是自己的。不论成功、失败，自己都有个型。反之，如果把自己人格学问一切都出卖了，那就连型都没有了；连型都没有了，那就等而下之，毫无足论之处了。孟子说："天下有道，以道殉身；天下无道，以身殉道。未闻以道殉乎人者也。"一个人如果"以道殉人"，那成什么人？那还能独立？还能自己吗？像这种人，连自己都不知道自己是什么玩意，更遑论成就事业、领导大家了。

所以，人贵乎真知，真知则有志，一有志则谁也左右不了我们。《论语·子罕》说："三军可夺帅也，匹夫不可夺志也。"

第三十三章

历代兴亡更迭之际，都有那些"老匹夫"，不要看他"老匹夫"，谁也动不了他。像我们为什么站不住？为什么听人家说话，话还没有听人说完，就尽"是……是……"？就因为不真知。不真知则心无所主；心无所主则"随于所适"。而我们为什么举动练得如此低呢？原因就在，小时候没有严格地训练，没有人管。一个人，起码答话也应等人家讲完了再说。

大道泛兮，其可左右。万物恃之而生而不辞，功成不名有，衣养万物而不为主。常无欲，可名于小；万物归焉而不为主，可名为大。以其终不自为大，故能成其大。

大道泛兮，其可左右。

【王弼注】言道泛滥无所不适，可左右上下周旋而用，则无所不至也。

【严复批】大道，常道也。常道无所不在。左右之名起于观道者之所居，譬如立表，东人谓西，西人谓东，非表之有东西，非道之可左右也。

"大道泛兮，其可左右"，大道的广泛就像淹水一样，用基督教的话来说就是"无所不在""无所不有"，那怎么可以说一定在左、一定在右呢？因为既是无所不在，那它也可能在上下。

万物恃之而生而不辞，功成不名有，衣养万物而不为主。常无欲，可名于小；万物归焉而不为主，可名为大。

【王弼注】万物皆由道而生，既生而不知其所由。故天下常无欲之时，万物各得其所，若道无施于物，故"名于小"矣。万物皆归之以生，而力使不知其所由，此不为小，故复可名于大矣。

【严复批】可辞、可名、可指为主者，皆非大道。大小之名起于比较，起于观者，道之本体无小大也。语小莫破，语大无外，且无方体何有比较？一本既立则万象昭回，所谓吹万不同咸其自己，使自为大，谁复为之小哉？

"万物恃之而生而不辞"，"而"恐"以"之讹。万物是依恃大道而生，但是它也不讲其生之功，因为不讲其功，所以"功成不名有"，功成也不说自己有功。

"衣养万物而不为主"，道能善养万物，使之生生不息，也不做万物的主宰。这就是前面所说的"生而不有，为而不恃"（第二章）。

"常无欲，可名于小"，此处之"小"并非面积大小之小，而是"常无欲以观其妙"之妙也。同学宜前后贯串玩味。

"万物归焉而不为主，可名为大"，因为道有上述之德，这就是有了"万物归焉而不为主"，于是"万物皆归之以生，而力使不知其所由，此不为小，故复可名于大"。这就是常有，常无。

以其终不自为大，故能成其大。

【王弼注】为大于其细，图难于其易。

"以其终不自为大，故能成其大"，此处不要讲空了，我们人的行为就是如此，如果我们脚踏实地去做，"终不自为大"，就能"成其大"。王弼注"为大于其细，图难于其易"，说我们想要成就大事业，得从细小处入手，图其难成之业，得从易处入手。这正与儒家"行远必自迩，登高必自卑"之义相发挥。所以我常责备同学"小事做不好""大而化之"，同学或者以为老师"小气"。不是小气！做事，小事都做不好，大事能成吗？现在做买卖，为什么老倒闭？就因为老跑江湖，摆空架子，一开始就想叫天下人都知道。你谁呀？谁管你那么多事？你又不是卖豆浆的，卖豆浆，喝的人天天必得喝，不在，还可以知道。否则有你、没你，那算事吗？

拿黉舍讲学来说，刚开始只有一位同学，后来三个人，到如今上千人。由一人到上千人，这就是三十年的功夫。三十年前，老师走了，穿白的就三个人，就三个学生在这儿哭，那就完了。现在，那可热闹了，尤其在台湾地区，那更热闹。因此人生最重要的就是我们的寿命，最宝贵的就是时间。一个人做事业，一开始就知道他会不会成功；"行远必自迩，登高必自卑"，要一步一步来。

做事不要有太盛的好名心，任何事情一上来先摆个空架子，其实谁也骗不了谁，钱在人家荷包里，哪那么容易骗。再笨的人顶多吃一次亏，骗来骗去不过自欺而已。明白了这些，不要光是会讲会说，必要一步一步去做，千万不要到行的时候就忘了。

第三十四章

扫一扫，进入课程

执大象，天下往；往而不害，安平太。乐与饵，过客止。道之出口，淡乎其无味，视之不足见，听之不足闻，用之不足既。

执大象，天下往；往而不害，安平太。

【王弼注】大象，天象之母也。不寒不温不凉，故能包统万物，无所犯伤，主若执之，则天下往也。无形无识，不偏不彰，故万物得往而不害妨也。

【严复批】安，自繇。平，平等也。太，合群也。

【宋龙渊注】大象即道也。既然道无形象，文中言"大象"者何也？无极之本体，不可谓之无。太极之妙用，不可谓之有。不有不无，非空非色，物物全彰，头头显妙，是谓无象之象。是以谓之"大象"。人能执持大象之理，修之于身，齐之于家，治之于国，平之于天下。无一事不调理，无一物不纯粹。心如空中之楼阁，四通八达，无往而非大象之圆机也。随时顺理，动静合宜，无入而非大象之妙。则天下归往于大象者众矣。天下既已归往于大象，所谓害之者，未之有也。不害者，如不劳民、不失政、不聚敛、不黩武，皆是"往而不害"之义。既已往而不害，家国天下。自然安平泰，共乐雍熙之盛世也。是故执之于身，则身可安；执之于国，则国可泰；执之于天下，则天下可平矣。无所不安，无所不平，无所不泰者，皆是执大象，明验之妙处也。故曰"执大象，天下往；往而不害，安平泰"。

"执大象，天下往"，"大象"就是"天象之母"，也就是《老子》第四章说的"吾不知谁之子，象帝之先"那个东西。它"不寒不温不凉，故能包统万物，无所犯伤"，"主若执之，则天下往也"。注意！"若执之"，不能"执之"。

"往而不害，安平太"，因为什么"天下往"？因为"往而不害"，所以大家都来了。

此处严批，值得玩味。然而我们以为"安"者，康也，即小康世。"平"者，升平世。"太"者，太平世。正合公羊家三世之说。世界上必要"往而不害"才安，能安才能平，能平才能太。此处亦可参见宋龙渊注。

王弼注说"无形无识，不偏不彰，故万物得往而不害妨也"，即《中庸》"万物并育而不相害，道并行而不相悖"之义。

黉舍中讲学，并不是要每一位同学都能传经，而是希望大家能够用事。学应世（事）最低限度，同学应当自己选一本子书，每天看一看，磨上三年，必有所得，遇事就有了主张。如果脑子里半点玩意没有，就靠天生那点智慧，自己一点经验去应付，只有愈弄愈糟，近代史上这帮人即为前车之鉴。读书就像背《汤头歌》一样，背下来之后，胸中多少有一些成方子，遇着事就能以成方子对付，若是书不读，那连草药店都不如，更遑论济世了。

乐与饵，过客止。道之出口，淡乎其无味，视之不足见，听之不足闻，用之不足既。

【王弼注】言道之深大，人闻道之言，乃更不如"乐与饵"，应时感悦人心也。"乐与饵"则能令"过客止"，而道之出言，淡然无味。"视之不足见"，则不足以悦其目；"听之不足闻"，则不足以娱其耳。若无所中然，乃用之不可穷极也。

"乐与饵，过客止"，"乐"，可以做音乐解；也可以读 lè，解为乐于什么。"饵"，最简单地说就是钓鱼的饵。然而同学不要僵化地看成音乐和钓饵。实际上只要我们喜欢听的，喜欢看的，都是"乐与饵"。举个例子来说，科举、高考、普考就是"乐与饵"；经过"乐与饵"的诱惑，就"过客止"——"闻香下马"。什么叫"闻香下马"？在大陆乡下有些小酒馆，门上就是个帘子，外面门上或树上挂着小旗，上面写着"闻香下马"，好此道者，进去歇会儿，点几个小菜，喝点小酒，极有诗意。

话说回来，人生就是"乐与饵"，多少人就因此忙了一辈子。有时候这"乐与饵"还可能是"画饼充饥""望梅止渴"，可是有多少人不为这"画饼充饥""望梅止渴"的东西，而"闻香下马"呢？

"道之出口，淡乎其无味，视之不足见，听之不足闻，用之不足既","既",接近也。这个道说出话来,淡乎其味,看又看不见,听又听不到,想要用它嘛,摸又摸不着。

这个比方,多美!你像我天天给你们讲这话,你们还不是以为老生常谈。道之出言,"淡乎其无味",道讲出来,淡而无味,看又看不到,听又听不到,想要用,还摸不着,抓不到个把柄,看来好像一点用都没有。多美!

《韩非子》有《解老》《喻老》篇

一般而言,法家之学出自道家。在《韩非子》一书中有《解老》《喻老》两篇文章,应可算是解释《老子》的最早篇章。学者陈启天在《韩非子校释》一书《解老篇》中解题说:"解老者,解释老子《道德经》也。经文简约,本篇详释其义。为老子传注之祖。"在《喻老篇》中释题说:"按《解老》以义释老子,《喻老》以事释老子,此其大别;然《解老》中间亦有以事喻者,《喻老》中间亦有以义释者,盖为说明之便耳。"

另外韩非对《老子》还有三则引述:

《六反》老聃有言曰:"知足不辱,知止不殆。"

《难三》老子曰:"以智治国,国之贼也。"其子产之谓矣。

《内储说下》:"其说在老聃之言失鱼也。"

　　将欲歙之，必固张之；将欲弱之，必固强之；将欲废之，必固兴之；将欲夺之，必固与之。**是谓微明。柔弱胜刚强。鱼不可脱于渊，国之利器不可以示人。**

　　将欲歙之，必固张之；将欲弱之，必固强之；将欲废之，必固兴之；将欲夺之，必固与之；是谓微明。

　　【王弼注】将欲除强梁，去暴乱，当以此四者。因物之性，令其自戮，不假刑为大，以除将物也。故曰"微明"也。足其张，令之足，而又求其张，则众所歙也。与其张之不足，而改求其张者，愈益而己反危。

　　"将欲歙之，必固张之"，用最简单的话来说，当我们要用嘴吸进一件东西时，必得先张开嘴巴。此段应特别重视"固"字，固上又加一"必"字，更见其肯定。

"将欲弱之，必固强之"，此处当特别注意，政治上多如此，当年人家就是这么弄的。当他要你的时候，天天说你"天下无敌""设备精良""真神人也"，你自己也愈看愈像，自我陶醉，不看看自己的要角，原来是湖南戏园子把门卖票的，结果一下子就被人打住了，中了别人"欲擒故纵"之计。最后到死，还不知道什么原因。

　　"将欲废之，必固兴之"，此句亦同前面所举的例子，一切都在预谋中，先使敌人骄傲，等他骄傲到没力量的时候就垮了。懂什么是"骄傲到没力量的时候"吗？到那时候，"夺之"，必得"与之"啊！

　　"是谓微明"，此处宋龙渊说："以此观之，其理岂不明乎，其机岂不微乎，故曰'是谓微明'。"解得极好。说这个道理特别"明"，这个道理特别"机微"；也就是理特别明，道特别机微，这叫"微明"。从这个最机微处明白了，则知下手处，则知下功夫处。那么这"微明"，也就是那个机之明，也就是关键之明。我们如知在关键上下个一定分量，时候一到必可制之。此可与"袭明"相参看，这都是最重要的地方，要特别注意。

　　严老先生在下章就批："故知《道德经》是言治之书。"可见老子完全讲治国之道，哪像"外国人"说的，一读《老》《庄》，连裤子都不穿了。

　　柔弱胜刚强。鱼不可脱于渊，国之利器不可以示人。

　　【王弼注】利器，利国之利器也。唯因物之性，不假刑以理物，器不可睹，而物各得其所，则国之利器也。示人者，任刑也。刑以利国则失矣。鱼脱于渊，则必见失矣。利国器而立刑以示人，亦必失也。

【严复批】观兵尚刑皆以利器示人者也。

世上之事如果都以刚克刚，多半两败俱伤，若"以柔克刚"，那指哪打哪。前面所说的"欲擒故纵"，就是以柔克刚之法。我们常说"放长线钓大鱼"，哪怕是抓鲸鱼，它那么猛，那么厉害，跟它硬碰硬，必受伤害。但抓鲸鱼的，扎上鱼枪，就顺着放线，随它去闹，到最后强劲没了，蹦不动了，慢慢往回一收，鱼便拉上来了。收线，必得慢慢收。这就是以"柔弱胜刚强"，治世之道不外乎此。要想擒之，必先纵之，拴上绳，放出去，随他闹，等没力量了，再把他拽回来。人少有不得意忘形的，待他得意忘形，击之，指哪打哪，没有不达目的的。

"鱼不可脱于渊"，此举例，言上面的规矩必须固守，否则就像"鱼脱于渊"一样，非死不可，非失败不可。

同学在这里要细玩味。人在年轻的时候，没有不好强的，往往谁给上个道，就上，光知往前看，不知往左右看，更不晓得回头看，被人要了，都不知道怎么死的。没脑子的人都能要你们，何况有大脑的。

"国之利器，不可以示人"，哪有把国家利器给人家看的？参见严老先生批"观兵尚刑皆以利器示人者也"。极有道理。"观兵"，阅兵也。

看王注："唯因物之性，不假刑以理物，器不可睹，而物各得其所，则国之利器也。"此句应注意。天下万事万物皆有其性，我们办事情，为因事之性以理事，唯因物之性，"不假刑以理物"，不能用方法，用术，假借任何力量、后台、私智来理物。

这样"器不可睹，而物各得其所"。所，利器也。

　　明白这些，则我们训练自己必要严格，应该面对现实，脚踏实地，从根本上锻炼自己的功夫，"不假刑以理物"，不可假借任何外力。

　　像小孩子学数学，应该要他们从一加一等于二、九九乘法表根本上去学，等都学会了，要用事的时候，再用用计算器。绝不可一加一都没学，一上来就啪嗒啪嗒地摁，那将来他们基本的东西什么都不能，更不必谈其他了。

　　必要能独立自主，不可凡事假借外力来处理，如果有一天外力撤了，那就不堪言状。大本必要立得住，要按自己的力量处理自己的事，绝不可把自己给出卖了。

第三十七章

道常无为，而无不为。侯王若能守之，万物将自化。化而欲作，吾将镇之以无名之朴。无名之朴，夫亦将无欲。不欲以静，天下将自定。

道常无为，而无不为。

【王弼注】顺自然也。万物无不由为以治以成之也。

"道常无为"，道，顺自然，无为，"而无不为"。

"万物无不由为以治以成之也"，"治"为"始"之讹。原文当云"无不为，万物由之以始以成之也"。万物各由其物，由无为之道以始、以成。

侯王若能守之，万物将自化。化而欲作，吾将镇之以无名之朴。

【王弼注】"化而欲作"，作欲成也。"吾将镇之以无名之朴"，不为主也。

"侯王若能守之"，这句话承上句而来，万物由"无不为"以成之后，为侯为王者，要是能守住这些观念、这些方法、这些道理，"万物将自化"。换句话说，我们以之治民，民也将"自化"。懂吧？"自化"，不约而来，自然相合。

看王弼注，"作欲成"，"作"就是愿意事成功。可是事情虽然成功了，还得用"无名之朴"、无名之真，把它镇住。什么叫镇住？把它压住。为什么要用"无名之朴"、无名之真，把它镇住呢？因为绝不能超过这个范围。超过了这个范围，就是假的，那就坏了。为什么出此范围就坏了呢？因为"不为主也"，也就是"生而不有，为而不恃"。

无名之朴，夫亦将无欲。

【王弼注】无欲竞也。

"无名之朴，夫亦将无欲"，"无名之朴"，就是无欲，"无欲竞也"。"无名之朴"，也得"将无欲"，这指做事的时候说。有欲相竞，则不定。

不欲以静，天下将自定。

"不欲以静，天下将自定"，人真能无所欲，那就静了，一静则"天下将自定"。这和《大学》"知止而后有定，定而后能静，静而后能安"之理完全一样。所以天下为什么不定？就因为天下都有欲，都竞其欲，一有欲相竞就没法定了。顾今日之局，大家不都相竞之以欲吗?

毓老师金句

　　辜鸿铭说："所谓可与适道者，明理也；可与立者，明理之全体而有以自信也；可与权者，知所以用理也。盖天下事非明理之为难，知所以用理之为难。权之为义，大矣哉！"知理不站起来执行，就是行尸走肉。

扫一扫，进入课程

上德不德，是以有德；下德不失德，是以无德。上德无为而无以为，下德为之而有以为，上仁为之而无以为，上义为之而有以为，上礼为之而莫之应，则攘臂而扔之。故失道而后德，失德而后仁，失仁而后义，失义而后礼。夫礼者，忠信之薄而乱之首。前识者，道之华而愚之始。是以大丈夫处其厚，不居其薄；处其实，不居其华。故去彼取此。

上德不德，是以有德；下德不失德，是以无德。上德无为而无以为，下德为之而有以为。上仁为之而无以为，上义为之而有以为，上礼为之而莫之应，则攘臂而扔之。故失道而后德，失德而后仁，失仁而后义，失义而后礼。夫礼者，忠信之薄而乱之首。前识者，道之华而愚之始。是以大丈夫处其厚，不居其薄；处其实，不居其华。故去彼取此。

【王弼注】德者，得也。常得而无丧，利而无害，故以德为名焉。何以得德？由乎道也。何以尽德？以无为用。以无为用，则莫不载也。故物，无焉，则无物不经；有焉，则不足以免其生。是以天地虽广，以无为心；圣王虽大，以虚为主。故曰以复而视，则天地之心见；至日而思之，则先王之至睹也。故灭其私而无其身，则四海莫不瞻，远近莫不至；殊其己而有其心，则一体不能自全，肌骨不能相容。

是以上德之人，唯道是用，不德其德，无执无用，故能有德而无不为，不求而得，不为而成，故虽有德而无德名也。

下德求而得之，为而成之，则立善以治物，故德名有焉。求而得之，必有失焉；为而成之，必有败焉。善名生，则有不善应焉。故下德为之，而有以为也。无以为者，无所偏为也。凡不能无为而为之者，皆下德也，仁义礼节是也。

将明德之上下，辄举下德以对上德。至于无以为，极下德下之量，上仁是也。足及于无以为，而犹为之焉，为之而无以为，故有为为之患矣。本在无为，母在无名，弃本舍母，而适其子，功虽大焉，必有不济；名虽美焉，伪亦必生。不能不为而成，不兴而治，则乃为之，故有宏普博施仁爱之者，而爱之无所偏私，故"上仁为之而无以为"也。

爱不能兼，则有抑抗正真而义理之者，忿枉佑直，助彼攻此，物事而有以心为矣。故"上义为之而有以为"也。

直不能笃，则有游饰修文礼敬之者，尚好修敬，校责往来，则不对之间忿怒生焉，故"上德为之而莫之应，则攘臂而扔之"。

夫大之极也，其唯道乎！自此已往，岂足尊哉？虽盛业大富而有万物，犹各得其德；虽贵以无为用，不能舍无以为体也，不能舍无以为体，则失其为大矣，所谓失道而后德也。以无为用，德其母，故能己不劳焉而物无不理。下此已往，则失用之母。不能无为，而贵博施；不能博施，而贵正直；不能正直，而贵饰敬。所谓失德而后仁，失仁而后义，失义而后礼也。夫礼也，所始首于忠信不笃，通简不阳，责备于表，机微争制。夫仁义发于内，为之犹伪，况务外饰而可久乎？故夫礼者，忠信之薄而乱之首也。前识者，前人而识也；即下德之伦也。竭其聪明以为前识，役其智力以营庶事，虽德（他本做"得"）其情，奸巧弥密，虽丰其誉，愈丧笃实；劳而事昏，务而治藏，虽竭圣智，而民愈害。舍己任物，则无为而泰。守夫素朴则不顺典制。听彼所获，弃此所守，识道之华而愚之首。故苟得其为功之母，则万物作焉而不辞也，万事存焉而不劳也。用不以形，御不以名，故名仁义可显，礼敬可彰也。

夫载之以大道，镇之以无名，则物无所尚，志无所营，各任其贞，事用其诚，则仁德厚焉，行义正焉，礼敬清焉。弃其所载，舍其所生，用其成形，役其聪明，仁则诚焉，义其竞焉，礼其争焉。故仁德之厚，非用仁之所能也；行义之正，非用义之所成也；礼敬之清，非用礼之所济也。载之以道，统之以母，故显之而无所尚，彰之而无所竞。用夫无名，故名以笃焉；用夫无形，故形以成焉。守母以存其子，崇本以举其末，则刑名俱有而邪不生，大美配天而华不作。故母不可远，本不可失。仁义，母之所生，非可以为母；形器，匠之所成，非可以为匠也。舍其母而用其子，弃其本而适其末；名则有所分，形则有所止；虽极其大，必有不周；虽盛其美，必有患忧。功在为之，岂足处也。

"此篇重要。论人处世之法,用人之道。是章之道,人皆可法,处世为人,用之不竭,今之人孰能知此乎?"

本章以上为《道经》,以下为《德经》。

王弼于本章有长注,特别重要。这注未必是老子的哲学,但是王弼思想的精华,是王弼的哲学。想了解王弼的思想和观念,要好好地细玩味。

"上德不德,是以有德",上德之人,不以世俗为本,即使自己做了很多善行,很多"德"事,可是不自以为有德,不矜、不伐、不夸。因为这样所以才有德,这是"上德不德"的境界,此即前面所说"生而不有,为而不恃"的境界。上德者所以不德,是以道为本。《论语·泰伯》子曰:"泰伯其可谓至德也已矣!三以天下让,民无得而称焉。"即为一例。

"下德不失德,是以无德",下德之人,就是世俗之人。这种人以德为本,以德为念,常常想自己应当做许多好事,好叫别人怀念,做了之后,唯恐天下不知,好像这德会丢了似的,挂在嘴上,写在纸上,天天拼命对外宣传,希望人家说自己有德,结果没等死就"失德"了。所以他虽然不失德,他自己没有丢"德",但就因为这个,所以"无德"。"无德",进一步就是"缺德"。一个人若是缺德之人,那就没法谈了。

例如,历代帝王或权倾一世的人,当他活着的时候,用所有的力量拼命宣传,要人歌功颂德,可是不旋踵之间,一切都垮了，死了之后就更不用说了。这些用儒家的话来说，就是一个人要不矜、不夸，一夸功便无德。

"上德无为而无以为，下德为之而有以为"，那上德为什么有德呢？因为"上德无为而无以为"，上德之人做事情是发之于心的，是无为，无心而为，无目的而为的，应该做就做，不是有目的做的，所以他做的事都是"无以为"的事。至于那些下德之人、世俗之人，专做有以为的事情，他们做的任何一件事都有目的，不是为名，就是为利，所以说他们是"有以为"的。

"上仁为之而无以为"，"上仁为之"，是"无以为"的，此与"上德无为而无以为"之间微有区别，同学当细味之。

"上义为之而有以为"，此与"下德为之而有以为"，同一境界。

"上礼为之而莫之应，则攘臂而扔之"，崇尚礼的人，为了崇尚礼，"为之而莫之应"，虽然做了很多事情，说了很多道道，唱出很多调调，但是没有人遵守他的道道，响应他的调调。历史上的例子很多，同学一玩味，就懂了。这些人虽然三令五申要老百姓做，可是因非出于至诚，是"有以为"的，没人理，"而莫之应"；最后"攘臂而扔之"，把胳臂都扔出来，想尽办法，用尽术，威逼利诱，一定要别人接受，一定叫别人去做，勉强执行。"攘臂而扔之"，照现在话说，就是强制执行。结果，成就之低，也就可想而知。这是"上礼"的。

"故失道而后德，失德而后仁，失仁而后义，失义而后礼"，因为道没有了，就得讲德；缺了德，然后又讲仁；仁没了，就讲义；义没了，就讲礼。到最后："上礼为之而莫之应，则攘臂而扔之。"

"夫礼者，忠信之薄而乱之首"，为什么会低到唱出来没有人响应，然后还勉强叫人去做呢？因为"礼"是"忠信之薄"，"乱事之首"。因为越唱越多，越来越乱，到最后老百姓不知其所守。

此处严复批"此就政教言"，极好。"夫礼者，忠信之薄而乱之首"，是指政教说。因为乱世之制，最好的政治，"善政要民财"（《孟子·尽心上》"善政，得民财；善教，得民心"），法网严密，无法逃税，在这样的政治教育之下，忠信当然越来越少，乱事也将因之而起。

"前识者，道之华而愚之始"，"前识者"，要人"多识前言往行"（《易经·大畜卦·象传》："君子以多识前言往行"），这在儒家认为是最高贵的。但是老氏认为，那些"前识者"，不过是"道"的"华"，"愚民之始"。为什么这么说呢？因为"道之华"不能实际有补于人，那不过是摆布人而已，当然是"愚民之始"。所以熊老夫子斥之为"奴儒"，老师称之为"御用文人"。

严复批"此就学术言"，"前识者，道之华而愚之始"，这是就学术说的。

"是以大丈夫处其厚，不居其薄"，什么是"大丈夫"？《孟子·滕文公下》说："居天下之广居，立天下之正位，行天下之大道；得志与民由之，不得志独行其道；富贵不能淫，贫贱不能移，威武不能屈。此之谓大丈夫。"此说最好。

"是以大丈夫处其厚，不居其薄"，厚就是本，就是道，也就是第三十七章说的"道常无为而无不为，侯王若能守之，万物将自化"的那个东西。"薄"就是礼。大丈夫应处其本，而不守这个礼。

"处其实，不居其华"，"实"就是前面说的"道"，"华"就是"前识"。我们要处实、处道，可是不必去守"前言往行""前识"，不必死抠抠地去守古人所留下的那些个东西。这一下糟糕了，读哪书都没用。

"故去彼取此"，所以我们要去礼之"薄"，去前识之"华"，而取此之"厚"，取此之"实"，取此之道。换句话说，就是以道为本。道，是自然的；前识及礼，都是人为之道，人为之道则远人。用儒家的观点来说，就是要重视大本，大本即是民，顺着民来做事，"民之所好好之，民之所恶恶之"，这就是为政之要。

实际上来说，儒道两家讲为政之要，有很多是相近的，例如道家说为政要顺自然，在完全顺自然里头，也就包含了民之自然。儒家则说"己所不欲，勿施于人"，不把自己不喜欢的事，强加于人，那不是顺自然吗？反过来说，把自己不愿意的事强加于人，就是反自然。所以自然就是本，就是道，就是性，就是天命，就是人之所顺的性，这都是一样的。

【严复批】此章大旨，谓仁义与礼，不足为用，而待道而后用之。此其说与德儒汗德所主正同。汗德谓"一切之善皆可成恶，唯真志无恶"。德者，道散而著于物者也。礼失则刑生焉。

"一切之善皆可成恶"，此说儒家亦赞同，以人事验之，许多善弄得不好就是恶。

"唯真志无恶"，此处当注意"真"字。志者，心之所主。"真志"即我们的良知、良能，良知、良能当然没有恶。若不是真志，则是情知、情能，人之情知、情能当然就有恶了。所以说儒家讲"士尚志"。

"德者，道散而著于物者也"，什么是德？道散了而著于物者也。

"礼失则刑生焉"，礼失掉了，那个刑罚就出来了。

第三十九章

昔之得一者：天得一以清，地得一以宁，神得一以灵，谷得一以盈，万物得一以生，侯王得一以为天下贞。其致之。天无以清将恐裂，地无以宁将恐发，神无以灵将恐歇，谷无以盈将恐竭，万物无以生将恐灭，侯王无以贵高将恐蹶。故贵以贱为本，高以下为基。是以侯王自谓孤、寡、不穀，此非以贱为本邪？非乎？故致数舆无舆。不欲琭琭如玉，珞珞如石。

昔之得一者：

【王弼注】昔，始也。一，数之始而物之极也，各是一物之生，所以为主也。物皆各得此一以成，既成而舍以居成，居成则失其母，故皆裂、发、歇、竭、灭、蹶也。

"昔之得一者"，"昔"就是始。"昔之得一者"，就是始之得一者。

天得一以清，地得一以宁，神得一以灵，谷得一以盈，万物得一以生，侯王得一以为天下贞。其致之。

【王弼注】各以其一，致此清、宁、灵、盈、生、贞。

"天得一以清，地得一以宁，神得一以灵，谷得一以盈，侯王得一以为天下贞"，"侯王得一以为天下贞"，"贞"，他本作"贵"。"地得一以宁"，"宁"，或作"凝"。这是各本不同，并不是错误。天得了一就清，地得了一就宁，神得了一就灵，谷得了一就盈，万物得了一就生。这个"一"可以说就是太极，也可以说就是道，就是自然，就是那纯而无私的东西。谁得了这个东西谁就成就，就能清、宁、灵、盈、生、贞，否则将得其反，将有后面的六种坏处。

"其致之"，"其致之"，宋龙渊本下多"一也"两字。"其致之一也"，那么他们所要努力达到的，就是求得到这个一，就是要达到这个一的境界。

天无以清将恐裂，

【王弼注】用一以致清耳，非用清以清也。守一则清不失，用清则恐裂也。故为功之母，不可舍也。是以皆无用其功，恐丧其本也。

地无以宁将恐发，神无以灵将恐歇，谷无以盈将恐竭，万物无以生将恐灭，侯王无以贵高将恐蹶。故贵以贱为本，高以下为基。是以侯王自谓孤、寡、不穀，此非以贱为本邪？非乎？故致数舆无舆。不欲琭琭如玉，珞珞如石。

【王弼注】清不能为清，盈不能为盈，皆有其母，以存其形。故清不足贵，盈不足多，贵在其母，而母无贵形。贵乃以贱为本，高乃以下为基，故致数舆乃无舆也。玉石琭琭珞珞，体尽于形，故不欲也。

"地无以宁将恐发，神无以灵将恐歇，谷无以盈将恐竭，万物无以生将恐灭，侯王无以贵高将恐蹶"，前面说"得一"就能得"清、宁、灵、盈、生、贞"六种好处，反之则有"裂、发、歇、竭、灭、蹶"六种坏处。不清就得裂，不宁就得发，不灵就得歇，不盈就得竭，不生就得灭，不贵就得蹶。"蹶"者，跌倒。不贵就没有人抬轿子，没人抬轿子就跌倒了。这话说得比较土气，然而同学可意会之。

因此我们要想避免失败，应快快顺着自然，本着良知、良能做事。千万不可一天到晚尽做巧用机关、人自为道的事。一个人如果天天巧用机关，一旦为人识破，便一文钱都不值了，到那时未有不失败的。倘若能顺自然而为之，于前面所说的六种好的结果，至少也得其一。做事如此，做人亦然。人生于世，在社会上站不站得住脚，都不必怨他人。反正如果我们站得住，必得有点长处，不然咎由自取，一切都在乎自己，谁也不能左右我们，谁也不能帮助我们。纵使最好的朋友，在最糟糕的时候，他也爱莫能助。所以一切在乎自己去求，求的不外乎那个"一"。

那个"一"并不神秘，以儒家的话来说，那就是良知，我们能本着良知、良能去做事，绝不会违背自然。然而这说来容易，可是放眼历代帝王，可以说谁也没得这个"一"，所以终不免裂、发、歇、竭、灭、蹶六种害处中的一种。

"故贵以贱为本，高以下为基"，严复批："以贱为本，以下为基，亦民主之说。"严老先生说这是民主，如果我们说，大概有人认为是附会的。

"贱"，指没有地位的人。我们想要贵，必要以没地位的人为本，没地位的人就是民，也就是说以民为本，以民为贵。我们想居高位，必要以下位的为基础。以儒家的话来说，"行远必自迩，登高必自卑""民可载舟，民可覆舟"。因此"贱"和"下"特别重要。以今天来说，哪怕是做了总统，也得下面的老百姓拥护、投票，才能成其贵、高，如果不以之为基础，在下面的不拥护、不投票，也无法成其贵、高。有些人还不怎么样，就把眼睛长在头顶上。《论语·泰伯》说"如有周公之才之美，使骄且吝，其余不足观也已"。这个观念特别重要，可以说是起码的条件。如果连观念都没有，起码的条件都达不到，更不用说前面的"得一"了。"得一"以"清、宁、灵、盈、生、贞"，可以说是修为的功夫。此处所言"以贱为本，以下为基"，则是最重要的根本。

"是以侯王自谓孤、寡、不穀"，另一本作"是以侯王自称孤、寡、不穀"亦可。由于这些关系，"是以侯王自称孤、寡、不穀"。"不穀"，就是不善。"孤、寡、不穀"都不是好的名称，所以以之为称，就是要提醒自己，若不按照上述的观念原则办事，就会真的成为孤家寡人，真的成为《孟子·梁惠王》所说"闻诛一夫纣矣"的独夫。是以帝王自称"孤、寡、不穀"，女子自称"哀家"，都是感于"高而必危"，借此不善之辞，叫自己好好养谦卑之德，免得真有"仓皇辞庙"之哀。

可惜后人不审于此，把"孤、寡"当成了美名，当成了专用名词，说"你们常人不敢如此叫，我就自己叫"，天天在老百姓头上骄傲，搞到最后老百姓不拥戴了，结果真的有仓皇辞庙之哀。

古时亡国的时候，得向祖宗磕头，拜别祖庙，如崇祯自杀前得祭祖，这就是辞庙。亡国之时当然是仓仓皇皇的。仓皇辞庙，同学意会当知警惕。

"此非以贱为本邪"，这不是以贱为本吗？宋龙渊本作："此其以贱为本耶？非乎？""非乎"，不是吗？为一反诘语气，义无不同。

"故致数舆无舆"，"舆"就是车，当我们造车之始，车轴、车毂、车杠……有很多异名，可是当车造好之后，其他的名字都没有了，我们光叫它"车"了。这是说许多东西凑在一起，可能本质就变了，同学应玩味之。

另一本子以"舆"作"誉"。此乃承上文举例，人都喜欢争誉，于是把圣人、贤人的美誉往自己身上贴，誉一多就变质了，多到自己都不相信了，因此就"无誉"了。这像抗战刚胜利，大家都抢誉，各言己功，到最后不知道这功是谁的，也不知道这誉是谁的，没有专誉，结果就"无誉"了。再看孔子，大家抢了几千年，孔子依然是孔子，有其专誉，谁也抢不过他。

明白这些之后，我们就不必天天去塑造自己的誉，塑造多了之后可能就无誉了。这好比车是由很多零件所组成，等车成之后，其他的东西就不见了。因此人生在世不如敞开胸怀，脚踏实地，放手去做，到时候自然实至名归，有其专誉。

"不欲琭琭如玉，珞珞如石"，"玉"，石中之精者。人都不想象琭琭之玉那个形，也不想象"珞珞如石"的那个形，都想要有点表现，都想显出自己，加点花招，换句话说都有"饰"，结果守不住自己的"朴"，一切都完了，还不如琭琭之玉、珞珞之石，尚存其形，尚存其像。

这章有几个要点：一、人必顺自然，本良知良能做事，站住，乃能得六个好结果；二、"行远必自迩，登高必自卑"，"民可载舟，民可覆舟"，不时时提醒自己"贵以贱为本，高以下为基"，必成"独夫"；三、人天天加誉自己，把不住，结果还不如琭琭之玉、珞珞之石，尚存其形和像。

扫一扫，进入课程

反者道之动，弱者道之用。天下万物生于有，有生于无。

反者道之动，弱者道之用。

【王弼注】高以下为基，贵以贱为本，有以无为用，此其反也。动皆知其所无，则物通矣。故曰"反者道之动"也。柔弱同通，不可穷极。

【严复批】不反则无以为长久，不弱则无以必达。

"反者道之动"，最简单地说，如同阳气往上升，升到顶之后，物极必反，返回来，成阴了，阴气下降。这由阳至阴即道之动。

再如《易经》否、泰二卦，为什么天地否（☰☷）呢？因为天是乾，三爻皆阳，阳气上升；地是坤，三爻皆阴，阴气下降。这样一升一降，背道而驰，越跑越远，无法合德，当然也就不通，不通自然就是"否"了。再看泰卦，地天泰（䷊），阴在上而阳在下，阴下降而阳上升，于是乎阴阳合德，刚柔有体，所以就"泰"了。这可说是"反者道之动"的最好证明。

是故，乾、坤并不是截然的两卦，而是一个东西的两面：阴阳面，像我们吃西瓜，上面太阳晒的叫阳面，很甜；下面挨地的叫阴面，不甜。可是不论阴面或阳面，甜或不甜，都是一个瓜，缺少了哪一面都不能成其瓜。因此也说明了万事万物必要阴阳和合，所以阴阳和合，就因为"物极必反"，"反者动之动"，而唯有"道之动"才能有用。

严复批"不反则无以长久"，因为什么呢？因为不反就不能生生不息，不能生生不息就不能长久。又言"不弱则无以必达"，必达者，达目的也。弱者，柔弱，阴弱也。要是不柔，就没有方法达到目的。

"弱者道之用"，"弱"就是指前面所说的阴。因为只有阳，孤阳不生，物极必反，返回来就是阴，有阴才有用，所以"弱者道之用"。这是自大本上来说，人事上亦复如是。一个人太刚，太出风头，没有能成功的。比如说风雨，疾风骤雨不终朝；可是檐前滴水，任何人都不以为意，日久天长，底下的石板，都叫它砸上洞了。我们讲了这么多书，如果同学不能用，绝不能成事。古今中外，为什么那么多人都庸庸碌碌，就因为一张喉咙，叫人都看到底了，那还能成什么事？像你们！人家耍你们，耍到死，你们都不知道怎么死的。人家的事，叫你们知道？开玩笑！

天下万物生于有，有生于无。

【王弼注】天下之物，皆以有为生。有之所始，以无为本。

将欲全有，必反于无也。

"天下万物生于有，有生于无"，为什么说"天下万物生于有"？因为"有名，万物之母"。为什么说"有生于无"？因"无名，天地之始"。天下万物都生于"有"，没有"有"就不能生万物，而那"有"的根却是"无"。因此我们找着那个"无"，就能守住前章"得一"的"一"。

这章特别要注意"反者道之动"一语，为大本所在。世上道理多是一正一反，直线条上去的，没有多大用处，也没有多大成就，必要等阳极而反，成了曲线才有用。因此《中庸》上说"其次致曲"，环境"曲"、对方"曲"，咱们就随着"曲"。《中庸》说"素富贵行乎富贵，素贫贱行乎贫贱，素夷狄行乎夷狄，素患难行乎患难"，《大学》说"无所不用其极"，无论在任何地方，任何环境之中都用我们最高的办法，那么就"无入而不自得"，无论进入什么环境，都达到我们的目的。

老子之言，多于阴面着墨，像这里"反者道之动，弱者道之用"，"反"及"弱"都是阴柔的，于是有人说老子主张用柔、用反。其实，这未必就只老子，我看法家的意思，也差不多。是凡成事的，多半是阴柔的。像元老和烈士，烈士都属于阳刚的，未终而亡。元老多半是阴柔的，炮一响，先"猫起来"，炮过了，出来，收尸，还说某某尸是我收的，说"我虽然没死，可是我有收尸精神"，还是英雄，结果既有名，又有功，还有禄，还有位，还有寿……这种都是阴柔的人。

说这么多，要会用；不会用，没用。自己要悟。

第四十章

315

扫一扫，进入课程

上士闻道，勤而行之；中士闻道，若存若亡；下士闻道，大笑之，不笑不足以为道。故建言有之：明道若昧，进道若退，夷道若纇。上德若谷，大白若辱，广德若不足，建德若偷，质真若渝，大方无隅，大器晚成，大音希声，大象无形。道隐无名。夫唯道，善贷且善成。

上士闻道，勤而行之；

【王弼注】有志也。

"上士闻道，勤而行之"，上士听到道了，"勤而行之"。他不仅是普通程度地去做，他是"勤而行之"，那么样努力去做。因为什么呢？因为"有志也"。王注"有志也"，三字注得多有力量。

中士闻道，若存若亡；下士闻道，大笑之，不笑不足以为道。

"中士闻道，若存若亡"，中士闻道的时候，若有若无，恍恍惚惚的。什么是恍恍惚惚的呢？以现在的话来说就是半信半疑的。例如，同学们听老师一说，底下就想了："还有这事儿吗？扯这个？糊涂蛋吧！"

"下士闻道，大笑之"，像同学这一代，啥都懂似的，有许多人像是生而知之者，问黉舍讲什么？他一听讲道，就笑死了，说："现在还讲道哇？"像今天有个人来，一听我们讲《春秋繁露》，就说："讲什么？《春秋繁露》！有用吗？"愚啊！这正是"不笑不足以为愚"，反过来即"不笑不足以为道"。就因为是道，所以那般自以为是者，自以为大智者，才笑了。如果他们不笑，那就不是道了。

故建言有之：

【王弼注】建犹立也。

"建言有之"，"建"字王弼及宋龙渊都训作"立"，解成立言。由于上面认识，立言的人就说了以下的话。老师则以为是有一本书讲"建言"，甚或"建言"就是书名，因此"建言有之"就是在古书里头有下面这些话。

明道若昧，

【王弼注】光而不耀。

"明道若昧"，明道之人得"若昧"，要糊里糊涂一点，不可看得那么清楚。"昧"的意思懂吗? 注意! 虽然"明道"要"若昧"。王注"光而不耀",一个人有光也不要显出光来,要把光藏起来。

进道若退,

【王弼注】后其身而身先,外其身而身存。

"进道若退",我们进道之人往前进,叫别人看了就像是往后退。这就是《论语·泰伯篇》曾子说的:"以能问于不能,以多问于寡;有若无,实若虚,犯而不校。昔者吾友尝从事于斯矣。"换句话说,达到目的还不叫别人知道,这就是"大智若愚"。反观我们这一代,做什么都雷声大雨点小,还没做,就到处写文章,要别人知道他"在","不在"就不进步。成就? 当然可想而知。

懂了吗? "进道若退""大智若愚"这是道家的话;从儒家讲,就是"以能问于不能,以多问于寡;有若无,实若虚,犯而不校。昔者吾友尝从事于斯矣"。知道那是谁吗? 颜渊。我看颜回像是老子的弟子,大概孔子问礼于老子,他在旁边偷着听,叫他偷去了。

王注"后其身而身先,外其身而身存",这是做元老的原则。于右老讲这两句,一定讲得最好,一生出生入死,不但留下来,还养得那么好。这就是修养。

夷道若颣。

【王弼注】后其身而身先,外其身而身存。颣,坳也。大夷之道,因物之性,不执平以割物,其平不见,乃更反若颣坳也。

"夷道若纇"，"纇"，宋龙渊的本子写成"类"，就当同类讲。王弼注虽用"纇"字，但也解成同类的意思。"夷道若纇"，若说成我们平这个道就像和别人一类，那大家都在类中，那绝不能"出乎其类，拔乎其萃"。所以我们认为"夷道若纇"的"纇"，应该是丝线打结了，引申开来也就是不平、不光滑的意思。"夷"者，平也。我们这"道"本来是平的，得叫它鼓得像"疙瘩溜秋"（满族俗语，意为不光滑，有结节，大圆包），像打结一样，叫它不平。这才是"夷道若纇"的精义。

上德若谷，

【王弼注】不德其德，无所怀也。

"上德若谷"，为什么"上德若谷"？因为"不德其德，无所怀也"。既然"无所怀"，根本成了空的，那还不"若谷"吗？所以我们常说"虚怀若谷"。以儒家的观点来说，也就是《论语·泰伯篇》说的"以能问于不能，以多问于寡；有若无，实若虚，犯而不校。昔者吾友尝从事于斯矣"。试想一个人如果能"以能问于不能"，那"能"和"不能"的不都"能"了吗？一个人如果能"以多问于寡"，那"多"的和"寡"的不都成了他的吗？等这都有了，还"有若无，实若虚"，不骄不矜，若无所能。这种程度就是"上德若谷"。换言之，德越高的人越谦虚，所以才能"容"。

大白若辱，

【王弼注】知其白，守其黑，大白然后乃得。

"知其白，守其黑，大白然后乃得"，老子讲物极必反。白了必要变黑，黑了必要变白，我们既然知道白的必要变，那我们就不要站在白的这一边，永远跟不上还是其次，偶一不慎还"后夫凶"。懂"后夫凶"吗？人家先来，"元帅"！你来晚了，官都分完了，既然你小子来了，"伙房"！伙房，还是好的，还有的吃；有时元帅还得跟你说好的，懂吗？他要你弄点夜宵。有的"后夫凶"，就真的"凶"了。不要光听老师疯言疯语，疯言疯语要去悟。

既然白的时候，不能在白的这边站着，免得赶不上行市，落伍了，那怎么办呢？那就先跑一步，到那边去守黑。等到这边由白变黑了，那我们马上就变成先锋、元老、第一人。举个简单的例子，比方说卖香蕉，香蕉刚收成一块钱一斤，我们知道三个月后必定涨到一块五一斤，那我们就不要忙，等到一块五再卖。人生就是"相反相成"，好了必坏，坏了必好，不明乎此，永远最后一人。

人光明白这，还不够，还要"大白若辱"。我们守了半天，得到了"大白"的环境，可不要马上就高兴，还得守住，"若辱"，还得忍着些。譬如说我们知道必定授予谋职位了，先谦虚点说"不可以""那怎么行呢"……可能真就成了。如果一听可以升为某高职位，一骄傲，马上就完了。得忍一下，"若辱"，"大白然后乃得"。

广德若不足，

【王弼注】广德不盈，廓然无形，不可满也。

"广德若不足"，等我们"广德"的时候，永远像是感觉不够一样。因为什么这样说？因为《论语·雍也》说"博施济众""尧舜其犹病诸"。"博施济众"就是"广德"，可是这种境界连尧、舜都没法完全达到，都还有毛病，所以说"若不足"。

建德若偷，

【王弼注】偷，匹也。建德者，因物自然，不立不施，故若偷匹。

"建德若偷"，"建德"就是立德。当我们"广德"的时候，总觉得自己不够。要是"立德"的时候，则要拉着别人和我们一起跑，一起成就，如果单是自己跑到前面去，那就不成了。以儒家观点来说，就是"尽己之性"而后"尽人之性"，"尽人之性"而后"尽物之性"，然后才可"与天地参矣"，才能"人人皆有士君子之行"。如果光是自己能，别人都不能，则无法达到这个境界。

质真若渝，

【王弼注】质真者，不矜其真，故渝。

"质真若渝"，"渝"者，变也。我们的本、我们的质，特别地真。"不矜其真"，我们不去夸奖自己的真；"故渝"，那真一定能变，也就是会传染给别人，像前面的"若偷"一样。

大方无隅，

【王弼注】方而不割，故无隅也。

"大方无隅","方而不割，故无隅也"，割则有边，"方而不割"则无边，无边则无所不容。"大方无隅"那就容天下了，容一切了，反之一有边就坏了。

大器晚成，

【王弼注】大器，成天下，不持全别，故必晚成也。

"大器晚成"，一个大器，必负重任，成功一定慢，所以晚成。

大音希声，大象无形。

【王弼注】听之不闻名曰"希"，不可得闻之音也，有声则有分，有分则不宫而商矣，分则不能统众，故有声者非大音也。有形则有分，有分者，不温则炎，不炎则寒，故象而有形者，非大象。

【严复批】大音过乎听之量，大象逾乎视之域。

"大音希声"，用白话讲就是大得音少了声。为什么少声？严老夫子说得特别好："大音过乎听之量。"因为大音超过我们能听之量。我们听之量有一定的范围，大音超过这个范围，一超过，我们就听不到了，就容纳不了了。

"大象无形"，为什么"大象无行"？因为"大象逾乎视之域"，"大象"超过我们看的范围，那就没有象，没有形了。

道隐无名。夫唯道，善贷且善成。

第四十一章

【王弼注】凡此诸善，皆是道之所成也。在象则为大象，而大象无形；在音则为大音，而大音希声。物以之成，而不见其成形，故隐而无名也。贷之非唯供其乏而已，一贷之则足以永终其德，故曰"善贷"也。成之不如机匠之裁，无物而不济其形，故曰"善成"。

"道隐无名"，道隐而未现，哪会有名呢？所以"道隐无名"。

"夫唯道，善贷且善成"，贷，予也，助也。"夫唯道，善助且善成"，我有这个道，它能够"善助且善成"，善助人而成其功。然而道虽然帮助我们，如果我们不守这个道，它也帮不上忙。

本章首句严批云："夫勤而行之者，不独有志也，亦其知之甚真，见之甚明之故。大笑者见其反也。若存若亡者，知之而未真，见之而未明也。"

王弼以为"勤而行之"，是"有志也"。严氏则以为"不独有志也，亦其知之甚真，见之甚明之故"。至于那个大笑者则是"见其反也"，和那个有识之士见的相反。至于那个"若存若亡"的则是"知之而未真，见之而未明也"。

另外严氏又评云："学广则谦，识明则甚，身修而后悟平生之多过。故曰'若昧''若退''若类'也。"

此处应当好好玩味，严批极好，其好不在文章，而在事理参得透。

扫一扫，进入课程

第
四
十
二
章

道生一，一生二，二生三，三生万物。万物负阴而抱阳，冲气以为和。人之所恶，唯孤、寡、不穀，而王公以为称。故物或损之而益，或益之而损。人之所教，我亦教之。强梁者不得其死，吾将以为教父。

道生一，一生二，二生三，三生万物。万物负阴而抱阳，冲气以为和。人之所恶，唯孤、寡、不穀，而王公以为称。故物或损之而益，或益之而损。

【王弼注】万物万形，其归一也。何由致一？由于无也。由无乃一，一可谓无，已谓知一，岂得无言乎？有言有一，非二如何？有一有二，遂生乎三。从无之有，数尽乎斯。过此以往，非道之流。故万物之生，吾知其主，虽有万形，冲气一焉。百姓有心，异国殊风，而得一者，王侯主焉。以一为主，一何可舍？愈多愈远，损则近之。损之至尽，乃得其极。既谓之一，犹乃至三，况本不一，而道可近乎？损之而益，岂虚言也。

因为"道生一，一生二，二生三，三生万物"，天下数类遂繁。此亦即生生之道。"道生一"就是无极而太极，太极即一；"一生二"就是太极生两仪；"二生三"，"三"就是万物，因为"三"包含了天地人的境界，亦即物的境界，所以下面接着说"三生万物"，三才生万物。这在《易经》中即"两仪生四象，四象生八卦，八卦定吉凶"。

"万物负阴而抱阳"，以白话言之即天下之物抱的是阳，外面包的是阴。观乎天下之物，尤其是动物，莫不如此。《易经·系辞下传》第六章说"阴阳合德，而刚柔有体"，即由负阴抱阳而来。

"冲气以为和"，"冲气"，即阴阳之气。"冲气以为和"也就是阴阳之气以为和。我们前面引《易经·系辞传》的话说"阴阳合德，而刚柔有体"，那个"合"即冲气之和。

"人之所恶，唯孤、寡、不穀"，自此以下所言为另一事。大家不喜欢的只有那个孤啊、寡啊、不穀、不善啊……可是"王公以为称"，王公还喜欢它，以之为称，这是举例。为什么"王公以为称"呢？这就是谦。

"故物或损之而益"，有许多事表面看是损，就因为有损才"益"之。这有点像苦肉计，例如王佐断臂，王佐不丢一条胳膊，就没有办法说服陆文龙。断臂是损，说服陆文龙就是益。但是损中有益得有高见，不是讲过去就完了。到什么时候"损中有益"？到什么时候才"用""损中有益"？得把事理看得特别清楚，才能懂得"损之而益"，如若不然，损中生损，有去无回，那就白搭了。然常人处处怕损之，则不足以谈"损中有益"之道。

"或益之而损"，表面上得便宜，暗中吃了亏，吃了闷棍。

人之所教，我亦教之。

【王弼注】我之非强使人从之也，而用夫自然。举其至理，顺之必吉，违之必凶。故人相教，违之自取其凶也，亦如我之教人，勿违之也。

"人之所教，我亦教之"，人家所教的，我也教之。

强梁者不得其死，吾将以为教父。

【王弼注】强梁则必不得其死。人相教为强梁，则必如我之教人不当为强梁也。举其强梁不得其死以教邪。若云顺吾教之必吉也。故得其违教之徒，适可以为教父也。

"强梁者不得其死"，强梁之人，不服输之人。不服输之人，绝不得其死，所以"善战者服上刑"。像这些地方，对于自己立身处世，都应当三思。

"吾将以为教父"，"父"者，始也。"教父"，教之始也。我将以这个为教之始。更白话点说，我将以这个为教条。

此章应好好玩味，真要学通这些，不但亏绝对少吃，也知道如何下手做事。像我们如果懂得表面损之而得益，那就比有的人表面得了便宜，结果暗中吃了闷亏，甚至暗中吃了闷亏还不敢说，要高明得多。然而这些功夫，得了解时势、洞悉世局才能做，那不是读两本书就完了。要不是真洞悉世局，绝没办法"损之而益"。所以当我们读这些书时，不要把它当空的讲，要往实际想。比如竞争就是斗智，我们多么需要人才用头脑，看用什么方法可以占上风，用什么方法可以占上风。如果拥有话语权，我们就可以存在；没有，就受辱。斗过，我们就是老板，她是老板娘。注意！我说的是"老板娘"。她做家，我们做主。如果不实际去想，读的书、读的智慧再多，用不上，完全没办法，那平白受的耻辱就很多。

另外同学要注意，不要像一般年轻人只能打胜仗，不能打败仗，当环境一变，受了一点打击，马上精神颓丧，马上就叫人看出来了，说某人有心事。为什么人家看出来？就因为你自己精神打不起来，精神打不起来就不行了，必得真有心事也叫人看不出来。得在逆境中打起精神，像诸葛亮一样心脏强，环境不好，摆空城计、草船借箭……他尽干这些事，不要像鲁肃吓得打哆嗦。所以人的精神生活很重要，要自己严格去锻炼，败仗要是能够打，则打胜仗更容易。

 ## 《老子想尔注》是部什么样的书

《老子想尔注》是道教注释老子的专著，书名全称《老君道德经想尔训》，原书早已散失。《隋书·经籍志》和《唐书·经籍志》、《新唐书·艺文志》均未记载，《道藏》中也未收入。清末敦煌莫高窟发现的古本典籍中，有《老子道经想尔注》残卷，全本共五百八十行。注与经文连写，字体不分大小，章次不分，过章不另起一行。据考证，它是六朝钞本。此残卷1905年被盗，现藏大英博物馆。

《老子想尔注》是早期道教的主要著作。东汉末年，五斗米道以《五千文》为主要经典，《想尔注》便是五斗米道宣讲《老子》的注释本。此书作者，唐玄宗御制《道德真经疏·外传》、杜光庭《道德真经广圣义》认为是张道陵，唐陆德明《经典释文·序录》提出是张鲁、刘表两人，但偏向张鲁《云笈七签》说"想尔盖仙人名"。

是书内容多与《太平经》相合，吸取了后者的宗教思想与社会政治观，也有河上公解释《老子》的观点，是研究五斗米道最原始、最宝贵的材料。饶宗颐先生据《河上公注本》，将敦煌残卷分章排列，著有《老子想尔注校笺》。任继愈先生主编的《中国道教史》对之亦有论述。

扫一扫，进入课程

　　天下之至柔，驰骋天下之至坚。无有入无间，吾是以知无为之有益。不言之教，无为之益，天下希及之。

天下之至柔，驰骋天下之至坚。

【王弼注】气无所不入，水无所不出于经。

【严复批】承上章"强梁者不得其死"而反言之，"无有入无间"，惟以太耳。

　　"天下之至柔，驰骋天下之至坚"，"天下之至柔"，要注意"至"字。什么是"天下之至柔"呢？即严批所谓之"以太"，唯如"以太"之至柔，方能"驰骋天下之至坚"。但是这至柔之境，若如严氏说出自"以太"，那就低了，得自己去玩味，有所体悟，才能真知道。我们勉强以有限的言辞去做一番模拟、解释的话，就是唯有天下至柔的，才能"驰骋天下之至坚"。什么是"驰骋"呢？简单地说，就是"出入自由"，如同我们说"驰骋于田猎之中"一般出入自由。换句话说，唯有"天下之至柔"，才能自由出入于"天下之至坚"。这就好比庖丁解牛游刃无间之理一样，可参见《庄子·养生主》。据此大家可以捕捉到什么是"至柔"，什么是"驰骋"。然后再进一步了悟，或者即能有所得，而用于现实行事当中。

无有入无间，吾是以知无为之有益。

【王弼注】虚无柔弱，无所不通，无有不可穷，至柔不可折。以此推之，故知"无为之有益"也。

"无有入无间"，为"天下之至柔，驰骋天下之至坚"的好处。什么是"无有入无间"呢？以人事来说，一个人的智慧，能想通许多想不通的事情，就是"无有入无间"。以科学家为例，那些科学家想出来、发明出来的东西，都是"无有入无间"。在政治上亦复如是，在想不通的地方把它想通了，在没办法时想出办法来，把不能的事变成能，就是"无有入无间"。

"吾是以知无为之有益"，我这才知道无为之有益。

不言之教，无为之益，天下希及之。

"不言之教"，什么是"不言之教"？《论语·阳货》"天何言哉？四时行焉，百物生焉，天何言哉"，此即"不言之教"。因为什么有"不言之教"？因为老百姓真得到好处，不必别人说。如糖源源不断，老百姓天天吃，不必说，到嘴就知是甜的。

但是"不言之教，无为之益"，这个境界，"天下希及之"，天下很少人达到这个境界。我们想达到最高境界固然不容易，可是前面讲得比较初步的东西，无论如何得懂如何"用"才行，不会运用，那不行。

中国的学问无一不是善"研"政者，如果我们把它当"空"的讲，那都错了。因为他完全讲为众人谋幸福的事，由于他本身没做到，他希望将他的理论传给后世，叫后人能够达到这个境界。所以真有政治理想的人，必要好好研究子书，那与空想的政治口号没有关系，政治口号那没用的，搞政治得研究出一套"术"来，才能知道从哪下手。下手，就棋高一着。不能棋高一着，就不必搞政治。人家出个一，我们也一比一，最后一消，等于零，那就没意思了。

搞政治不是一件有时候想一想，拉几个人摆摆龙门阵扯一扯就完了的事。要搞，必要有棋高一着的智慧，没有这种智慧，不但己身不保，而且祸延子孙。世上哪个人不想做官，可是搞了一辈子，五十多岁，退休了，科员以终其身，最后呜呼哀哉的，多得很。

政治这种东西，必得有长才，没有长才，自误误人。我不总跟你们说吗？"万般不与政事同"，这东西有个窍门，这个窍门不研究通，绝没有用。并且同学也不肯下深功夫，像以前我总告诉你们，有心搞政治，就得天天"演棋谱"。懂吗？"演棋谱"。你们读了下棋的书，按照棋谱来摆。经、史、子是我们的棋谱，地图是我们的棋盘，你们谁看？历史也不看，地理也不看，什么玩意也不看，就知道搞政治，以为进了"外交部"，就可以搞外交，那就只好"外交"了，最后一事无成。为什么一事无成？就因为完全没有严格训练自己，以为外交系毕业就可以搞外交，殊不知这些路子都得自己去开拓。像你们，年轻，想什么，学什么，对什么有趣味，就得不眠不休地去研究，才能有所得。今天，没有比读书人再懒的了。像那些学雕神像的，一刀一笔，一丝不苟，他们所负的责任不及读书人重，所要达到的境界也不及政治家高，但他们一刀一笔、一丝不苟，因为既是雕土地公，得拿到哪都得说像土地公，少一刀都不行。雕土地公都得如此千锤百炼，做个政治家，怎能连雕刻匠的精神、雕刻匠的的功夫都没有，就去搞政治呢？

 亳州老君碑

　　亳州老君碑是道家修炼的珍贵资料，释古字如后：

　　育炉烧炼延年药，

　　真道行修益寿丹。

　　呼去吸来息由吾，

　　性空心灭本无看。

　　寂照可欢忘幻我，

　　为见生前体自然。

　　铅汞交接神丹就，

　　乾坤明原系群仙。

扫一扫，进入课程

名与身孰亲？身与货孰多？得与亡孰病？是故甚爱必大费，多藏必厚亡。知足不辱，知止不殆，可以长久。

名与身孰亲？身与货孰多？得与亡孰病？

【王弼注】尚名好高，其身必疏。贪货无厌，其身必少。得多利而亡其身，何者为病也？

"名与身孰亲"，"亲"，重要，名和自己本身哪一样重要？

"身与货孰多"，"多"与上句"亲"字，同为重要的意思。意谓自己本身和财货哪样重要。

"得与亡孰病"，我们的所得和我们的所亡、所失，哪一样有害？是得有害，还是损失有害？

是故甚爱必大费，多藏必厚亡。

【王弼注】甚爱，不与物通；多藏，不与物散。求之者多，攻之者众，为物所病，故大费厚亡也。

"是故甚爱必大费"，"是故"指上边三个问题想清楚了，那么"甚爱必大费"，一个人要特别爱一样东西，对那东西必定特别劳费你的神。言外之意就是告诉人，不要有特别的癖好，要是有特别的癖好必有"大费"。譬如说好古玩的人，拼命买古玩，买穷了，抱着金碗要饭吃；卖，舍不得，吃又吃不饱，那些古玩又有什么用呢？尤其那玩瓷器的，说穿了就是玩泥巴，说那玩意值几十万，花几十万买泥巴，这是何等糊涂的人？这不是愚人是什么呢？所以说"甚爱必大费"。

"多藏必厚亡"，"多藏"，将来的损失必多，因为其"多藏"，人必抢之夺之，甚者连根都不保。

知足不辱，知止不殆，可以长久。

"知足不辱"，一个知足的人绝对不求于人，不求于人的人才不辱。这不是指借钱，我一说"不求"，你们说"那我们不借钱"，这太小气了。不求，是指不妄求；不辱，是指不辱身。一个知足的人不妄求，不妄求就不辱身。反过来说，一个妄求的人，那就常常辱身。看看许多政治家，不就是因为"妄求"而辱了身吗？当初他们如果守住自己的本，未便就会辱身，结果就因为"妄求"，辱身亡国。举一个近一点的例子，第二次世界大战结束之后，许多胜利国以为胜利就成不世之业，然而胜利者中只造就了一个丘吉尔，成就不世之业。

战败国反而乱世出英雄，成就不世之业。战败所以能成就不世之业，就在于他们"知足"，事未办完先画个"足"的圈，达到目的就够了。慢慢培养力量，结果今天在世界上，都举"足"轻重。反观美国从第二次世界大战之后，到处乱花钱，凡是有人类的地方就花美国人的钱，花了之后，不但不感激，还要骂"她"。到如今钱花垮了，还要东拜托、西拜托，人家还要理不理的。可以说日本的复兴、德国的发财，都是美国造成的。如今主客易势，美国应悔当初不知"知足"，乱花美元之时。明白这个道理，可知天下事都是如此，自己做事不外乎此，国家也不外乎此。

过去，大家都想救中国，都有救中国的怀抱，但是用什么方法去救，如何一步步去救，那是实际问题，不是空谈，得下真功夫去求，若不下真功夫，光喊口号，小学生一作文，结尾都喊"救中国"，什么玩意都不知道，光口头吹气，那不行，那就成了妄求。

同学要了解的是，为什么我们说"知足不辱"，不说"知止"？因为"知止"就停在那境界，"知足"则有个活用的境界。

再者，"不辱"，除了"不辱其身"，也要"不辱其命"。什么叫"不辱命"呢？例如外交官搞外交，能够先了然"足"在哪里，到时候就不辱使命、不辱国命。所以"不辱"两字包含极多，宜多玩味体会。

"知止不殆"，"殆"，危险。做什么事情，没等做之前，先在该止的地方划上个"止"，能"知止"那绝不会有危险。例如蒙古远征（**成吉思汗时期**），去得快，回来得也快，就因为"不知止"，就危殆了。到时候接不上了，所以只好往回跑。

　　"可以长久"，明白"知足不辱，知止不殆"后，尚须注意"可以长久"四个字，盖不如此，不足以长久。

扫一扫，进入课程

大成若缺，其用不弊。大盈若冲，其用不穷。大直若屈，大巧若拙，大辩若讷。躁胜寒，静胜热。清静为天下正。

大成若缺，其用不弊。

【王弼注】随物而成，不为一象，故若缺也。

"大成若缺"，有最大的成就，还像有所缺失，有所不足。因为什么要像有所不足？因为有个不足，方能酝酿自如。那么在用事上、作为上永远不会出毛病，达到"其用不弊"。为什么要"不弊"？因为一弊，就要有新成的东西来接替它了。不弊就没有"新成"，就永远不出毛病。

因此我们做事绝不要太过，话不要说太过，钱不要用太过，力量也不要用太过，"大成若缺"，使之不盈、不满，则"其用不弊"，那么在用事上，永远不出毛病。

大盈若冲，其用不穷。

【王弼注】大盈冲足，随物而与，无所爱矜，故若冲也。

"大盈若冲"，最大最满的人，他中间好像空的一样。这样才"其用不穷"。换句话说，人必要戒骄和满，若是自骄自满，那没出门就失败了。

大直若屈，

【王弼注】随物而直，直不在一，故若屈也。

"大直若屈"，"大直"，最大的直，得像屈的，有这个屈，才能曲成一切的事情。否则净是直的，哪能达到目的。以治国言之，也不能立法之后，完全硬叫老百姓去守，也要曲成。例如，老百姓要吃槟榔，也不能说"槟榔吃了一定得癌症"，就一定不叫他吃，得"曲成"。

大巧若拙，

【王弼注】大巧因自然以成器，不造为异端，故若拙也。

"大巧若拙"，此章之"大"字，皆为赞词。"大巧"得像"拙"的。为什么得像"拙"的呢？因为在"拙"的之中，方能显出我们的"大巧"。"大智若愚"，也是这个道理。我们像"愚"，可是并不愚，所以说"若愚"。"若愚"才能和愚民在一起，在一起便显出我们高人一着，是智者，是巧者。因此真是智者、巧者，不可忽略拙者、愚者，因"巧"于"拙"显，"智"因"愚"明。要是把愚者都杀掉了，你恐怕也成了愚者。没有了"拙"者、"愚"者，也就看不出什么是"智"，什么是"巧"了。所以真有"巧""智"，必要好好培养"愚""拙"之民，否则无以见其"巧""智"。举个大家都熟知的例子：圣人，什么是圣人？因为他"出乎其类，拔乎其萃"，所以是圣人。像孔子，他是什么类呢？人类。那他就在人类中是高手。萃者，众也。他在人类之中既是高手，又能拔乎其众，所以就成了"至圣"。所以我们做任何事情，一定不要忘了低于我们的。就因为有那么多低于我们的，才能显出我们高。花好得绿叶扶持，千万不要没等做事，就把底下都扫光了。要知道，就因为他们不高，才显出我们之高；就因为他们愚，才显出我们之智；就因为他们拙，才显我们之巧。想成事，必慎于此。

大辩若讷。

【王弼注】大辩因物而言，己无所造，故若讷也。

"大辩若讷"，"讷"，音 nè，你们念 nà。"大辩"，不说话，如"天何言哉"。可是到时候一说，成了。

躁胜寒，静胜热。清静为天下正。

【王弼注】躁罢然后胜寒，静无为以胜热。以此推之，则清静为天下正也，静则全物之真，躁则犯物之性。故惟清静，乃得如上诸大也。

"躁胜寒"，动则制寒。如在雪地里走，很冷，跳一跳就不冷了，所以说动能胜寒。

　　"静胜热"，反过来说静就能胜热，所以说"心静自然凉"。

　　"清静为天下正"，一般说正天下就得清静，我们以为尚未揭出此句精义。应该是：我们有清静的功夫，自正，那么天下人也都以我们为标杆、为标准，大家都向着标杆跑，于是"天下正"。所以若我们有了清静的功夫，那我们就是天下之正，就是那正的规，就是标杆、标准，天下都向我们"正"之。

第四十六章

天下有道，却走马以粪；天下无道，戎马生于郊。祸莫大于不知足，咎莫大于欲得。故知足之足常足矣。

天下有道，却走马以粪；天下无道，戎马生于郊。

【王弼注】天下有道，知足知止，无求于外，各修其内而已，故却走马以治田粪也。贪欲无厌，不修其内，各求于外，故"戎马生于郊"也。

"天下有道，却走马以粪"，"粪"或以为即"田"字。天下有道的时候，以马耕田。

"天下无道，戎马生于郊"，天下无道的时候，也就是要战争了，那戎马生于四郊。马都变成戎马，换句话说老百姓都没有办法种地了，"民失其时"，则天下事坏矣！

祸莫大于不知足，咎莫大于欲得。故知足之足常足矣。

"祸莫大于不知足"，"知足"可以参见第四十四章"知足不辱"。人生在世"知足不辱"，"祸莫大于不知足"，所以能够知足、知止则没有大祸。

"咎莫大于欲得"，我们见了什么都动心，都想把它变成自己的，那便是"欲得"。一有"欲得"，到最后一定犯很多错误，也就是罪过。

祸由于不知足而生，咎由于欲得而生，这在现实生活中，可以说看得最多的。然此处但言"欲得"之凶，而未言治此病的方法。儒家就此病提出的治病之方是"见得思义"。"得"都涉及"欲"，但"欲得"的时候要"思义"，要想想看我们得这个东西是不是合乎"义"，不合乎"义"的，千万不要得。

"故知足之足常足矣"，所以知足的那个足，才是经常之足。

扫一扫，进入课程

不出户，知天下；不窥牖，见天道。其出弥远，其知弥少。是以圣人不行而知，不见而名，不为而成。

不出户，知天下；不窥牖，见天道。

【王弼注】事有宗而物有主，途虽殊而同归也，虑虽百而其致一也。道有大常，理有大致，执古之道，可以御今；虽处于今，可以知古始。故不出户、窥牖，而可知也。

为什么"不出户，知天下"呢？因为"事有宗而物有主"，任何事物都有他的宗主、有它的主。什么是有"主"？就是有它的"本色"。我们处理事物的时候，按这事与物的本色处理它，也就是顺自然来处理它。因为我们知道了原则，把握这原则来处理事务，"不出户，知天下"，即使不出户，也能知天下，也能知道如何处理天下事。看看世界上那些执世界牛耳、领导全世界、处理天下事的人，未便跑多远，但为什么他们就能控制天下、御天下事呢？因为事有一定的规范、一定的轨道可循，只要了解这轨道，了解它的所宗、所主，掌握了本色，那么就能支配一切事、处理一切事。《易经·系辞下传》说："天下同归而殊涂，一致而百虑。"他知道"同归而殊途""途虽殊而同归也"，"一致而百虑""虑虽百而其致一也"，他就会处理一切事情。所以"不窥牖，见天道"，不必朝窗子外面看，就知道天道了。然而，所以能够这样不必再去勘察，就知道如何处理，是在我们了解了道之后才能臻此境界，并不是生下来就知道，必得经过一番功夫之后才能如此。

其出弥远，其知弥少。

【王弼注】无在于一，而求之于众也。道，视之不可见，听之不可闻，抟之不可得。如其知之，不须出户；若其不知，出愈远愈迷也。

"其出弥远，其知弥少"，我们探求的东西，要是距离现实愈远，那知道得愈少。像有些人专研究形而上的东西，专研究没有边的事，研究了一辈子，也未便知道多少东西，就因为距离现实太远了。反过来说，如果我们能"其出弥近"，那"其知弥多"，也就是"能近取譬，可谓仁之方也与"。《易经·系辞下传》说："古者包牺氏之王天下也，仰则观象于天，俯则观法于地，观鸟兽之文，与地之宜，近取诸身，远取诸物，于是始作八卦，以通神明之德，以类万物之情。"亦不外乎就其左右环境去研究。左右环境一看，明白了，越研究越近，知道得越多，这才有用，这就能"通神明之德""类万物之情"。那么就能行仁之道了。

　　是以圣人不行而知，不见而名，不为而成。

　　【王弼注】得物之致，故虽不行，而虑可知也。识物之宗，故虽不见，而是非之理，可得而名也。明物之性，因之而已，故虽不为，而使之成矣。

　　"是以圣人不行而知"，所以圣人根据这虚静之理，进一步去推理，就能够看明万事。因为"能近取譬，可谓仁之方也与"，所以"不行而知"，不曾完全做过的事，也可以知道。比如前面所提能够掌控全世界的人，未必真到过那，但也可以知道那里的事，就是个例子。

　　"不见而名"，不必到处去看，也能根据事理，明察其事。名，明察其事。

　　"不行而知，不见而名"这两句话，要特别玩味。

　　"不为而成"，就是不要用人为之虑、人为的功夫、人为的智慧，顺自然之理去处理事情，才能成功。因为不违背自然之道，众人才能接受。要是有意为之，不顺自然、不顺别人的方式，用自己的主张，那就是人自为道，未必就能成就。所以你可以自己去立法，但是大家从心里就不接受，也不能成功。

中国四大奇书深入中国人心，道家思想深入中国人心，两者又息息相关。以四大奇书开篇诗词为例：

《三国演义》的开篇词："滚滚长江东逝水，浪花淘尽英雄。是非成败转头空，青山依旧在，几度夕阳红。白发渔樵江渚上，惯看秋月春风。一壶浊酒喜相逢，古今多少事，都付笑谈中。"说的是"空"字。

《水浒传》的开篇词："试看书林隐处，几多俊逸儒流。虚名薄利不关愁，裁冰及剪雪，谈笑看吴钩。评议前王并后帝，分真伪占据中外，七雄扰扰乱春秋。兴亡如脆柳，身世类虚舟。见成名无数，图名无数，更有那逃名无数。霎时新月下长川，江湖变桑田古路。讶求鱼缘木，拟穷猿择木，恐伤弓远之曲木。不如且覆掌中杯，再听取新声曲度。"说的是"隐"字。

《西游记》的开篇诗："混沌未分天地乱，茫茫渺渺无人见。自从盘古破鸿蒙，开辟从兹清浊辨。覆载群生仰至仁，发明万物皆成善。预知造化会元功，须看西游释厄传。"说的是"修"字（参见龙门心传《西游记释义》）。

《红楼梦》的开篇诗（注：甲戌本《石头记》在第一回有回前诗）："浮生着甚苦奔忙，盛席华宴终散场。悲喜千般如幻渺，古今一梦尽荒唐。漫言红袖啼痕重，更有情痴抱恨长。字字看来都是血，十年辛苦不寻常。"说的是"梦"字。

"空""隐""修""梦"，皆与道家思想有关。

第四十八章

为学日益，为道日损，损之又损，以至于无为，无为而无不为。取天下常以无事，及其有事，不足以取天下。

为学日益，

【王弼注】务欲进其所能，益其所习。

"为学日益"，此即《论语·子张》"日知其所亡"。一个人做学问，每天必增加东西，必"日知其所亡"，这样一来学问一天比一天多，所以说"为学日益"。

王弼注："务欲进其所能，益其所习。""其"，作"自己"解。《大学》一书中"其"字多半作"自己"解。我们每个人每天不能懒懒散散地，应该尽己之所能。所"能"，一指"良能"，我们之所"能"极多，但是我们将之浪费掉了，应将它发挥出来。另一指自己会什么。我们没有什么，不能什么，自己知道，不要老停在那儿"不能"。真不要老停在那儿不进步，就该针对自己所缺、自己的不能，想办法充实它，"日知其所亡"，则未有不成者。人不论学什么都可以成功，所以不成，就因为不学；人不论学什么都可以精，所以不精，就因为不下功夫。主要的问题就在乎"功夫"。中国人俗话说"发财是命，学问是碰"，人要有学问，在乎自己去求，要往前"碰"，才能有学问。光停在那，是不行的。"益其所习"，增益自己所学的。此即《论语·子张》"月无忘其所能"，每个月要好好复习，不要把自己会的忘光了。

为道日损，

【王弼注】务欲反虚无也。

"为道日损"，为道之人，每天得去自己的毛病。以旧话言之，就是我们为道之人每天得"自修"，"自修"就得修去自己的毛病。至于王弼注所说"务欲反虚无也"，说的是最高境界。我们修道之人每天得去自己的毛病，去到零，就能"反虚无"，"反虚无"也就是道家最高境界。

我们人生在世想要在社会上站得住脚很不容易，所以一举一动都要特别慎重，偶一不慎不知引起多少人反感。但这极难，所谓"羊羹虽美，众口难调"，有些人喜欢吃酸的，有些人喜欢吃辣的，你之所为，非其所好，人家可能把你看得比苍蝇、比蛇蝎还坏。要特别注意，一个人真想在社会立足，那很不容易，自己不下点真功夫，光凭骗人，只可骗人一时，日久天长能骗得住吗？一个人做事，就得按照脚步去做，不要盖着盖儿摇，等盖儿揭开了，空的，什么都完了。

"为道者日损"，每天必要去掉一点自己的毛病，"务欲反虚无"，务必返回"虚无"，这才到了修道的境界。

常人智慧、学问进步很快，可是自己的毛病不知道去，去得太慢，日久成习，等到同学的年龄，也就到了可怕的年龄，一晃"三十而立"，自己毛病还去不掉，还自以为是，那谁看见谁讨厌，那就完了。

损之又损，以至于无为，无为而无不为。

【王弼注】有为则有所失，故无为乃无所不为也。

"损之又损，以至于无为"，去了还得再去，一直去到"至于无为"。"无为"的境界就是最高的境界。一个人到"无为"的境界，自己得一点私都没有，那才是真的"无为"，如果有半点私意那都是有为。人若是真到了"无为"的境界，则没有不能做的事。像我们一要做事，便有许多私人的利害要考虑，那便是有为。

儒家最重视"智、仁、勇"三德，以智、仁、勇为至高之境。然仁者施无求报，一切本着良心去做，尚还可以做到。至于"勇"最难，因为"见义不为无勇也"，要勇则"见义必为"，"见义必为"就是牺牲。所以，举世滔滔，真能见义而为的难有几人。当其见义想做之时，少有不因其私心，因其顾虑，一转念"我这一为名败了""我这一为利败了""我这一为有杀身之祸"，踌躇再三，因循以过。举例言之，如我们在街上看见小流氓逗女孩子，要上去打抱不平，马上挨一刀，马上兑现。要是怕挨这一刀，没做，没做就是见义不为，就是无勇，就少了此一德。与小流氓相抗尚且如此，与有权势的人相抗更是如此。因为他有权势，说你是"王八蛋"，人家就相信了，你就成了"王八蛋"。我们如果一有顾虑，没做，便无法"勇"，无法"无为"，于是随波逐流，跟着他跑，日日有为，等时移势转，价值观念一变，他成"王八蛋"，你就真成了小"王八蛋"，就完了。历史一裁判，一切烟消云散，再也无法立得住脚。

"无为"说易极易，说难极难，难就难在"见义勇为"，难在"无私"。前几天台湾地区报纸批评一失德的大学生，说今天的教育，是"缺德教育"。一个人不能"见义勇为"，"智、仁、勇"三德，少一德，即"缺德"。但是这很难很难，今天若要以人况人，以人的标准衡量今天之人，几人可称为"人"？几人不是四条腿的动物？不过同学还是圣洁的，以同学的年龄，要坏也还没坏到那种程度，人坏也要从经验中往前坏，没那个经验，坏不到那个程度。所以以同学之身想要做什么都很容易，以老话言，就是说同学想要"立身行道"都很容易。因为同学们尚保有圣洁之身。人"立身"就为"行道"，同学就以己圣洁之身，天天做好事，就是"行道"。不论做什么，不为己私而奋斗，都是"立身行道"。中国人的问题必得中国人解决。一有私都是害人精，可以说害尽天下苍生。我们应该往远看。武大郎服毒——吃也死，不吃也死。应该抛弃一切私心。我们总不能说现在经济困难就去做外国人，要知道别国也搁不下那么多的人。既然搁不下，那怎么办？那就得自己解决，那就得无私。

所以，我们今天特别强调"无为"，如果能够不存己私，没任何目的而为，为国而谋，那就是"无为"。反之如果存着私心做任何事，有目的而为，那就是有为。"无为"则能"无不为"，则能救万民于水火，振中国之命脉。"有为"则中国之百姓，又不知将受多少苦难，祸延何世？

取天下常以无事，

【王弼注】动常因也。

【严复批】虽有开创之君，栉风沐雨，百战苦辛，若汉高、唐太之开国，故审其得国之由，常以其无事者，非以其有事者也。若夫秦、隋之君，所以既得而复失者，正欠此所谓无事者耳。诚哉！有事不足以取天下。

"取天下常以无事"，取天下的人得常以"无事"取天下。为何常以"无事"取天下？因为"动常因也"，我们的所有举动"常因也"。《论语·学而》说："因不失其新，亦可宗也"（原文"因不失其亲"，老师解"亲"为"新"），《论语·为政》说"殷因于夏礼，所损益可知也；周因于殷礼，所损益可知也。其或继周者，虽百世可知也"。既然"动"必有所"因"，那么我们"动"，我们取天下又因为什么呢？最简单地说，乃是见老百姓受不了了，因百姓之苦，而壮我们之志，壮我们救国之志所以"动"，所以要取天下。常"因"于民之苦，常"因"于环境之必须改造，那这个"动"拥护的必多；拥护者既多，结果天下人归之；天下人归之，自然也就取天下了。

这种取天下之道，严批："若夫秦隋之君，所以既得而复失者，正欠此所谓无事者耳。诚哉！有事不足以取天下。"知秦、隋之君取天下之道不同，秦、隋之取天下乃是因有事取天下，为私而取天下，以武力取天下，并不是"动常因也"之道，所以虽得之必失之，国祚亦因之不永。所以想要取天下，要以"无事"取天下，若以有事之道取天下则坏。

严老先生批，义佳。然秦、隋、汉高、唐太其为乱制一也。

及其有事，

【王弼注】自己造也。

"及其有事"，"自己造也"。自己造，就是有事。有事以取天下若秦与隋，不旋踵间马上将所得的江山丢掉。

不足以取天下。

【王弼注】失统本也。

"不足以取天下"，为什么有事不足以取天下？王注说得好："失统本也。"以儒家的话言之，就是失掉"大一统"之本。什么是失掉"大一统"之本？那就是老百姓没有完全归之。老百姓没有归之，又怎么能取天下呢？

同学应仔细玩味我们所讲的东西，今天中国人吸收的是智慧，不在乎会背，而在会用。

扫一扫，进入课程

圣人无常心，以百姓心为心。善者吾善之，不善者吾亦善之，德善。信者吾信之，不信者吾亦信之，德信。圣人在天下歙歙为，天下浑其心。圣人皆孩之。

圣人无常心，以百姓心为心。

【王弼注】动常因也。

"圣人无常心，以百姓心为心"，儒家说"民之所好好之，民之所恶恶之"，此即"圣人无常心，以百姓心为心"之旨。

也因为"民之所好好之，民之所恶恶之，此之谓民之父母"，所以中国旧社会称官为"父母官"，等到民初那帮二毛子，自己不读书就胡扯，于是就骂上了，说儒家之学完全开玩笑，做官还要做"父母官"。实则人家所以叫"父母官"，是本于"民之所好好之，民之所恶恶之，此之谓民之父母"，要不能做到这个境界，就不能做民之父母。惜乎，扯的人不读书，跟着喊的人也不读书。今日亦复如是，"一犬吠形，百犬吠声"，一人说，大家说是假的；等大家都说，都跟着乱叫，假的变成了真的。

王注"动常因也"，此四字启发人极深，最简单地说是"借高骑驴""因山以为高"，借着高的地方来修这高的东西，这样就容易成。若等到一切由平地起，那要达到同样的高度，就得多费很多力量。举个常见的例子，社会上很多人坐在那不言不动，瞪着眼看，等到机会来了，有所"因"了，他一抬腿，上去了，不但比那忙了一辈子的人都高，还比任何人成就都高。反之有些人自科员干起，干一辈子，哪怕是简任、特任……终究是科员，终究给人白干一辈子。追究前者之所以成，就在乎能"因"，所以能"因"，乃因能"识时""识势"，能"识时""识势"，等"因"到了，一动即成。

我们无论有什么行动，那个动要无"因"，非失败不可。明乎此，没有"因"绝不动，就少失败，动必有所"因"则一定成功。

然这又必得从"识时"，"识势"上下功夫，得先"识时""识势"，然后再动，才知道什么是"因"。否则既不"识时"，又不"识势"，怎知道什么叫"因"，什么叫"识时势"呢？最浅地说所谓"时势"，就是先一步不恰到好处，后一步也赶不上。

善者吾善之，不善者吾亦善之，德善。

【王弼注】各因其用，则善不失也。无弃人也。

王注"各因其用，则善不失也"，一般人解释"各因其用，则善不失也"，说"各因其用"为善永远不能丢。那成老生常谈，不足以用事。

在谈本句精义之前，大家首先应有个观念：我们常说，"每一个人都有用"，但是"用"他的"有用"，这"用"的境界大小，那就不同了。

像同学在背后批评"老师还说识人！某人怎么怎么的……老师……"，像这样的批评，相信同学多少都听到过，老师也知道。其实不是老师不"识人"，就是"识人"才那么做。因为那种人，才能干那种事。比如某同学说假话脸都不红，一般同学假话还没说，脸就红了，那碰到需要说假话的时候，就非需要某同学不可，他去，将假话说到一百分回来，这就是"善不失"。所以"各因其用，则善不失也"，应是说每件事都"因其用"而用之，那善永远跑不了。

"善者吾善之，不善者吾亦善之"，说假话是"不善"，但需要说假话的时候，为达目的，非他不可，这就是"善之"；等假话说完，一百分回来，就是"善不失也"。

同学明白这些，就知道"好人"，不是走路乖乖的、说话稳稳的，才是"好人"，那种"好人"没什么用。老师是没女儿，若有女儿都不会嫁给他，嫁给他，不是活活气死人吗？

"德善"，什么是"德善"？"善者，吾善之；不善者，吾亦善之"就是"德善"。因为什么"善者，吾善之；不善者，吾亦善之"是"德善"呢？因为"各因其用，则善不失也"。也就是说在我们的立场，"各因其用"，那善永远不丢，永远是善，永远拿满分，所以这就是"德善"。

像前面说假话的例子，说假话不对，但需要说假话的时候，去把人骗住了，回来达到了目的，便是"德善"。用"鬼话"来说，就是"为达目的不择手段"，或者说"不择手段"。人家会骂，不太好，殊不知社会上的事，必定有一边乐有一边哭，这是天经地义的。别人吃了亏，当然骂我们，但我们这边达到了目的，那乐不是很好吗？那毁和誉不都一样吗？

同学或者会问，我们不是天天说"人人皆可以为尧舜"，要"人人皆有士君子之行""群龙无首"，希望大家都乐吗？那固然不错，那是我们的理想，那种境界有是有，不定哪辈子达得到，至少我们这辈子不可能。既不可能，那我们就得针对我们的理想做些实际的事。

只要能"无入而不自得"，处处能达到目的，那种行为便是"德善"。

等同学读书读糊涂了，说耶稣说"打左脸把右脸给他打"，但那是唱戏可以，谁也没真干过，至少我们骂基督徒，基督徒必骂我们。

王弼释"德善"："无弃人也。"我们了悟了前面说的道理，再看看自己的行为，就明白自己将来能做什么事。如果我们这也不理，那也不理，看看这种人，说"这种人我不和他说话"，那我们就丧失一种人；看看那种人，说"那种人我不理他"，那我们又丧失一种人。等看人家都是"弃人"，那我们就是"自弃"，到最后自己把自己孤立起来，人家都不理我们，我们成了无用之物，成了"自暴自弃"的"弃人"。成就，当然也就不用说了。反之真能"善者，吾善之；不善者，吾亦善之"，那就"无弃人"，那就"德善"。

北方俗话说"有剩男，无剩女"。男人没出息，有一辈子娶不到老婆的，女人没有嫁不出去的；说有没嫁的，那是不愿意嫁，不是嫁不出去。所以，我们有女同学不愿意嫁，要出家，老师总劝。照王弼的说法"无弃人"，年纪轻轻，出家？出家，还是有人的责任及烦恼，既然都有责任及烦恼，那何必出家，那不是开玩笑吗？

信者吾信之，不信者吾亦信之，德信。圣人在天下歙歙为，天下浑其心。

【王弼注】各用聪明。

"圣人在天下歙歙为，天下浑其心"，"歙"，音 xī。他本或断句"圣人在天下歙歙，为天下浑其心"，意思都是圣人完全不会分得那么清楚。为什么不清清楚楚的？因为"天地不仁，以万物为刍狗；圣人不仁，以百姓为刍狗"。不"浑其心"，哪能使百姓和刍狗一样？

"为天下浑其心"，据《古逸丛书》本、《道藏》本、帛书甲乙本"为天下浑其心"后，均有"百姓皆注其耳目焉"一句。帛书甲本"注"，作"属"。王弼注"各用聪明"，当在"百姓皆注其耳目焉"之下。

"百姓皆注其耳目焉"，这句话最妙，这是人性之常。"百姓"当然皆"注"其耳目，"各用聪明"。这话懂不懂？所以，我们老自以为是说"我可不如何如何……""我目不斜视……"，那仅说明自己是个呆子。说句玩笑话，今天上街，如果目不斜视，马上就出车祸。像老师过马路，不但目斜视，脑子还得转几个弯，都还过不去。

圣人皆孩之。

【王弼注】皆使和而无欲，如婴儿也。夫"天地设位，圣人成能，人谋鬼谋，百姓与能"者，能者与之，资者取之；能大则大，资贵则贵。物有其宗，事有其主，如此则可冕旒充目而不惧于欺，黈纩塞耳而无戚于慢，又何为劳一身之聪明，以察百姓之情哉？夫以明察物，物亦竞以其明应之；以不信察物，物亦竞以其不信应之。夫天下之心不必同，其所应不敢异，则莫肯用其情矣。甚矣！害之大也，莫大于用其明矣。夫在智则人与之讼，在力则人与之争。智不出于人，而立乎讼地，则穷矣；力不出于人，而立乎争地，则危矣。未有能使人无用其智力乎己者也，如此则己以一敌人，而人以千万敌己也。若乃多其法网，烦其刑罚，塞其径路，攻其幽宅，则万物失其自然，百姓丧其手足，鸟乱于上，鱼乱于下。是以圣人之于天下歙歙焉，心无所主也；为天下浑心焉，意无所适莫也。无所察焉，百姓何避？无所求焉，百姓何应？无避无应，则莫不用其情矣。人无为舍其所能，而为其所不能；舍其所长，而为其所短。如此，则言者言其所知，行者行其所能，百姓各皆注其耳目焉，吾皆孩之而已。

"皆使和而无欲，如婴儿也"，王弼这段注很长，同学要注意，老师若不提醒，同学不注意，就忽略过去了。回去必要细琢磨。

《老子》及王弼注，有些地方境界很高，日常生活行事中不易用得上，但像这章所言，绝对用得上。我们在社会上如能"善者，吾善之；不善者，吾亦善之"，"信者，吾信之；不信者，吾亦信之"，最后绝对成功。因为什么呢？因为"善不失也"。"善不失"，那到哪都成功，都得便宜。所以一个人有多大容量，就成就多大事业。

似此"善者，吾善之；不善者，吾亦善之"，"信者，吾信之；不信者，吾亦信之"，可以说像大海的水一样，藏污纳垢，脏东西无所不有，而"圣人皆孩之"。

为什么"圣人皆孩之"呢？因为"皆使和而无欲，如婴儿也"，这是至高之境界。人在婴儿时期，可谓完全无私无欲，他手上拿的东西，我们要，他不但给我们，还对我们笑笑，这是真无欲。及其稍长，我们向他要东西，他不但不给，还尽往妈妈后面躲，那就坏了，就有欲了。所以，等长到同学这般年龄，除非是伪君子，没有不坏的。若说不坏，那只是坏得不够分量罢了。在这种情形之下，如果说某人怎样不好，实根源于我们己身利益之好恶，而非发准于性智之好恶。彼我间好坏善恶，亦不过五十步之于百步。比如我们说某人去保安街（台北花街）不好，你没去过怎知不好？若说你也去了，那只是没赶上而已，又怎见得比人家好？人家跑你一着，你骂人家不是好东西，难道你就是好东西？是不是好东西，就看怎么看。如果不过是五十步之于百步，那完全是伪君子。伪君子还不如疯子，疯子说真话。等对别人说"你要乖乖的"，他自己背后女人站了八打，那更不行，天下没这种事，假的就是假的。

历史上如李光地，不知写了多少理学书，可是今日一提李光地，美之者曰"理学大师"，毁之者曰"道学先生"。"道学先生"也者，伪君子也。至今三百年，仍无以去其伪君子之号，可见天下事真的就是真的，假的就是假的，没有对人家说得义正词严、道貌岸然，自己却无所不为，这是不行的。①

"夫'天地设位，圣人成能，人谋鬼谋，百姓与能'者"，此数语见《易经·系辞下传》第十二章。王弼大概刚注完《易》，就注《老子》，把《易经》的话都引用上去。人死为鬼。"鬼谋"也者，就是我们前辈、先人的计划，举凡我们所念的《四书》《五经》等前人的文章都是"鬼谋"。而"人谋"也者，现在没死的谋的，如当代这些大师之谋，都是"人谋"。"人谋""鬼谋"就是代代相谋。

这是说我们的"成就"，我们所以有高人一等的"智慧"，固然是成之于我们的计划，但也是不知吸收了多少祖先的计划、智慧，才得此高人一着的"智慧"。像我们说某人发明了什么，发明不只是发明者了不起，而是前代不知多少"鬼谋"，直到碰到发明者，终于成功了。发明不是一下蹦出来的，要是没有前面的"鬼谋"，哪有发明者的"人谋"？更遑论发明成功了。所以要想有所成，必知"人谋"加上"鬼谋"，等于"谋谋"，就成就了。

"百姓与能"，百姓不会谋，可是他捡便宜，他"与能"。如发明电灯，怎么发明的他不知道，可是现在老百姓都会用电灯。你说你发明的，他花几百块钱买来享受一切。你说专利，与他没关系，反正坏了再买。

---

① 全祖望称李光地："其初年则卖友，中年则夺情，暮年则居然以外妇之子来归。"认为是个伪君子。

"能者与之，资者取之，能大则大，资贵则贵"，此承"人谋鬼谋"为言，就是说前面"大"，那我们的成就就"大"，前面"贵"，那我们的成就就"贵"。我们这个"大"是接着前面的"大"而大的，我们这个"贵"是接着前面的"贵"而贵的。以儒家言之，"鬼谋"就是先贤的智慧，没有先贤的智慧，我们后面"闲"着的人就不能成事。明乎此必不敢忽略了古人的智慧。

"物有其宗，事有其主，如此，则可冕旒充目而不惧于欺，黈纩塞耳而无戚于慢，又何为劳一身之聪明，以察百姓之情哉"，"冕旒"，是古时皇帝的礼帽。以五彩缫绳，贯五彩玉，垂于延之前，谓之旒。就是说当皇帝的人不可以看得太清楚，看得太清楚那还有好人吗？不仅皇帝如此，一个家庭中做公公婆婆的也得装聋作傻，所谓"不痴不聋，不作阿家翁"。为长上者如果事事都看得那么清楚，那不吓死人吗？像当年儿子朝媳妇笑一笑，有的婆婆就说"轻佻"。笑一笑"轻佻"？那夫妇之密有过于画眉者，岂止于"轻佻"？那不太糟糕了吗？看得太清楚，那就"打破馓子"了（"馓子"就碎了）。

"黈纩"，"黈"音 tǒu。"黈纩"，初以木为之，后改用棉。"纩"，为丝做成之物。《文选·张衡东京赋》注："黈纩，言以黄绵大如丸，悬冠两边当耳，不欲妄闻不及之言耳。""冕旒"，亦称繁露。《春秋繁露》即取义于此。黈纩、冕旒乃象征性用以示塞耳、遮眼。古人制冕旒、黈纩，意谓天下事不要看得太清楚，不要听得太清楚。

此小节"如此"二字特别重要，有了"如此"以上的基本智慧、机术、办法，虽有冕旒把前面眼睛都挡上了，"不惧于欺"，我也不怕人欺骗；虽然增加了点丝把耳朵都塞上了，也"无戚于慢"，也不担心别人对我们看不起。为什么他能"不惧于欺""无戚于慢"？因为他把"如此"上面的鬼名堂都弄明白了。大则大之，贵则贵之，"物有所宗，事有所主"，一切事都有一定的原则，把原则抓稳了，他装糊涂，眼睛一闭，耳朵一塞，可是一切都在掌握之中。这就譬如赶车的，将手中缰绳拿平、拿稳之后，不论多少马都得听他的，都拿平、拿稳，还怕马不听话吗？还怕人家骂吗？还怕人家骗吗？那"又何为劳一身之聪明"，又何必把自己骨血那点聪明都拿出来，而"察百姓之情哉"！

"夫以明察物，物亦以其明应之；以不信察物，物亦竟以其不信应之。夫天下之心不必同，其所应不敢异，则莫肯用其情矣"，此段所言为道家的话，我们反过来用就是"术"。物包含事。"夫以明察物，物亦以其明避之"，就是说我们要是以"明"察万事万物，那所有的万事万物也一定用"明"来躲避我们。

"甚矣，害之大也，莫大于用其明矣"，同学读至此必要注意，老子这样的说法对是很对，但是天下事永远不会这样做，既然不会这样做，我们就要反过来，反过来就是"术"。像前面说我们以"明"来察万事万物，则物亦"以其明应之"。根据这个道理，那我们就知其白守其黑，我们知道他必这么做，知道物极必反，知道"白"的"白"到头必成"黑"的，那我们先走一步，不必等他"白"极而"黑"，我们先把"黑"的拿出来，先"黑"了在那等着，等他"黑"了一起变，那跟着不就"白"了吗？如果处处如此，事事如此，那我们的"白"就不仅是"白"，而且永远是"白"的了。

道理如此，人事亦然。"用智慧"是人性之同，我用智慧，他也用智慧应付我们，我们没等他用智慧先用卡子将他卡住，就控制了他的智慧，就快走一着，就没白读书，就胜利了。千万不要说《老子》说"人之大害在用智慧"，那"我不用智慧，他也不用智慧"，天下哪有这样的事？我们不用智慧，别人就不用智慧了吗？我们不用智慧，别人更用智慧。

所以，《老子》有许多地方是行不通的，但可提醒我们。有些人不就说"法家就是读《老子》读的，老子一反过来，就变成法家了"。同学只要看过几本书当可悟此。

"夫在智则人与之讼，在力则人与之争。智不出于人，而立乎讼地，则穷矣"，"穷"者，穷途、穷词、穷理。我们的智慧不能出于人，不高人一等，还"立乎讼地"，哪不"穷"往哪跑。

"力不出于人，而立乎争地，则危矣"，力量不比别人大，还好斗，一伸手叫人先打住了，那还不危险吗？

此节与上节言我们要和人斗智，必得智慧高人一筹；要和人斗力，必得力量高人一筹。否则自己找了许多麻烦，还立于必败之地，那就坏了。

人生做人处世在这里必要注意，我们讲过《孙子》"知己知彼，百战百胜"。我们必先"知己"，看看自己多大分量，再"知彼"，再对付别人，那就有必胜的把握，才能"百战百胜"。反之要是没胜的把握，打不过，那就不打了。所以先"知己"再"知彼"，才能不打没把握的仗。今天人光讲"知彼"，忘了

"知己"，因此尽打败仗。然而忽略了自己，尽看别人，固然要打败仗，但有时候自己估计太高，还是要吃败仗。

"未有能使人无用其智力乎己者也，如此则己以一敌人，而人以千万敌己"，这就是我们前面所说的，我们看这也不对，我也不理，看那不对，我也不理，都不理，那就剩下自己，以自己敌千万人，千万人也与我们为敌，那就完了。

所以，同学必先了解人生是什么，不要尽走读书人的穷酸路子，那绝不能成事。必要"善者，吾善之；不善者，吾亦善之"，"信者，吾信之；不信者，吾亦信之"，到最后"德善""德信"，这才是最重要的"政术"。

"若乃多其法网，烦其刑罚，塞其径路，攻其幽宅，则万物失其自然，百姓丧其手足，鸟乱于上，鱼乱于下。是以圣人之于天下歙歙焉，心无所主也；为天下浑心焉，意无所适莫也"，参考《论语·里仁篇》："君子之于天下也，无适也，无莫也，义之与比。"

"人无为舍其所能，而为其所不能；舍其所长，而为其所短"，人没有"舍其所能，而为其所不能；舍其所长，而为其所短"的。

"如此，则言者言其所知，行者行其所能"，这两句话当注意。

"百姓各皆注其耳目焉，吾皆孩之而已"，每个人都用他的聪明，唯有圣人，我把他"孩之"。怎么"孩之"？"善者，吾善之；不善者，吾亦善之""信者，吾信之；不信者，吾亦信之"。因为什么"孩之"？因为做爸爸妈妈的，还能挑哪个孩子好，哪个孩子不好吗？若要挑，那就不成其为爸爸妈妈了，所以"皆孩之"。这样一来，"百姓各皆注其耳目焉"，"各用其聪明"，都去耍。唯有我是大海纳百川，是个破馊水缸，什么都可以倒，什么都兼容并蓄，什么都把他看成宝贝，"皆孩之"。等有了这个德行，这个容量，那么我们就成为天下的爸爸，成为天下的领袖。

这些地方都要细玩味，千万不要像"道学先生"，动不动摇头晃脑地说"目不视恶色""耳不听恶声"。要不是听过、看过，又怎么知道什么是"恶声"？什么是"恶色"？若听了，再不听，看了，再不看，那不像把东西吃下去，再说"这个不义，我不吃"，吐出来。吃完再吐出来，那不也吃了吗？那不一样犯了罪吗？吃是真的，吐出来是假的，所以那不是伪君子吗？孟子不就有一段吃鹅的故事吗？ ①

回头再说此章的注，要注意："人无为舍其所能，而为其所不能；舍其所长，而为其所短。如此，则言者言其所知，行者行其所能，百姓各皆注其耳目焉，吾皆孩之而已。"人没有"舍其所能，而为其所不能；舍其所长，而为其所短"的，这是事实，这怎么办呢？"如此"，既然如此。"则言者言其所知，行

---

① 《孟子·滕文公下》：孟子曰："于齐国之士，吾必以仲子为巨擘焉。虽然，仲子恶能廉？充仲子之操，则蚓而后可者也。夫蚓上食槁壤，下饮黄泉。仲子所居之室，伯夷之所筑与？抑亦盗跖之所筑与？所食之粟，伯夷之所树与？抑亦盗跖之所树与？是未可知也。"曰："是何伤哉？彼身织屦、妻辟纑，以易之也。"曰："仲子，齐之世家也。兄戴，盖禄万钟。以兄之禄为不义之禄而不食也，以兄之室为不义之室而不居也，避兄、离母，处于于陵。他日归，则有馈其兄生鹅者，己频顣曰：'恶用是鶂鶂者为哉？'他日其母杀是鹅也，与之食之。其兄自外至，曰：'是鶂鶂之肉也。'出而哇之。以母则不食，以妻则食之；以兄之室则弗居，以于陵则居之。是尚为能充其类也乎？若仲子者，蚓而后充其操者也。"

者行其所能"，那就让讲的人都讲他知道的，做的人都做他能的。什么是"所知""所能"？像某人善扒东西，扒一百遍都没被抓住，这就是那人的"能"。这里的"所知""所能"，并无什么对与不对可言。我们用他的"所知""所能"，用得好，用得"以美利利天下"，就对。

等"言者言其所知，行者行其所能"了，那"百姓各皆注其耳目"，各显其聪明。既是各显其聪明，那又分什么谁好人、谁坏人呢？这唯有"吾皆孩之而已"，不论好坏都把他当作宝贝，结果"德善""德信"，就成就不世之业，成为天下的领袖。

同学真明白这一段就知道如何做人做事，不要成天傻里傻气的，"这人怎样……我不理他"，"那人怎样……我不理他"。到最后人家还不理我们呢！等人家结成帮了，坏人一帮，就对付好人，好人就变成坏人，到那时，好人或许还因之灭亡。

老子就厉害，你们好坏我不管，总而言之，都把你们当孩子，最后大家都拿他做"爸爸"。这就是老子到现在还做教主的原因。

这些真明白，不容易；真明白能用，更不容易。一个人如果坐在那里谈是非，那是最愚的人。谈是非、讲善恶、假惺惺，做宣传、做政工可以，真做事绝不可以。做事要这样，到最后越来越空，就完了。

做事最重要的是各用其所用，"各因其用，则善不失也"。像孟尝君养鸡鸣狗盗之徒，他人以为是鸡鸣狗盗，而孟尝君则认为他们是人才，是受过特种训练的人，蓄之；等需要鸡鸣狗盗之时，非他不可，会鸡鸣的鸡鸣，会狗盗的狗盗，于是孟尝君遂成其功。反过来，孟尝君门下若都是圣人之徒，都是孔孟之流，当需鸡鸣狗盗之时，无法发挥作用，孔子都得逊位，位都没了，更不要说成功了。所以孟尝君就是"善不失也"的最好例证。

更深入一层去看，孔子也不是傻呆呆守分的人，从《论语》中就可以知道，他在春秋时代是如何栖栖惶惶地到处乱跑，有缝就下蛆，下不住了，不仅挨饿，人家还要打他，可以说是到处打烂仗。对内有时还要和学生斗争一番，例如孔子说"管仲之器小哉"，学生一听就说："管仲不仁吗？"老夫子说："乃其仁！乃其仁！"跟学生马上就对上了，然后老夫子再告诉学生其中的道理，结果说他"其器小哉"有原因，说他"乃其仁！乃其仁"也有绝对的原因。由此可以看出孔子对是非的标准，就他自己是"的"，他自己就是标准，这才是真正的孔子。反观今天捧孔子、骂孔子、批评孔子的人，把孔子说成什么样了？那简直连眼睛都不睁了，那是孔子吗？

同学读书必要平摆着去看、去悟，不要有神秘感，不要以为老夫子"曲肱而枕之"是怎样又怎样……其实说不准，就是被太太踹了一脚，不能"寝如尸"，就翻过身侧着睡。但是学生问，他可不能这样答，他说"寝不尸""曲肱而枕之"，嘴会扯，到最后谁也干不过他，把别人都打下去了，就成了"大成至圣文宣王""至圣先师"。等老子没办法，挨不上边了，往天堂跑，就成了"太上老君"，因为他有胡子嘛！

笑话是笑话，人生就是如此，不明此中三昧，啥也不能做。你胡扯，你自己去，到最后成"独夫"，就完了。

《老子》里头有三分之二是可以用的，有三分之一如"小国寡民""掊斗折衡"（《庄子·胠箧》），那是理想。就像孔子的大同世界一样，实则累死人也未必能大同。

第五十章

扫一扫，进入课程

　　出生入死。生之徒十有三，死之徒十有三；人之生，动之死地，亦十有三。夫何故？以其生生之厚。盖闻善撮^①生者，陆行不遇兕虎，入军不被甲兵；兕无所投其角，虎无所措其爪，兵无所容其刃。夫何故？以其无死也。

　　出生入死。

　　【王弼注】出生地，入死地。

　　同学能够明了前面所说的"善不失也"，就能"出生入死"，否则一条道跑到黑，跟着别人殉葬，那是"以道殉人"。从历史上看，岳飞即"以道殉人"，以位让予昏君，不仅未能克尽北伐之功，且冤枉以死。既然不可"以道殉人"，那就得"以

---

　　① 他本均作"摄"。

身殉道"，历史上管仲不死公子纠，成其"九合诸侯，不以兵车"之功，就是"以身殉道"，所以当孔子弟子言其不仁，孔子许之："乃其仁！乃其仁！"

老师有鉴于此，"善不失也"，所以到处投资，《约书》也看，《法华经》也看，《地藏经》也看。因为人家说读一句《法华经》就能成佛，那老师看了一遍，当然早晚成佛。纵使不幸下了地狱，那会《地藏经》，也不吃亏。反正，怎么来都能对付。像同学一条道跑到黑，投资太少，最后就跟人殉葬了。老师这套哲学，同学可能也有所体悟，像老师将来倒是去哪？不知道。但无论将来去哪里，都预备好了，碰啥说啥，都能有一套，到哪都不吃亏。同学不要光听笑话，要悟笑话里的深意。

生之徒十有三，死之徒十有三；人之生，动之死地，亦十有三。夫何故？以其生生之厚。盖闻善摄生者，陆行不遇兕虎，入军不被甲兵；兕无所投其角，虎无所措其爪，兵无所容其刃。夫何故？以其无死也。

【王弼注】十有三，犹云十分有三分。取其生道，全生之极，十分有三耳；取死之道，全死之极，亦十分有三耳。而民生生之厚，更之无生之地焉。善摄生者，无以生为生，故无死地也。器之害者，莫甚乎戈兵；兽之害者，莫甚乎兕虎。而令兵戈无所容其锋刃，虎兕无所措其爪角，斯诚不以欲累其身者也，何死地之有乎？夫蚖蟺以渊为浅，而凿穴其中；鹰鹯以山为卑，而增巢其上。缯缴不能及，网罟不能到，可谓处于无死地矣。然而卒以甘饵，乃入于无生之地，岂非生生之厚乎？故物，苟不以求离其本，不以欲渝其真，虽入军而不害，陆行而不可犯也。赤子之可则而贵，信矣。

王注为什么说"善摄生者""而令兵戈无所容其锋刃，虎兕无所措其爪角"？因为他"无死地"。为什么"无死地"？因为"善摄生者"身上没有那个余孽，没有余孽故"无死地"。若有余孽则招蜂引蝶。

"斯诚不以欲累其身者也，何死地之有乎"，以白话来说没有欲累身，就没有死地。推其极而言，"欲"即为死地之源。

王注"夫蚖蟺以渊为浅，而凿穴其中；鹰鹯以山为卑，而增巢其上。缯缴不能及，网罟不能到，可谓处于无死地矣。然而卒以甘饵，乃入于无生之地，岂非生生之厚乎"。"蚖"，音yuán。"蟺"，音 shàn。"鹯"，音 zhān。那蚖蟺认为渊还浅，在里面凿穴。鹰鹯能飞得很高，认为山很低，在山上高处做个巢。一个在渊里凿穴，一个在山上筑巢，结果"缯缴不能及，网罟不能到，可谓处于无死地矣"。但是"卒以甘饵，乃入于无生之地"。此处要注意"甘饵"，有许多人，认为自己保持得不错了，绝对可靠了，没想到"甘饵"。只要你喜欢什么，好什么，他都给你送来：你喜欢官，官给你送来；你喜欢"中山先生"，"中山先生"给你送来……本来是很清高的，到那时候清高也就低了，也就不清高了。"乃入于无生之地"，这下子折下来了。王弼不说"死地"，开开玩笑，说这下子就进入"无生之地"。这一切"岂非生生之厚乎"？

"故物，苟不以求离其本"，"苟"者，诚也。"物"包含事。此语"求"字重要。"求"者，求其"欲"也，此处不用"欲"字，而用一"求"字，义深。盖人皆有所"求"，然不当以所"求"

之"欲"而离其本。试想若非因所求之"甘饵","蚖蟺以渊为浅，而凿穴其中；鹰鹯以山为卑，而增巢其上"，不离其洞，不离其巢，则不至于进入"无生之地"。"不以欲渝其珍，虽入军而不害，陆行而不可犯也。赤子之可则而贵，信矣"。为什么老说"赤子"可贵，就因为他没有"欲"，他是真的。这段告诉我们，筑巢于巅，凿穴于渊，都无法保住你的太平，莫不如你没有"求"，保住"大本"。人没有"求"就没有"欲"，没有"欲"，就不"渝其真"；没"求"没"欲"就是最好的"生地"。反过来说要是"有求""有欲"，不论躲在哪也是"死地"。《春秋繁露·立元神》说："自然之罚至，裹袭石室，分障险阻，犹不能逃之也。"即是此理。更深入地说，人能没有"求"没有"欲"，就达到"无为"的境界，到"无为"的境界，并不是真能不死，但是他"见义勇为""死而不亡"。"死而不亡者寿"，人生在世死不足惜，然而只怕一死一切都完了。圣人之所以不同于常人，就因为他"死而不亡"。

凡此之处皆当细玩味。王弼此人确有长才，虽然只活了短短二十九年，但是《老子》之注至今以之为准；其《易》注地位亦高，实不由不令人为之叹服。反观我们同学，连人家的注都看不懂，还自命不凡。

 陆游读老子诗三首

读老子

道德五千言，巍巍众妙门。管窥那见豹？指染仅尝鼋。

正尔分章句，谁钦达本源？蜀庄犹不死，过我得深论。

读老子

放翁晨兴坐龟堂，古铜匜烧海南香。临目接手精思床，身如槁木心如墙。八十一章独置傍，徐起开读声琅琅。怳然亲见古伯阳，袂属关尹肩庚桑。孰能试之出毫芒，末俗可复跻羲黄？阴符伪书实荒唐，稚川金丹空有方。人生忽如瓦上霜，勿恃强健轻年光！

读老子传

巍巍阙里与天崇，礼乐诗书万世宗。但说周公曾入梦，宁于老氏叹犹龙。

扫一扫，进入课程

道生之，德畜之，物形之，势成之。是以万物莫不尊道而贵德。道之尊，德之贵，夫莫之命而常自然。故道生之，德畜之，长之育之，亭之毒之，养之覆之。生而不有，为而不恃，长而不宰，是谓玄德。

道生之，德畜之，物形之，势成之。

【王弼注】物生而后畜，畜而后形，形而后成。何由而生？道也。何得而畜？德也。何由而形？物也。何使而成？势也。唯因也，故能无物而不形；唯势也，故能无物而不成。凡物之所以生，功之所以成，皆有所由。有所由焉，则莫不由乎道也。故推而极之，亦至道也。随其所因，故各有称焉。

"道生之，德畜之，物形之，势成之"，"之"指万物。"道生之"就是道生万物。道生万物之后，得"德畜之"，得以德养之。但并不是说以"道德"来养万物，而是以"天地之德"，以"天地生万物之德"来养之、畜之。天地生了万物，用万物来畜万物。

天地生了万物，用万物来畜万物。这中间的深意，同学要深悟。

然后"物形之"，物各形其形。用物来"形"万物，则每物有每物之形。最后"势成之"，因物之"势"，因时之"势"，而成一切的事。换言之，有这个"时"，有这个"势"，才成这个东西；每个东西都不是废物，亦得按每个东西的"势"，"成之"，把每个东西的"能"，发挥出来。

这一节王弼的注，好。但不如我们说的简而义畅。明白了我们的说法，再看王弼的注，就容易懂。

"唯因也，故能无物而不形"，因为它有所"因"，故能无物而不形。"因"什么？因于道。"因于道"，所以没有一个物不有所形。形者，表现出来。

"唯势也，故能无物而不成"，因为任何一物，皆有物之势。有了物之势它就成其"功"，就成其"用"。

王弼注："唯因也，故能无物而不形；唯势也，故能无物而不成。"这两句话特别重要。我们常讲"识时""识势""知因"，由这里就可以知道"因"和"势"的重要。

"凡物之所以生，功之所以成，皆有所由"，"凡物之所以生，功之所以成"，都不是凭空来的，"皆有所由"，都是"有所由"，都有所本。

"有所由焉，则莫不由乎道也。故推而极之，亦至道也。随其所因，故各有称焉"，此即"一致百虑"。"一致"是本，"百虑"则"各有称焉"。"各有称焉",即各有其名。所以人之能不得了,且看天地所生之物,哪怕是一根小草也有其名。既有其名,则有其用。

所以儒家讲"正名",不是没有原因的。

是以万物莫不尊道而贵德。

【王弼注】道者,物之所由也。德者,物之所得也。由之乃得,故曰:不得不失,尊之则害,不得不贵也。

"是以万物莫不尊道而贵德",上面既然以"道"为本,则万物没有不尊这个"道"而贵"德"的。"德"就是物之用。尊道而贵物之用,就是"天无弃物"。前面说"无弃人也",这里更进一步说"无弃物"。

王注"道者,物之所由也",此即是体;"德者,物之所得也",此即言物之用。物之用,也就是道之用。

"由之乃得。故曰:不得不失,尊之则害,不得不贵也",这予人很多启示。换言之,谁遗失了道,谁就失败。

道之尊,德之贵,夫莫之命而常自然。

【王弼注】"命"并作"爵"。

"命并作爵",就是"命"当作"爵",即"夫莫之爵而常自然"。

道和德虽有"道之尊,德之贵",但"夫莫之爵",可没有"爵"。因为什么没有"爵"?因为"而常自然"。换言之,一般社会上有尊有贵之人必有"爵"，有"道之尊，德之贵"者则不然，他没有"爵"。因其德为"天德"，其爵为"天爵"。

我们的先民告诉我们，我们是"天民"，所修之德是"天德"，所得的爵是"天爵"，到这时候那就是"永禄"，而且"得其天爵而人爵随之"，但若是"得其人爵而弃其天爵"，最后堕落了，那就完了。

故道生之，德畜之，长之育之，亭之毒之，养之覆之。

【王弼注】谓成其实，各得其庇荫不伤其体矣。

"毒之"，宋龙渊本作"熟之"。"毒之"，意即厚之。
这就是说道生万物之后，经过这些步骤来养育万物。

生而不有，为而不恃，长而不宰，是谓玄德。

【王弼注】为而不有。有德而不知其主也，出乎幽冥，是以谓之玄德也。

"生而不有，为而不恃"，此承前面言之，虽费那么多之力，经那么多事，可是"生而不有，为而不恃，长而不宰"。
"生而不有"，虽有生天地之德，可是大公无私，不以物为己有。
"为而不恃"，虽然给老百姓极多的东西，也不恃为己功。虽然给老百姓这么多的香蕉、苹果，也不仗恃着自己的功劳，说："小子没有我，你们就吃不到香蕉、苹果。"上帝不说，天也不说。由此可以看"天德"究竟为何？我们"法天"，所法为何？所以说父母和天地一样也就在这。

父母不论对儿子怎么好，没有一个感觉对得起儿子的。到最后，他总觉对不起儿子。他把江山都给了儿子，还说"你看美国还没有拿来"。这就是"为而不恃"。

"长而不宰，是谓玄德"，这句话特别重要。"长"用今天的话来说就是尽义务。"长而不宰"，就是尽义务而不做主宰。"是谓玄德"，这就是至高之德。

像儒家还讲"先劳而后获"，要先做后得。今天人最好的，做一分即要得一分，和这个观念相较，则可得三重境界。道家讲"长而不宰"，说我们虽然为社会、为国家、为天地万物，做这么大的贡献，但是我可不主宰万物，完全大公无私。儒家说"先劳而后获"，仅是说先做然后再得，他没说一定不要钱，就较老子的境界低些。至于今天人有一分劳力，就要得一分那就更低了。这就是老子高人一招处，读书至此深玩有得。

天下有始，以为天下母。既得其母，以知其子；既知其子，复守其母，没身不殆。塞其兑，闭其门，终身不勤；开其兑，济其事，终身不救。见小曰明，守柔曰强。用其光，复归其明，无遗身殃，是为习常。

天下有始，以为天下母。既得其母，以知其子；既知其子，复守其母，没身不殆。

【王弼注】母，本也。子，末也。得本以知末，不舍本以逐末也。

"以知其子"，"以"，当因解。

塞其兑，闭其门，终身不勤；开其兑，济其事，终身不救。

【王弼注】兑，事欲之所由生。门，事欲之所由从也。无事永逸，故终身不勤也。不闭其原，而济其事，故虽终身不救。

"塞其兑，闭其门"，注意！看"兑"是什么？"门"是什么？"兑，事欲之所由生"，"门，事欲之所由从也"。得从这里入手，把"兑"塞住，把"门"闭住。"塞其兑，闭其门"，这是一切"要行"之规范、轨道、入手处。

"终身不勤"，就是终身不劳。

"开其兑，济其事，终身不救"，不照前面的规范去做，反过来"开其兑，济其事"，没有"闭其原"，而"济其事"，则"终身不救"，永远忙不过来。

见小曰明，守柔曰强。

【王弼注】为治之功不在大，见大不明，见小乃明。守强不强，守柔乃强也。

【宋龙渊注】人之终身不救者，皆因不谨其小。积小成大，必然祸辱来侵。不藏用于柔，以柔用强，必至利害来攻。是以君子，能见其未形之先，能窥其细微之妙，能得其虚心之理，能藏其柔弱之用。事未至而能烛其理，事方至而能察其机。其见如此，可谓明矣。不显于有为，而其为也必勇。不示于外用，而其用也必果。其守如此，可谓刚矣。故曰"见小曰明，守柔曰强"。细详天下事物，见小则明，不见小则昧。藏其用则得，强其用则失。皆是一机之转动也。倘若不见其机，便是入于机也。入于机者，身心性命，随机而转；家国天下，随机而动。至于丧命害身，皆是一机不谨之过也。其机虽小，其害则大矣。

可不慎乎?

这里不难，我们没有细讲，同学可参见宋龙渊注。宋老夫子说得仔细万端，我们讲得比较飞扬浮躁。但不必扯他所说的"修行之人……"，那仅是康熙帝为之作序的原因，因为康熙怕后世子弟争权，争王位，所以赐序要世胄子弟必读此书，那么只要家里有人做皇帝，大家都有饭吃。自己细想一下，当可了解到，若真是"修行之人"还能做宰相?

我们看宋老夫子的注，很多地方注得极好。但一读到"修行之人……"，让人觉得气都透不出来，什么"修行之人"?天天扯这套，搞得整个时代要死不活，所以就气。

读书，脑子必须"活用"，"活用"那么旧注可以给我们一些启示，否则势为旧注束缚住而已。故杭辛斋有《讲易家之锢蔽》《易注旧说之误人》等文，说明古来以"经传所未明言，注疏所未阐发，悉目为妄谈、为异端，排斥攻击，不遗余力"等囿于旧注的毛病。同学可以自己参看。但旧注汉以前的解释还好一点，等汉以后旧注可取者不多。

"见小曰明，守柔曰强"，我们常强调要"明"，但什么是"明"?这儿告诉我们"见小曰明"。为什么说"见小曰明"?王弼说得好："为治之功不在大。"也就是治世之功不在大，因为行远自迩，登高自卑，是以"见大不明，见小乃明"。所以做任何事要从小处入手，扎下深根，不要一开始就空洞洞的。这些都是我们的入手处，立身行道都必得从小处入手，扎深功夫，往深扎根。"守强不强，守柔乃强也"，像这些道理，同学不可等闲视之。

第五十二章

385

用其光，复归其明，无遗身殃，是为习常。

【王弼注】显道以去民迷。不明察也。道之常也。

"用其光"，为什么要"用其光"？因为"显道以去民迷"。人之所以不明，所以迷，即因不知"道"，今"用其光"以"显道"，则民不复迷矣。举例言之，如孔子很讨厌"乱治"，一心要"拨乱反正"于尧舜之治，就用"有教无类"四字做法宝，将时弊治了。这一"有教无类"，百姓明白了，所以历代做坏事对不起良心的，都得向老百姓紧交待。紧交待，老百姓也明白，尽在不言中，最后必定叫你垮了。

此处可参见宋龙渊之注，然宋之说较偏于明哲保身。

【宋龙渊注】此一句，是总结上文之义。上文所谓"天下有始。以为天下母者"，乃是以守母之道，归之于道也。"塞其兑，闭其门，终身不勤"，乃是以守母之道，归之于身也。"开其兑，济其事，终身不救"，乃是以守母之道，反征之义也。"见小""守柔"者，乃是以守母之道，藏之于用也。"用其光，复归其明"，乃是以守母之道，应之于事也。既能归于道、归于身、藏于用、应于事，则动静不离于母，体用不离于母。随机应物，随用得妙，方可谓修习真常大道之人也，故曰"是谓习常"。此章经旨，前后文脉，全重"守""母"二字。总是教人知子、守母，反本复静，不可徇物忘本之义。

第五十三章

扫一扫，进入课程

使我介然有知，行于大道，唯施是畏。大道甚夷，而民好径。朝甚除，田甚芜，仓甚虚。服文彩，带利剑，厌饮食，财货有余，是谓盗夸。非道也哉！

使我介然有知，行于大道，唯施是畏。

【王弼注】言若使我可介然有知，行大道于天下，唯施为之是畏也。

"使我介然有知，行于大道，唯施是畏"，此处当特别注意"唯施是畏"四字。人世之间常有"求全之毁"，也有"不虞之誉"。以"施"言，施是好的，懂得道的人多少都要"施"。但"施"不可以滥，所以王弼说"唯施为之是畏也"，对于"施"这个观念应该有所敬畏。

这好比儒家《论语·学而》说的："礼之用，和为贵。先王之道斯为美，小大由之。有所不行，知和而和，不以礼节之，亦不可行也。"这是说"礼之用，和为贵"，先王之道就以"和"为最美，"小大由之"。什么是"小大由之"？朱子解释说，小事、大事都要按照这个标准去做。然而事都做了，还分小事、大事吗？那不成大猫走大洞、小猫走小洞了吗？所以"小大由之"之"小"应指百姓，"大"指天子。也就是从庶人以至天子，都得这样做。可是既然这么好，那就一定没毛病吗？那也不尽然，所以下面说，"有所不行"，也是有所不能行的啊！这"和"字虽好，也不能乱用。如果知道"和"就去"和"，不拿礼节之的"和"，那也是不成的。同样，知道"施"就去施，不知"畏之"，那也不行。

举个老师常说的笑话做例子。假设走在马路上，一个女子摔倒了，我们把她扶起来，她必定说："谢谢先生。"我们为表关切再问一声："是不是要我们帮忙，送你上医院？"她说："不必了，谢谢。"那我们就该走了，这就是"以礼节之"，"和"得正合适。她脑子可能对你有好印象，等不疼的时候，可能找你也不一定。反之，当时如果我们再夹缠下去，人家不但可能骂我们不要脸，还可能给我们一耳光。这便是"不以礼节之，亦不可行也"。为什么"不可行也"？因为过火了。所以"施"固然好，但必"唯施为之是畏也"。

大道甚夷，而民好径。

【王弼注】言大道荡然正平，而民犹尚舍之而不由，好从邪径，况复施为以塞大道之中乎？故曰"大道甚夷，而民好径"。

"大道甚夷，而民好径"，为什么这么奇怪？为什么"行于大道，唯施是畏"？因为"大道甚夷，而民好径"，"夷"者，平也，大道本来是平的，可是老百姓偏喜欢毛毛路。

王弼注言："好从邪径，况复施为以塞大道之中乎？故曰'大道甚夷，而民好径'。"意谓，好以邪事来塞大道之中，那不行。也就是说乱"施"不行。亦可证儒家"礼之用，和为贵。先王之道斯为美，小大由之。有所不行，知和而和，不以礼节之，亦不可行也"，正与此参验。

朝甚除，田甚芜，仓甚虚。

【王弼注】朝，宫室也。除，洁好也。"朝甚除"，则"田甚芜，仓甚虚"，设一则众害生也。

"朝甚除"，"除"，干净。宫室修得很干净。

"田甚芜"，政府既然宫室修得很干净，那钱从哪里来？既用人工，又用民钱，老百姓的地当然也就荒芜了。

"仓甚虚"，何以"仓甚虚"？因粮食都给国家纳税了。

服文彩，带利剑，厌饮食，财货有余，是谓盗夸。非道也哉！

【王弼注】凡物，不以其道得之，则皆邪也。邪则盗也。夸而不以其道得之，窃位也。故举非道以明，非道则皆盗夸也。

"服文彩，带利剑，厌饮食，财货有余，是谓盗夸"，为政者穿着有文彩的漂亮衣服，带着利剑，吃着好东西，财货还有余，你不是请盗贼来吗？

 黄老并称，"黄"指的是谁？

黄老之称，始见于汉代史籍。如：

《史记·曹相国世家》记载汉初曹参为齐相，"闻胶西有盖公，善治黄老言，使人厚币请之"，齐国大治。

《风俗通义·正失》："文帝本修黄老之言，下甚好儒术，其治尚清静无为。"

《汉书·礼乐志》："窦太后好黄老言，不说儒术。"

"黄老"的"老"指老子，殆无异议。"黄"究竟指的是谁呢？历来约有三种说法。

一、夏曾佑《中国古代史》认为，"黄"指汉初黄生。但《史记·太史公自序》说太史公"习道论于黄子"，此黄子即黄生。集解引徐广说："《儒林传》曰黄生好黄老之术。"黄生既然"好黄老之术"，可见"黄"指汉初黄生有问题。又据《史记·儒林列传》，黄生曾与辕固生争于汉景帝前，认为"冠虽敝，必加于首；履虽新，必关于足。何者？上下之分也。"

二、李长之先生认为"黄"是指张良所见之黄石。但《史记·陈丞相世家》云"陈丞相平少时，本好黄帝、老子之术。"陈平与张良同时，陈平既然"好黄帝、老子术"，则此"黄"不可能指黄石公。

又《史记·乐毅列传》曰："乐臣公善修黄帝、老子之言，显闻于齐，称贤师。"乐臣公是战国末期人，可知黄帝、老子并称早于张良的时代。

三、"黄"指黄帝,"黄老"即黄帝、老子。这也是较被认同的看法。如《史记·外戚世家》曰:"窦太后好黄帝、老子言,帝及太子、诸窦不得不读黄帝、老子,尊其术。"《论衡·自然》:"贤之纯者,黄、老是也。黄者,黄帝也;老者,老子也。"

扫一扫，进入课程

善建者不拔，善抱者不脱，子孙以祭祀不辍。修之于身，其德乃真；修之于家，其德乃余；修之于乡，其德乃长；修之于国，其德乃丰；修之于天下，其德乃普。故以身观身，以家观家，以乡观乡，以国观国，以天下观天下。吾何以知天下然哉？以此。

善建者不拔，

【王弼注】固其根，而后营其末，故不拔也。

儒家说"行远必自迩，登高必自卑"，那就是"固其根"。我们无论做学问、做事情、做事业，必先把基础打好，要"固其根"。现在商场为何老倒闭？就因为基础没打好，什么东西都摆在橱窗叫人看，里面却是空的。老师常开上海人玩笑，你别碰他衣服，碰脏了他跟你拼命；因为他一家子家私，都在衣服上，说到他家去，反没得看。做事如此，这就完了，那是舍本逐末。古时候做买卖不如此，至少老师小的时候和这就不同，那时"良贾深藏若虚"。在北方越大的买卖，门面越小，等进去之后，豁然开朗；反观今日做买卖的，正好相反。

我们做事，就得"良贾深藏若虚"，"深藏"像空的一样，那就是"固其根，而后营其末"，先把根固好了，然后再去点缀橱窗，这样根深蒂固，也就"拔"不了了。反之先点缀橱窗，那是舍本逐末，很快就倒闭，很快就"拔"了。

善抱者不脱，

【王弼注】不贪于多，齐其所能，故不脱也。

"善抱者不脱"，真能抱的，抱住了就跑不了，跑得了就不"善抱"。何以能"不脱"？因为"不贪于多"，抱着一块就行了，"齐其所能，故不脱也。"人生在世即如此，抱着不放，将之拆下一条腿来也就得了。

子孙以祭祀不辍。

【王弼注】子孙传此道，以祭祀则不辍也。

"子孙以祭祀不辍"，若果真达到"不拔""不脱"的目的，且永远这样做下去，则子孙之祭祀永远不辍。换言之，永远没有亡国败家之象，永远不亡国。所以，亡国败家就是舍本逐末来的。

修之于身，其德乃真；修之于家，其德乃余；

【王弼注】以身及人也，修之身则真，修之家则有余，修之不废，所施转大。

"修之于身，其德乃真；修之于家，其德乃余"，以"不拔""不脱"之道修之于身，则自己的德才是真的。要是拿这两个"道"修家，则"积善之家，必有余庆；积不善之家，必有余殃"，所以"其德乃余"。

王注"修之不废，所施转大"，如果真能如上所述去修之不已，"施"才能转大，所"施"既大，然后再为之，那怎么不成功？

"普"，普遍。

修之于乡，其德乃长；修之于国，其德乃丰；修之于天下，其德乃普。故以身观身，以家观家，以乡观乡，以国观国，

【王弼注】彼皆然也。

"以身观身，以家观家，以乡观乡，以国观国"，"观"者，察也。"以身观身，以家观家，以乡观乡，以国观国"，即推己及人。

以天下观天下。

【王弼注】以天下百姓心，观天下之道也。天下之道，逆

顺吉凶，亦皆如人之道也。

"以天下观天下"，以天下百姓心来察天下之道，日后为政，必注意及此。

吾何以知天下然哉？以此。

【王弼注】此，上之所云也。言吾何以得知天下乎？察己以知之，不求于外也。所谓不出户以知天下者也。

"吾何以知天下然哉？以此"，"此"，这个，即前之所叙。我为什么知道天下必这样？就因为这个。

毓老师金句

"蒙以养正"，养正的目的，就是要成就"圣功"。要"养正"就得守住正。能守住正，文明话就叫"居正"。《春秋》赞美这个"居正"，加个"大"字，就叫"大居正"。什么是"圣功"呢？"圣功"就是"一统"。因为"元者，善之长"，元是体，元的用就是一，止于一就是"正"，就是止于至善，止于元。就是"一统"。《春秋》赞美这个"一统"，加个"大"字，就是"大一统"。所以春秋讲的就是"大居正""大一统"。

扫一扫，进入课程

含德之厚，比于赤子。蜂虿虺蛇不螫，猛兽不据，攫鸟不搏。骨弱筋柔而握固，未知牝牡之合而全作，精之至也。终日号而不嗄，和之至也。知和曰常，知常曰明，益生曰祥，心使气曰强。物壮则老，谓之不道，不道早已。

含德之厚，比于赤子。蜂虿虺蛇不螫，猛兽不据，攫鸟不搏。

【王弼注】赤子无求无欲，不犯众物，故毒虫之物无犯之人也。含德之厚者，不犯于物，故无物以损其全也。

"蜂虿虺蛇不螫"，"虺"，一音 huǐ，有毒之蛇；一音 huī，有病状，如虺隤。此处当毒虫讲，读 huǐ。"蛇"即爬虫。

王注"赤子无求无欲，不犯众物"，一个赤子，也没有求，也没有欲。没有求没有欲，就不会妨害别人；不会妨害别人，别人也就不会妨害之。"故毒虫之物无犯之人也"，赤子完全不侵犯任何物，他既不侵犯任何物，那虫和物也因他之不侵犯，而不犯之。

"含德之厚者，不犯于物，故无物以损其全也"，此为比方。主动侵害人家叫"犯"。"含德之厚"的人，不主动侵害事物，事物就不侵害之，"故无物以损其全也"。这里同学千万不要误解。既然我们"不犯于物"，就要像耶稣一样，打左脸给右脸。要知道这不是我们不侵害人家之义。我们不侵害人家，但当人家侵害我们之时，则要"以柔克刚"，拿出"孙子"样，"无所不用其极"，对付这"刚"的。

骨弱筋柔而握固，

【王弼注】以柔弱之故，故握能周固。

"骨弱筋柔而握固"，以小孩为例，小孩子虽骨也"弱"、筋也"柔"，可是小手总攒着，怎么掰都掰不开，握得极紧。等到年纪愈大，事愈多，囟门越来越硬，越来越小，手也开了，也攒不住了。

未知牝牡之合而全作，

【王弼注】作，长也。无物以损其身，故能全长也，言"含德之厚"者，无物可以损其德、渝其真，柔弱不争而不摧折，皆若此也。

"未知牝牡之合而全作"，"全"字宋龙渊本作"朘"。一音

juān，当剥削讲。一音 zuī，指小孩的生殖器。小孩子"未知牝牡之合而朘作"，言小孩子不知男女关系，可是有时也"朘作"。用"全"字解，这就是"全真"，讲"真"，就要"保其全"，保其"真"之"全"。惜王氏于此矜持未言，宋氏于此则言之。"作"，是兴起的意思。

精之至也。终日号而不嗄，

【王弼注】无争欲之心，故终日出声而不嗄也。

"精之至也"，因为什么"未知牝牡之合而朘作"？"精之至也"。

"终日号而不嗄"，小孩整天哭，呶呶叫，可是嗓子不嗄。于此可见小孩哭是运动，不哭是生病。

和之至也。知和曰常，知常曰明，益生曰祥，心使气曰强。物壮则老，谓之不道，不道早已。

【王弼注】物以和为常，故知和则得常也。不噭不昧，不凉不温，此常也。无形不可得而见，曰明也。生不可益，益之则夭也。心宜无有，使气则强。

"早已"，即早亡。

知者不言，言者不知。塞其兑，闭其门，挫其锐，解其纷，和其光，同其尘，是谓玄同。故不可得而亲，不可得而疏；不可得而利，不可得而害；不可得而贵，不可得而贱。故为天下贵。

知者不言，言者不知。

【王弼注】因自然也。造事端也。

知者不言：知，智也。"智者不言"，何以不言？"因自然也"。《论语·阳货》"天何言哉？四时行焉，百物生焉，天何言哉？"

言者不知：话说得太多，"造事端"而已。

塞其兑，闭其门，挫其锐，解其纷，和其光，同其尘，是谓玄同。

【王弼注】含守质也。除争原也。无所特显，则物无所偏争也。无所特贱，则物无所偏耻也。

"解其纷"，"除争原也"，特别重要。

故不可得而亲，不可得而疏；不可得而利，不可得而害；不可得而贵，不可得而贱。

【王弼注】可得而亲，则可得而疏也。可得而利，则可得而害也。可得而贵，则可得而贱也。

故为天下贵。

【王弼注】无物可以加之也。

为什么"为天下贵"？因为"无物可以加之"，没有东西可以加于其上，这才叫作贵。

第五十七章

扫一扫，进入课程

以正治国，以奇用兵，以无事取天下。吾何以知其然哉？以此。天下多忌讳，而民弥贫；民多利器，国家滋昏；人多伎巧，奇物滋起；法令滋彰，盗贼多有。故圣人云：我无为而民自化，我好静而民自正，我无事而民自富，我无欲而民自朴。

以正治国，以奇用兵，以无事取天下。

【王弼注】以道治国则国平，"以正治国"则奇正起也。以无事则能取天下也。上章云：其取天下者，"常以无事，及其有事"，又"不足以取天下"也。故"以正治国"，则不足以取天下，而"以奇用兵"也。夫以道治国，崇本以息末；以正治国，立辟以攻末。本不立而末浅，民无所及，故必至于奇用兵也。

此章要注意，不要误解"以正治国"，要注意"以奇用兵"，兵家受其启示甚大。

"以无事取天下"，可以参考第四十八章。简言之即顺自然而取天下，绝不能以人为之道取天下。

吾何以知其然哉？以此。天下多忌讳，而民弥贫；民多利器，国家滋昏；

【王弼注】利器，凡所以利己之器也。民强则国家弱。

"吾何以知其然哉"，为什么知道他对啊？

"以此"，就因为这个。就因为"天下多忌讳，而民弥贫；民多利器，国家滋昏；人多技巧，奇物滋起；法令滋彰，盗贼多有。故圣人云：我无为而民自化，我好静而民自正，我无事而民自富，我无欲而民自朴。"

人多伎巧，奇物滋起；

【王弼注】民多智慧，则巧伪生；巧伪生，则邪事起。

法令滋彰，盗贼多有。

【王弼注】立正欲以息邪，而奇兵用；多忌讳欲以耻贫，而民弥贫；利器欲以强国者也，而国愈昏。多皆舍本以治末，故以致此也。

故圣人云：我无为而民自化，我好静而民自正，我无事而民自富，我无欲而民自朴。

【王弼注】上之所欲，民从之速也。我之所欲唯无欲，而民亦无欲而自朴也。此四者，崇本以息末也。

第五十四章"善建者不拔"，王注"固其根，而后营其末，故不拔也"，此处言"崇本息末"。后者之境界较前者为高。前者为开创的时代，后者为成功之境界。草创之初，我们"固根营末"，得坚固其根，根固之后再营其末，使之叶茂，然叶茂之后得修其枝，如此方能永长。此又如做生意，先固本赚钱，等赚了钱之后就得"崇本息末"，就是说本还得固，但得"息末"。如何"崇本息末"呢？那就是将赚的钱取之于民用之于民，这就是"息末"，就是到了成功的境界。所以说"崇本息末"以现在最简单的话来说，就是"取之于民，用之于民"。

其政闷闷，其民淳淳；其政察察，其民缺缺。祸兮福之所倚，福兮祸之所伏。孰知其极？其无正。正复为奇，善复为妖。人之迷，其日固久。是以圣人方而不割，廉而不刿，直而不肆，光而不耀。

其政闷闷，其民淳淳；

【王弼注】言善治政者，无形、无名、无事、无政可举。闷闷然，卒至于大治。故曰"其政闷闷"也。其民无所争竞，宽大淳淳，故曰"其民淳淳"也。

"言善治政者"，这是讲最会做政治的人。

"无形无名"，没有形也没有名。没有形没有名，也就是无欲无为。

"无事无政可举"，没有什么事可以举出来一件一件证实的。

"闷闷然"，顺其自然。无为无欲即顺其自然。

"卒至于大治"，结果治理到最好的境界。

简单地说，为政者，做领袖的人，应该无为无欲。因为有为有欲，"人之为道"就是自私。自己有主张，于是发表出来，这就是有为。为什么要发表？就因为有欲。既然有为有欲，就违背了自然，所以卒至于不治。相反，如果"闷闷然"，顺其自然，就可"以卒至于大治"。

等政治上真能没有己私，无为无欲，完全顺自然，于是"其民无所争竞"。为什么没有"争竞"呢？因为在上者"闷闷然"以自然为治，百姓也归于自然；既然归于自然，当然没有"竞"，也没有"争"。于是"宽大淳淳"，"故曰'其民淳淳'"。为什么能这样呢？因为上行下效，为政之人怎样领导，下面的人就怎样跟着走。

此言为政之人，无为而治，顺自然而治，完全没有自己，完全无私，不人自以为道，方能至于大治。今日之为政者，不是说我们，是全世界的为政者，不仅"有为"，而且任何一件事都是"有所为"的，则成就可知。

其政察察，其民缺缺。

【王弼注】立刑名，明赏罚，以检奸伪。故曰"察察"也。殊类分析，民怀争竞，故曰"其民缺缺"。

"其政察察，其民缺缺"，此句与上句相对为文，如果"政闷闷"，则"民淳淳"，如果"政察察"则"民缺缺"。

什么叫"政察察"呢？"立刑名，明赏罚，以检奸伪。故曰'其政察察'也"。立了刑名，还要"明赏罚"，然后拿这个办法来"检奸伪"，所以说"其政察察"。然而平心而论这个"奸伪"，是不是绝对的"奸伪"呢？被检举"奸伪"的，是不是真就是"奸伪"呢？却又不然。因为这个"奸伪"的由来，不过是由"立刑名，明赏罚"之人而来，不过是由"检奸伪"的人而来。所以这种"奸伪"，不过是"立刑名，明赏罚，以检奸伪"之人私心中的"奸伪"，而这种人也就是"大伪"之人。因其有"大伪"，才检举别人的"奸伪"。所以说他的政事完全是没有毛病还找小毛病，完全是鸡蛋里挑骨头，故曰"其政察察"也。

什么叫"民缺缺"呢？"殊类分析，民怀争竞，故曰'其民缺缺'"。我们把东西按他的类，胖的、瘦的、短的、粗的、细的，一类一类的分开，这就是"殊类"的工夫。现在我们在"殊类"里头再"分析"，像装到化验瓶子一样，"分析"到最后为止。由于分得太清楚了，老百姓就要"争竞"了。实际上不止政事如此，任何事都一样，等分门别类分得特别清楚，大家竞争得也就特别仔细。结果都是到处找毛病，所找的都是"缺缺"之事。故曰"其民缺缺"也。

同学明乎此，可以从这些地方去玩味。看看世界各国，立法最严密的国家，往往就是纰漏出得最厉害的地方。法的严密并不能左右一切，那些奸人专从法律漏洞中来做事，专和立法者斗法。

但是也不能说，"那么我们今天就恢复老子之时代"，"那样大家都顺自然去做"，因为那不可能，也不是办法。那面对今天复杂纷乱的环境，我们岂不是一筹莫展、毫无办法了吗？

这也不然。

既然这时代就是"伪","立刑名，明赏罚，以检奸伪"的，就是大伪之人。那"大圣人"就是"大坏人"。因为他高人一着，人家不能识其本来面目，看不出他的尾巴，他就把人唬住了。这懂吧？那么在这种环境里头，你有大智慧，你就可以下手，你就可以高他一着。

因为所谓"自然"，并不是有一定的限度，也没有一定的标准。"自然""不自然"，是就接受者的感觉而言。像没有人喜欢挨骂，如果骂人的人，能使挨骂的人觉得舒服，便是"自然"。反过来，夸奖人，给人戴高帽，高帽戴完，被戴的人总觉得像戴紧箍咒似的，这就"不自然"。

在我们今天说"顺自然"，也不是要恢复古时候那个自然，而是要对方感觉很舒服，感觉是"自然"。至于如何使对方感觉是"自然"，则需要我们最高的"机术"。谁有这"机术"？那就是我们前面所说的具有大智慧的人。无论在任何环境中，纵使"自为道"，也使人不觉他是"人自为道"，反而觉得他是"自然"。

明白了这些，我们再看什么是"圣人"？以我们熟知的圣人孔子为例，我们赞美他，怎么说的？《孟子·公孙丑上》说："圣人之于民，亦类也。出于其类，拔乎其萃，自生民以来，未有盛于孔子也。"为什么我们会有这种看法呢？因为我们感觉到他"仰之弥高，钻之弥坚；瞻之在前，忽焉在后"，既弄得我们摸不着头脑、糊里糊涂，又很舒服；最后算了，接受了，就算"自然"吧！再看我们干事，还没等做，一张口，就让人从嗓子眼看到下边去了，那怎行？

一个人没有"出特"（特出）之色，怎会有"出特"之名？孔子做事，高人一着，还叫人摸不透。所以我们说，在我这个类中，他是"出乎其类"的；在众人之中，他是"拔乎其萃"的。总言之，他是高人一等。但并没说究竟他是好的高人一等，还是坏的高人一等。别人五点五，他是六点六，总括起来他做事就是高人一等，就因为总括起来他高人一等，所以我们尊之为"圣人"。

讲这些什么意思？就是要同学不要以迷信、神秘的眼光去看"圣人"。读上两本书，脑子也不敢转了，步子也不敢迈了，说是学圣人。圣人要是那样，那就没法"圣人"了，准挑"剩"下。人家都跑完了，就"剩"你自己。

再看什么是"自然"？上古时代有些政治领袖，没经过正式投票，可是没有人觉得他不合法，还认为他就是伟大，是应得的。反之，有些人信誓旦旦地自己的地位是根据多少多少条规定，他是绝对合法的，可是大家就认为他不合法。前者即是"自然"，后者即是"不自然"。

我们能使人感觉"自然"，那就是最高的"机术"；有高人一着的"机术"，就能"出乎其类，拔乎其萃"；能"出乎其类，拔乎其萃"，那"机术"，也是"出乎其类，拔乎其萃"的。有"出乎其类，拔乎其萃"的"机术"，使感受者感觉我们无所欲，无所为，顺自然。我们就成就"出乎其类，拔乎其萃"的事功；反之，成功？那不必想。

"三条腿的蛤蟆不好找，两条腿的人多的是。""三条腿的蛤蟆"，不必研究，一个就成。为什么一个就成？因为少有，有一个就"出乎其类，拔乎其萃"；等再多一条腿，就不行了。

第五十八章

好好玩味去吧！

祸兮福之所倚，福兮祸之所伏。孰知其极？其无正。

【王弼注】言谁知善治之极乎？唯无可正举，无可形名，闷闷然，而天下大化，是其极也。

"祸兮福之所倚，福兮祸之所伏。孰知其极"，"祸兮福之所倚，福兮祸之所伏"，谁知道其极致之处？谁知道其极致之道，谁知道其所以然？

王注"言谁知善治之极乎"，说是谁能够知道最善之治的极则？谁知道至善之治之所以？

"唯无可正举，无可形名，闷闷然，而天下大化，是其极也"，"正"者，政也。唯没有"政"可举，没有"政事"表现出来，没有"形"可"名"，结果"闷闷然，而天下大化"，这就是他的"极则"。换句话说，当政之人为善，要为无为，在不知不觉中，纵使是善，亦不觉其善，如此至"天下大化"之时，就成功了。反之，做任何事都说是"德政"，老百姓若不以为然，以为是"得症"，那就危险了。懂不懂？这就是感受。

正复为奇，善复为妖。

【王弼注】以正治国，则便复以奇用兵矣，故曰"正复为奇"。立善以和万物，则便复有妖之患也。

"正复为奇"，为政者以其"正"施政治国，然不为天下接受，结果只好"以奇用兵"，杀一儆百，以威吓之。这是自己以为己之为政，是标准，是"正"，是政治学上的正确，结果没正，老百姓以为你害他，不听你的，只好"以奇用兵"。一部廿五史，不就这么写下来的吗？

"善复为妖"，何谓妖？异于常为妖。例如我们说"人妖"，就因为大家都这个样子，一旦有人不是这个样子，而是那样子，异于常了，所以我们称之为"人妖"。

"妖"，就是善之反。为什么"善复为妖"？为什么会有失常之患？为什么会有"善之反"的结果呢？王弼解释道："立善以和万物，则便复有妖之患也。"既是"立善"，便不是自然之善，不是天之善，也不是道之善。而是立善者自以为之善。立善者立了善，自以为不得了，但因为不是自然之善，所以不旋踵之间便有"妖之患"，便有失常之患。

所以，为政极难，毫厘之差，足以谬之千里。举个例来说，民国初年因高倡"万恶孝为首，百行淫为先"，结果民国十三年（1924）便有某女子在上海租界地裸奔，声言"打破廉耻"。自此以降，不复讲传统道德，许多人便成为人家政治上的过河卒子，终于到了今天（指1980年前后台湾地区民风）。立国、立政偶一偏差，到最后连祖宗都不知道为何物。像现在，我们是中国人，不论你是天主教、基督教……在城市里，到任何家庭，看看供祖宗的有几个？我不是说三十年后是你们的时代吗？同学现在多记住一点，尤其有志从政者，切不可以把做梦的话，都变成政纲政策，最后不堪收拾。

据老子的说法，所以"正复为奇，善复为妖"者，因"祸兮福之所倚，福兮祸之所伏"，就因为有黑即有白。

第五十八章

人之迷，其日固久。

【王弼注】言人之迷惑失道固久矣，不可便正善治以责。

"言人之迷惑失道固久矣，不可便正善以责"，因为这个错误是很久以前发生的，不能够行一点善政，就责备一切。就是说，错误并不在老百姓身上，不要把罪过往他们身上推。所以，当收复沦陷多年的沦陷区之后，要改正当地的问题，不可以拿"正善"来做责备的理由，三言两语改正改正，就可以达到目的。例如说"都是你们不听我的，听我的早就成功了"，"你们都是罪人"，"根据我这个标准去做，马上都好"，都是犯了这种错误。

是以圣人方而不割，

【王弼注】以方导物，舍去其邪，不以方割物，所谓"大方无隅"。

"是以圣人方而不割"，"是以"，因为这样所以。"是以圣人方而不割"，因为这样，因为前面所说的这样，所以圣人求"方"，但不是用刀割成方的。讲得多通神，这话懂没懂？

圣人不是不要方的，但是那个方，不是用刀子割成的；用刀割成方形，就是"立善"，就是"正举"，结果"正复为奇，善复为妖"，便有"失常之患"，便得"以奇用兵"。

王注"以方导物，舍去其邪"，"舍去其邪"，陶鸿庆《读老子札记》据下两节"令去其污""令去其僻"，以为"舍"当作"令"，"令"，使也。"以方导物"，使去其邪。拿"方"来"导物"，使他们去掉不方的，而不"以方割物"。

为什么不"以方割物"呢？因为"大方无隅"。"大方无隅"，见第四十一章。"隅"者，角也，角即界线。"大方"没有角，没有界线。有角、有界线，就是小方。

为什么"大方无隅"？因为"王者无外"。为什么"王者无外"？因为"王者天下所归往"。天下归往之，则天下一家，岂复有夷狄之辨？以是言之，所以"大方无隅"。

这些地方，同学应当仔细琢磨，《老子》真能细琢磨，再加上我们以前讲的书，必能想出一套有系统的东西，解决时代问题。可惜！老不舍心，少不舍力。王弼注的美，真是不亚于老子，就像他是老子肚子的蛔虫一样。作注，就得这样。同学要有志趣，应该给王弼注作个疏，这个王弼注就可以接着读下去，你要是注得好，给后人启示，你就是老子第三。

"大方无隅"曾有同学误以为"大方无偶"。"无偶"？那"大方"岂不都成孤家寡人，都成了和尚、尼姑？那不完了，人类都没了，哪还有什么"大方"？读书必要注意。

廉而不刿，

【王弼注】廉，清廉也。刿，伤也。以清廉清民，令去其邪，令去其污，不以清廉刿伤于物也。

"廉而不刿"，我们要廉，要使之干净，但不能用刀去割，不能用刀去刮。"刿，伤也。"我们要使之洁白干净，然而"不刿"，不受伤。为什么不受伤？因为没有加工，不是用肥皂洗的。是叫它自然而然，慢慢地变白、变干净的，从内里叫他干净的。

就像上句所说："以方导物，令去其邪。"

"以清廉清民，令去其邪，令去其污，不以清廉刿伤于物也"，"以"，作"因"解。"以清廉清民"，就像喝蜜水喝多了，就灌白水。言以"清廉"来"清民"，使去其邪，使去其肮脏，但不因为"清廉"的目的而伤物。"以清廉清民，令去其邪，令去其污，不以清廉刿伤于物"，就是不因政治目的而伤民哪！懂吧？用白话写上。许多为政之人为达政治目的，为了政治的关系，伤害了百姓，就违背了这个原则。

直而不肆，光而不耀。

【王弼注】以直导物，令去其僻，而不以直激沸于物也。所谓"大直若屈"也。以光鉴其所以迷，不以光照求其隐匿也。所谓"明道若昧"也。此皆崇本以息末，不攻而使复之也。

【宋龙渊注】此四句，又是直指古之圣人，善于为政之妙义。细想古之圣人，不为察察之政，而为闷闷之政者。其妙义，譬如"方而不割，廉而不刿，直而不肆，光而不耀"，即是闷闷之政也。方是不徇私、不任智，心上方正之义。割者，害也。方之太过，必害其政。圣人以方为体，以圆为用，方中用圆，圆中有方。所以因时顺理，方而未尝方，随宜入妙；圆而未尝圆，断不肯执于方，害其至正之理。亦不肯过于方，失其无为之政。故文中言"方而不割"，清而不贪，洁而不染，是以谓之廉。刿者，伤也。常人惟知食守其廉，不知用其廉而为政。圣人以得民为心，不以贪鄙为心。廉洁之本体，存之于心。廉洁之妙用，施之于政。体用两全，不执一隅之廉，而失其中正之理。不守一己之廉，而废其为政之事。以廉用其理，以理用其廉。天下国家，廉中之实理同然。修己治人，廉中之德用一致。有体有用，所以不伤其为政之事也。文中言"廉而不刿"，盖是此义。以正处事，不失其真常之理，便是直字之义。肆者，急切太甚，令人难堪。为政者，固贵用直，以中正之道率人，以无私之为临下。心无曲而乃能导民以善，事无曲而乃能化民以正。然非过用直，而至于肆。任己意而不察民情之宜，凭已见而不审事机之便，无敢太过，无敢不及，得当然处正之宜。天下未有不直者，国政未有不治者也。文中言"直而不肆"，盖是此义。理无不明，事无不照，是以谓之光。不以光明，自生炫耀之心，是以谓之不耀。圣人之心光明，所以人心之天德，事物之至理，种种皆明。但圣人之心光，比常人之光不同。常人之心光，炫耀于外。圣人惟能含于内，尽性情之正，明天理之全。天地之事物，无所不明；显微之造化，无所不烛。光中罔象之元机，人不能知；光中不耀之神化，人不能见。养深积厚，去妄存诚，达本穷源，不立机智，心光妙用之大，虽然隐微，自知之光，未尝不上符于天道，下参于地理，中合于人心也。故文中以"光而不耀"言之，盖是此义。此章经义，是言在上者，失于中道而为政；在下者，未有不失于中道者也。上下之中道既失，所以上不能为闷闷之政，下不能复性理之全，互相颠倒，互相错乱，或"正复为奇"，或"善复为妖"，迷之日久，无所不至矣。是故太上叮咛反复，一者，救民之迷，复民之性；二者，挽回天下，修无为之政。深有责望于天下后世者也。

"直而不肆"，"肆"，放肆。正直而不放肆。此数句可以参见宋龙渊注。

王注"以直导物，令去其僻"，"物"，包含事。"僻"，不直为僻。我们用"直"来导事、物，"令去其僻"，把不直的地方、偏的地方去掉。

去掉归去掉，"而不以直激沸于物也"。什么叫"以直激沸于物也"？例如，我们自己不做官，不要张口就说："你看我多圣人，多清廉，官都不当，天天这样。"那不是刺激别人吗？人家当官就贪污啦？所以"不以直激沸于物"的第一层意思，就是不要以己之长而愧人之短。

再进一步说，人家有"僻"，我们使他去"僻"，可不能说："你看，要没有我，你这个'僻'，还'僻'得不得了。酒还得拼命喝，你看，你不喝酒，完全是我劝的。"《老子》第三章不就说"生而不有，为而不恃，长而不宰"，天地覆育万物，倘若他也要自吹自擂，那牛要怎么吹？"要没有我，没有香蕉，没有苹果，没有……"那万物要怎么感谢？趴在地下也感谢不过来。那由人到万物，都无法活了。但天虽然做了这些它都不说，这就是天所以为天。父母的伟大也就在这。父母对子女，捧负提携，从生下来，就"恩"得不得了，我们打滚也报不完。但父母常自责对子女照顾不周，临死还说"真对不起呀！给你留得太少，才两千万……"而不言其恩。

像有人给人家跑趟腿，就邀功，说："我的鞋都为你跑漏了……"，言下之意，就该帮他换鞋底了。换鞋底？太小气了，该换双新鞋……

所以，一个人说话，如果老是自夸自己的功劳，绝没有多大的出息。同样，一个政府，一个为政者，如果老夸自己的德能、德政，没大成就也就可以知道了。

"所谓'大直若屈'也"，"大直若屈"，见第四十五章。大直的人，不自显其直，得像弯的一样，别人才接受他的"直"。此中有至高的术，同学当细味之。人不如此无法领导别人。像老师请人办事，办完之后，算得一分不差，然后再给他车马费，办事的人大为惊讶，猜不透老师当年是干什么的。做事，钱必弄清楚，弄清楚了，再给他一百块，他都高兴；不弄清楚，他多拿一千块，不但不感激，还以为你傻。懂什么是"直而不肆""大直若屈"了吗？就看这几句，老子这老头，可真厉害，活八十多岁，没白活啊！

"光而不耀"句，王注"以光鉴其所以迷"，"鉴"字，本指镜子，此处作动词用，当"照"字讲。古时以铜为镜，随时提醒人，以鉴正己。例如结婚时，轿子里悬两面镜子，使新娘随时观看自省，看自己是否玉洁冰清，对不对得起自己的丈夫，敢不敢入洞房。如果自省不干净，宁可出家，免得打了回票丢人。古时以礼戒人，一切都是有一定的，走一步都有一个礼。所以旧时拐弯抹角的地方都有一面镜子，用以照自己，警惕自己。

为什么王弼解释"光而不耀"说"以光鉴其所以迷，不以光照求其隐匿也"？我们有智慧，有学问，有道德，有高人一着的地方，即是"光"。但是有此"光"之后，不是拿它来吹牛、拿它来骄人的，而是要"鉴其所以迷"。

此处"所以"两字重要。看看社会上的人因为什么"迷"？"迷"的地方在哪里？然后我们以我们之"光""鉴之"。但是虽"鉴之"，而"不以光照求其隐匿也"。今天的人，专拿自己之"光"照人隐匿，庶不知若将自己那点"光"、那点德用

第五十八章

尽，自己也就卑鄙了，"光"也就没有了。更何况自己未便就是"光"，也许只不过是个火花，一爆就完了。所以，我们不要拿自己的光照他人的隐匿，只要拿自己的光"鉴其所以迷"，人不迷则"明"，"明"则"复于正"，因此老氏说"光而不耀"，不以光耀世，而以之鉴人。

"所谓'明道若昧'也"，一个明道的人得"有若无，实若虚"，"大智若愚"，表面上糊涂。

"此皆崇本以息末"，第五十七章言："以正治国，以奇用兵，以无事取天下。"王弼注云："夫以道治国，崇本以息末。以正治国，立辟以攻末。"也就是说"崇本"的目的贵乎"息末"。"崇本"为苦事，"息末"为甘事。如果做事开始"紧"，到最后苦尽甘来。

"不攻而使复之也"，"攻"，攻治，同"攻乎异端斯害也矣"之"攻"。如果由"崇本息末"之道，不必去攻治，就能使复其德，自己也就成功了。

这一章每句话都是至高之术，没有至高的智慧，绝办不到。讲这么多，希望同学好好培养自己，三十年后出一人物。

扫一扫，进入课程

第
五
十
九
章

治人事天，莫若啬。夫唯啬，是谓早服；早服，谓之重积德；重积德，则无不克；无不克，则莫知其极；莫知其极，可以有国；有国之母，可以长久。是谓深根固柢、长生久视之道。

治人事天，莫若啬。

【王弼注】莫若，犹莫过也。啬，农夫农人之治田，务去其殊类，归于齐一也。全其自然，不急其荒病，除其所以荒病。上承天命，下绥百姓，莫过于此。

"治人事天，莫若啬"，此句各家之注，唯王弼注最得老氏之旨。其他各家不免画蛇添足。

"啬，农夫农人之治田，务去其殊类，归于齐一也"，"务"，专心致志。农夫种田有其一定的标准，不合于这一标准的一定去掉。例如，农夫种的是地瓜，地瓜田中虽然长出几株高粱穗，

第五十九章

421

不可因高粱穗比地瓜有价值而保留，必得将之去掉。此处"务"字用得传神。为什么要"务去其殊类"呢？因为要"归于齐一也"。为什么要"归于齐一"呢？因为要"全其自然"。

"全其自然，不急除其荒病，除其所以荒病"，"不急除其荒病"，那"急"什么呢？要"急除其所以荒病"。我们用一个"急"字，把它贯串下来。"急除其所以荒病"，"所以"二字重要，知道"所以荒病"，就"急"除"所以"，那"荒病"就成次要的。为政，必得从根上着手。我常告诉你们，事未发生之前，要尽量防止它，不让它发生；既然发生了，出了毛病，那就不是一天能治好的，应该好好养足精神，打这个硬仗，寻病根所在，不急除"其荒病"，而着重除"其所以荒病"，叫它以后不再发生。例如，台湾地区乡僻之处流行乌脚病，那治乌脚病固然急，但更急的是，我们应先除掉导致乌脚病的水源才对。再如人事上，我们走到哪，人家对我们不好，对我们瞪眼，我们不要大而化之就过了，应研究"所以"瞪眼的原因。许多事都如此，不能说哪个人绝对正确，但必自根入手，叫他"清"，而不使他伤于"清"。《老子》五十八章王弼注"不以清廉刿伤于物也"，要"以直导物"，叫他自自然然地去做。此为道家之长。后世法家学道家，就学出毛病，标准一定，凡事求"必"，毫无转圜之处。

知其"所以"，自根入手，为政、处世如此，读书、夫妇相处也是如此。像同学听课，喜欢子书，不听《诗》《书》《礼》，要知道"不学诗，无以言"，"不学礼，无以立"。读书的"所以"是《诗》《书》《礼》。

再像老师教学生，同学们灵活了，在外面红、蓝、绿、黄……什么颜色都往上沾，沾了色私心自愧，不敢来见老师；其实老师心明如镜，知其"所以"，知道同学为求生存，不随波逐浪不行。

等同学夫妇相处，有意见、有争执，也要懂许多事不能说哪个绝对对，有问题必自根上着手解决，知其"所以"，叫他"清"，而不使他伤于"清"，叫他自自然然地解决，"不以清廉刿伤于物也"。

今天我们面对这个时代，也是如此。我们前一代不幸得了传染病，这一代没办法治好，我们不能光注重前代的得病，光批评，急着塑造自己，求名求利，结果使下一代又接着得病；我们这回绝对要找到得病的根，将它挑掉了，宁可牺牲这一代，绝不代代牺牲。

"上承天命，下绥百姓"，"上承天命"言不忽略本，"下绥百姓"言息末也。天为本，人为末，崇本以息末。"莫过于此"，莫过于此道，没有比这个道再高的。

夫唯啬，是谓早服；

【王弼注】早服，常也。

毓老师笔记

"早服，常也"，早服其自然，其用则齐一，所以不离其常也。

"夫唯啬，是谓早服"，唯有有"啬"的功夫，才说是"早服"。什么是"啬"的功夫呢？前面王弼说过"务去其殊类，归于齐一也"。为什么要"务去其殊类，归于齐一也"？王弼说为了"全其自然"。也就是说，要"全其自然"，"早服其自然"，"其用则齐一"，他的"用"就在"齐一"；唯有"齐一"了，把"殊类"都去掉以后，才能说是"早服"，才"早服其自然"，才"全其自然"。如果没有"啬"的功夫，则没有办法恢复自然。

古人常说"非我同类，其心必异"，我们除去其"殊类"，则其心不异，"不异"即"归于齐一"。这都不是讨论善恶，这是"术"、是手段。"为达目的，不择手段"。同学说，说"术"，说"手段"，怕不好听，那这是"方法"。历来做事没有不用的，天下没有"一脚踩两条船"的事，差别只在用得高低而已。

早服，谓之重积德；

【王弼注】唯重积德，不欲锐速，然后乃能使早服其常，故曰"早服，谓之重积德"也。

"早服，谓之重积德"，"重"，一般注读 zhòng，我们认为念 chóng 更有意义。为什么呢？因为我们原来有本、有正，可是后来离开了这个本、正，而成为邪，现在不邪，再归于本、正，岂不是"重积德"吗？

我们读古书，可以告诉人家我们的看法，不必说古人没有这样讲，就以为绝对不可以这样讲，但也不必将古人的说法就否定了。

王注"唯重积德，不欲锐速"，此为道家最高境界。为什么"不欲锐"？因为"出头的椽子先烂"，为什么"不欲速"？因"欲速则不达"。"锐"与"速"即超自然，不顺自然。"不锐""不速"，即不违背自然而顺自然。举个简单的例子，我们说"我走得好快呀"，那就是超过我们正常人走路的样子，超过了自然。换言之，"锐"与"速"都是人工的、人为的。我们若要"早服"、要"重积德"，唯有"不锐""不速"，才能顺自然。

"重积德""不锐""不速"，"乃能使早服其常"，所以五十八章说："方而不割，廉而不刿，直而不肆，光而不耀。"因"割""刿""肆""耀"，如同"锐""速"，都是"人为的"，而"不割""不刿""不肆""不耀"，以"方""廉""直""光"，则是"顺自然"。

"故曰'早服，谓之重积德'也"，因人本身就有德，后来失掉德，现在用修养的方法又回到那个德，所以说"重德"。又因为德是一点、一点，顺乎自然来，所以说"重积德"。

重积德，则无不克；无不克，则莫知其极；

【王弼注】道无穷也。

"重积德，则无不克"，我们下了"重积德"的功夫则无不克。什么是"重积德"的功夫呢？就是我们本来之正，因失正而趋于邪，现在又一点一点地积德，使复其正。这积德复正的功夫即"重积德"的功夫。既复其德，则无论做什么事，没有不克其全功的，没有不顺利的。

"无不克，则莫知其极"，要是没有什么事不能成功的话，就没有人知道他的极致之则。

什么叫"莫知其极"呢？为什么莫知其极致呢？因为他之智慧、他之行为、他之成就超过一切预算之结果。为什么超过预算的结果呢？这可以用儒家"无所不用其极""无入而不自得"的话来说明。也因此，他的成就超过预期。

为什么能达到这么高的境界呢？因为"道无穷"也，因为道本身就是无穷的，我们不人为，顺道而行，当然也无穷了。

莫知其极，可以有国；

【王弼注】以有穷而莅国，非能有国也。

"莫知其极，可以有国"，人修养到"无所不用其极""无入而不自得"的境界，莫知其极致，才"可以有国"。反之，要知其极致，就不可以有国。

"以有穷而莅国，非能有国也"，"莅"，面临。什么叫"有穷"？人为的办法就是有穷的。人的智慧有限，如果我们不去求道之源，而以己之小智慧用事，早晚必干涸。所以，用有穷的智慧、人为的办法，来治理国家，面临国家，一定不能"有国"。那怎么办呢？必得以莫知其极致的办法来治国，那才能"有国"。什么是以莫知其极致的办法治国呢？那就是顺自然之道治国。顺道而治国那才永远有国。

同学读书，随时玩味，躺在床也可以想一想，随时想到了，有心得就做笔记。人的灵感一现的刹那，那是最宝贵的，等过半个钟头坐在书桌前再写，就慢了，到那时，再想都想不到。要勤，自己准备个小笔记本，翻身打滚有心得就记，最懒也得写到书上。随时提笔记下，就可以作为基础，日久天长以这个基础启发自己，不怕它错，慢慢得到了启发，就走入了正途，因为智慧进步了。千万不要说等作书再写，著书立说是千年工夫积成，等端坐好，说我开始作书啦，那就"输"啦！

有国之母，可以长久。

【王弼注】国之所以安，谓之母。重积德，是唯图其根，然后营末，乃得其终也。

"有国之母，可以长久"，什么是母呢？"国之所以安，谓之母"，那"国之所以安"的"所以"，就是"母"。你们看这"母"究竟是什么东西呢？那不就是"道"吗？

王注"是唯图其根，然后营末，乃得其终也"，"唯"，就只有。我们无论做什么事情，只要努力去经营其根，图谋其根，培其根，然后再计划计划那个末梢，经营那末梢之事，则只要根深未有叶不茂者，叶既茂，"乃得其终也"。反之，许多人忽略了开始，就想结果茂盛，世上有这个理吗？

是谓深根固柢、长生久视之道。

"是谓深根固柢、长生久视之道"，根要深，就固这个柢，这才叫"长生久视之道"。你们不是常转文："我们不能马马虎虎，我们得营长生久视之道……"，道理就在这。真要"长生久视之道"，就得"唯图其根"，然后再营其末，乃能有成。

毓老师金句

奉元宗成纪，启运主辟雍。

培元就是养正，元培就是大居正、大一统。

我们每天的责任：拨乱反正。

奉元五德：慈、孝、友、恭、信。

扫一扫，进入课程

第
六
十
章

治大国，若烹小鲜。以道莅天下，其鬼不神；非其鬼不神，其神不伤人；非其神不伤人，圣人亦不伤人。夫两不相伤，故德交归焉。

治大国，若烹小鲜。

【王弼注】不扰也。躁则多害，静则全真，故其国弥大，而其主弥静，然后乃能广得众心矣。

"治大国，若烹小鲜"，治理大国就像烹小鱼一样，不可以朝令夕改乱折腾，否则尸骨无全。

现在言做菜之方式常说"煎炒煮炸"，实则应为"煎炒烹炸"，而"烹"又为最难的手艺。什么是烹呢？先将菜煮透，煮透并不是煮熟，然后拿出。再将锅烧热，将少许的水、油和菜放入，然后一次油、一次水地往上掸，油水一接触热便"噗"

的一声，就这样慢慢地将之"噗"熟。其味保持本味，特别鲜美。煮的时候，得先把作料都放好，煮到八分熟即可。此手艺特别需要工夫，否则下边糊了，上边还是嫩的。另外又不可完全用油，完全用油则成炸的。必先掸水，一噗，然后再掸上油，一噗，如此循环至菜熟为止。

因为什么"治大国，若烹小鲜"？王弼说得好："不扰也。"为政就是不要扰民。"躁则多害，静则全真"，脾气暴的人要特别修静的功夫，静才能保全已之所有。人如果特别容易怒，则无法用智慧，所以说"智者不怒"。

"故其国弥大，而其主弥静"，所以他的国越来越大，而他的主越来越静。因此要做一个大国的国君，就得下静的功夫；事业越大，越得有容量。俗话说"宰相肚子行开船"，说得土一点，为大事者必得有如馊水缸般的肚量，咸的、辣的、酸的、馊的、臭的都能往里头装。由这看一代帝王的涵量，亦非常人所能及。有了上述的功夫，"然后乃能广得众心矣"。

以道莅天下，其鬼不神；

【王弼注】治大国则若烹小鲜，"以道莅天下"，则"其鬼不神"也。

"其鬼不神"，"神"，作动词解，"其鬼不神"，言鬼都不灵了。道生人，人生鬼，若"以道莅天下"，则鬼就不神。因为本镇得住，末梢不足为虑。

非其鬼不神，其神不伤人；

【王弼注】神不害自然也，物守自然，则神无所加；神无所加，则不知神之为神也。

"非其鬼不神，其神不伤人"，何以"不伤人"？因为"合德"了。为什么说"合德"了呢？因"神不害自然也"。神就是自然，自然当然不害自然。所以"物守自然"，物要能守自然，"则神无所加"，则自然无法再加于自然，那就是完完全全的自然了。"神无所加，则不知神之为神也"，神既无所加，当然也不知什么神不神的了。

是故为政的人要和百姓"同德"，使百姓享福了还不知道谁给的。这就是"不知神之为神"，"神无所加"，达到政治的至高境界。进一步言，为政者不要老是自我歌功颂德，要百姓感谢这、感谢那的；百姓感谢的背面，必有不感谢的报应。百姓所以会感谢，就因为以前缺这些东西。例如，今天百姓有了糖吃说谢谢，就因为昨天没有糖吃。反过来，百姓要是天天有糖吃，不论谁对他们吹牛，百姓都笑了，因为百姓对糖的体会更多，而东西一多也就不足为贵了。根据这些，看今天世界上有些为政者，轻则自打嘴巴，重则自掘坟墓，不知为政之道，以百姓为愚民。殊不知百姓不愚，他不但不愚，他的"玩招"还多得很，以百姓为愚，是为政者自己愚，等到他醒悟，已悔之晚矣！

非其神不伤人，圣人亦不伤人。

【王弼注】道洽，则神不伤人；神不伤人，则不知神之为神。

道洽，则圣人亦不伤人；圣人不伤人，则不知圣人之为圣也。犹云不知神之为神，亦不知圣人之为圣人也。夫恃威网以使物者，治之衰也。使不知神圣之为神圣，道之极也。

"非其神不伤人，圣人亦不伤人"，这和儒家的观念没有多大的区别。

"道洽则神不伤人"，"洽"，和也。道要是和合了，神当然不伤人。

"神不伤人，则不知神之为神"，反过来说，要是知道"神之为神"，德之为德，就证明缺"所神"，缺"所德"。

"道洽，则圣人亦不伤人；圣人不伤人，则不知圣人之为圣人也"，换句话说等知道有圣人，那时世可知。

"犹云不知神之为神，亦不知圣人之为圣人也"，至此一切都在自然之中。例如，鱼在水中不知有水，人在自由里不觉自由之可贵。一个在自由民主环境里的人，并不懂得什么是自由民主。等那曾经失去自由民主的人，一旦获得自由民主，才感到自由民主的地方是天堂。

"夫恃威网以使物者，治之衰也"，"恃威网使物"，如公司老板规定职员迟到一分钟要罚多少钱，迟到两天要革职者，皆为此类。最后宣判了，这是"治之衰也"。

"使不知神圣之为神圣，道之极也"，懂吗？要"使不知神圣之为神圣"，才是"道之极也"。同学若自现在就学政术、就"磨"起，真用事时，就像"鸡蛋掉元宵汤"——既混又滑，兜水不漏。人就是"磨"，"磨"久了"铁杵磨成针"。

夫两不相伤，故德交归焉。

【王弼注】神不伤人，圣人亦不伤人；圣人不伤人，神亦不伤人，故曰"两不相伤"也。神圣合道，交归之也。

"夫两不相伤，故德交归焉"，"德交归焉"，此即合德。儒家所言"大人者与天地合其德"，亦与此义相发挥。

实则中国思想并未分家，分家乃是后人恶其害己，遂分家以去其异，定于一尊，由此可证。以《庄子》为例，《逍遥游》所言即自由，《齐物论》所言即平等，《养生主》所言即以此养生，《大宗师》所言即以此为大宗师。严老先生评《老子》说："《南华》以《逍遥游》为第一，《齐物论》为第二，《养生主》为第三，《老子》首三章亦以此为次第。"可见老、庄之学，完全有其所指，有其意义，并不是一学老、庄，头也不剃，脸也不洗。老、庄都如此，更何况其余诸子，当然更有所指。诸子都是把一生所受的窝囊气，笔之于书，希望有用于后世。我们读，要以他的智慧，启发我们的智慧，集其大成。这样纵使是坏，也坏得够标准。现代人动不动说"古书不必读了"，"古书不必读"？那是他浑。

再拿《史记》来说吧！司马迁自己说是"上承麟书"，且"草创未就，会遭此祸，惜其不成，是以就极刑而无愠色"。以白话说，他临受宫刑，还吹牛"我今天受了这个污辱，所以不死，就为了写这部书，不然我早就死了"。你就知道他有多大的怨气！我们读《史记》，若不求司马迁苦心之所寄，不明麟书，不知"《诗》亡而后《春秋》作"，不将《诗》《春秋》《史记》三书脉络贯通，又岂能真懂《史记》？又岂能真懂其中的道理？近代研究《史记》，多从文章上着眼，太史公地下有知，那真欲哭无泪，那真要命了！

毓老师金句

· 淡泊以明志，宁静以致远

同学特别注意养成"冷静"之功夫，所谓"淡泊以明志，宁静以致远"。什么叫"淡泊"呢？一个人若是欲望高，见什么要什么，见什么想什么，那哪能够"淡泊"？所以若想"淡泊"，最简单的就是要"去欲"，欲一少则"淡泊"，"淡泊"则志明。盖"明志"者，明其心之所主也。由一身言，心之所主一明，则不会动摇，《中庸》上说"至死不变，强哉矫"。如此一来方能"宁静致远"。

更实际点说，同学们都有抱负，都想"图难"，那就赶快从"易"入手，从自己本身下功夫，养成淡泊，"为无为，事无事，味无味"，一切顺自然。等顺自然了才能"明志"，才能将己心之所主"明于事"，使大家一看就知道是怎么回事。等有了第一步功夫之后，第二步便是"宁静"。一个人若能"淡泊"，自然就能"宁静"，"宁静"方能深思熟虑，深思熟虑方能"虑深通敏"。如此才能"致远"，才能成其远大之业。

大国者下流，天下之交，天下之牝。牝常以静胜牡，以静
为下。故大国以下小国，则取小国；小国以下大国，则取大国。
故或下以取，或下而取。大国不过欲兼畜人，小国不过欲入事
人。夫两者各得其所欲，大者宜为下。

大国者下流，天下之交，天下之牝。

【王弼注】江海居大而处下，则百川流之；大国居大而处下，
则天下流之。故曰：大国下流也。天下所归会也。静而不求，
物自归之也。

　　"大国者下流"，"下流"，并不是时下骂人的话。大国要像
江海一样，居大而处下，则天下之水皆归之。小国就像百川都
往里淌，要不做你的附庸，都觉得不够味。
　　王注"大国居大而处下，则天下流之"，就大一统了。举

个例子来说，刚光复之时，南亚某小国即遣使入贡，其时有此心理的小国不止一个，然不旋踵间一切都变了，所以一个人好坏皆自取。《春秋公羊传》所言"大一统""大居正"不外乎此理。

"天下之交"，"大国者下流"，因为它是"天下之交"，天下都得往彼处归会，所以王注说："天下所归会也。"

"天下之牝"，牝为母。雌不求雄。雌守"静"不求，而雄"物自归也"。此即牝之作用。牝之德即"守静"。

牝常以静胜牡，以静为下。

【王弼注】以其静，故能为下也。牝，雌也。雄躁动贪欲，雌常以静，故能胜雄也。以其静复能为下，故物归之也。

"牝常以静胜牡，以静为下"，为什么"牝常以静胜牡"呢？因为它"以静为下"。这个"下"即"大国下流"之"下"。牝以静之功夫来下牡。"胜"即"下"之功夫表现结果。此处当注意，"静"非指不言不动，乃指少私寡欲。人必少私寡欲乃能静。

举个简单的例子来说，一个女孩必静，必少私寡欲乃有人求之。少私则不忌妒。天下没有人要找一个妈妈型的妻子天天管着自己，像面然大士①一样。须知观音大士所以化身面然大士，是因为他要度鬼，所以化身鬼的象征，才能和鬼合作。进

---

① 面然大士：佛经中谓救苦救难的观音菩萨化身，是瑜伽施食法门中鬼王的代表。来源于唐朝实叉难陀《佛说救面然饿鬼陀罗尼神咒经》。面然也叫乌尤，乌尤为印度语之音译，汉译为面然，为佛教密宗瑜伽部主尊之一。

一步言，我们想干什么，就得像什么，人要做人，就得走一条人的路子，不要真成了"面然大士"，吓死人。

"雌常以静，故能胜雄也。以其静复能为下，故物归之也"，此言雌以静胜雄，因其既有静之德，还有修养的功夫，还能为下，"故物归之也"。

故大国以下小国，则取小国；小国以下大国，则取大国。

【王弼注】大国以下，犹云以大国下小国，小国则附之。

"故大国以下小国"，大国下小国的目的，即后面所言"则取小国"。大国能下小国，则小国"附之"。

小国以下大国，则取大国。

【王弼注】大国纳之也。

"小国以下大国，则取大国"，小国能下大国，就取了大国。这并不是说小国把大国占领了，而是"大国纳之也"，大国接纳了他。要知道有时若不叫人家说是小国，人家也不接纳你，也不承认你。

"小国以下大国，则取大国"，凡此深意皆不限于国，细玩之，人我间关系亦然。

故或下以取，或下而取。

【王弼注】言唯修卑下，然后乃各得其所。

第六十一章
437

"故或下以取，或下而取"，一言"以取"，一言"而取"，乃分指大国、小国为言。然不论"以取"或"而取"皆"唯修卑下"，"然后乃各得其所欲"，都达到自己的目的。据陶鸿庆说，王注"各得其所"下，当有"欲"字。

此处所言皆是功夫。人苟能"各得其所欲"，达到其所欲，即为功夫。

大国不过欲兼畜人，小国不过欲入事人。夫两者各得其所欲，大者宜为下。

【王弼注】小国修下，自全而已，不能令天下归之。大国修下，则天下归之。故曰"各得其所欲，则大者宜为下"也。

"大国不过欲兼畜人，小国不过欲入事人。夫两者各得其所欲，大者宜为下"，大国的目的"不过欲兼畜人"，小国的目的"不过欲入事人"，两者所以天天紧紧张张勾心斗角，亦不过为"各得其所欲"。既欲各得其所欲，则唯修"下"之功夫。

推而言之，此大国小国，不光指国与国之间言，人生中人我关系亦复如是。人皆有占领欲，当力量不及人，无法抗拒占领之时，唯有"事人"。人若既不能占领，又不能"事人"，既不能"将将"，又不能"令令"，不能"受命"，则成"怪人"。

人各有所欲，既然各有所欲，如果有识、有见，则能做得恰到好处，也能保其国。所以说"小国修下"，可以"自全"；"大国修下"，"则天下归之"。

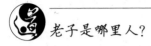 **老子是哪里人?**

　　老子是哪里人? 自来国有楚、陈、宋之别, 县有苦、相之异, 乡有厉、赖、濑之差, 罗根泽先生、谭介甫先生罗列相关记载, 竟有十数种之多。

　　关于老子故里的记载, 最早见于司马迁《史记·老子列传》:"老子者, 楚苦县厉乡曲仁里人也。"楚就是古代楚国, 苦县就是今鹿邑县, 厉乡或作濑乡、赖乡。据俞樾考订厉、濑、赖古通用。

　　《史记索隐》:"苦县本属陈国, 春秋时楚灭陈, 而苦又属楚, 故云楚苦县。至高帝十一年, 立淮阳国, 陈县、苦县皆属焉。今检《地理志》, 苦实属淮阳郡。"

　　《史记正义》引《年表》:"淮阳国, 景帝三年废。至天汉修史之时, 楚节王纯都彭城, 相近。疑苦此时属楚国, 故太史公书之。"

　　《通典州郡》:"真源, 古之苦县, 老子生于此。"

　　《括地志》:"苦县在亳州谷阳县界。有老子宅及庙, 庙中有九井尚存, 在今亳州真源县也。"

　　《历代地理沿革表》卷二十五:"苦, 汉属淮阳国, 后汉属陈国。三国仍称苦县。"

　　《元和郡县图志》卷七:"真源县, 本楚苦县, 春秋时属陈, 后为楚所并。汉属淮阳国。后汉苦县属陈国。"

　　《历代疆域表汉淮阳国》:"苦县, 今鹿邑县束十里, 楚之苦县。"

上引典籍均以老子为苦县人，且记载了苦县更名及隶属沿革的轨迹：

东周初之前属陈国鸣鹿（今河南省鹿邑县辛集乡）——春秋楚国苦县、西汉淮阳国苦县、东汉陈国苦县。

然因苦县先属陈，后并于楚，故谓之陈人、谓之楚人均有所据。

扫一扫，进入课程

道者，万物之奥，善人之宝，不善人之所保。美言可以市，尊行可以加人。人之不善，何弃之有？故立天子，置三公，虽有拱璧以先驷马，不如坐进此道。古之所以贵此道者何？不曰：以求得，有罪以免邪？故为天下贵。

道者，万物之奥，善人之宝，不善人之所保。

【王弼注】奥，犹暧也。可得庇荫之辞。宝以为用也。保以全也。

"道者，万物之奥"，道是万物的庇护者。《管子·心术上》说"道者，德之舍"，正与此言道为万物之舍，为万物的庇护处相发挥。

"善人之宝"，道为"善人之宝"，此宝不同于"金玉以为宝"之宝，不是仅供陈列赏玩之古玩，而是有用的活宝。

"不善人之所保"，道是"不善人之所保"，何以它能保护不善之人？因"保以全也"。譬如小国投大国而得以保全，所以说道是不善人之所保。

美言可以市，尊行可以加人。

【王弼注】言道无所不先，物无有贵于此也。虽有珍宝璧马，无以匹之。美言之，则可以夺众货之贾，故曰"美言可以市也"。尊行之，则千里之外应之，故曰"可以加于人"也。

王注"道无所不先"，因为道为万有之母，所以道在万有之先，道就是万有之先。

同学若能安心读三本子书，真下功夫则够用。其实不必三部，一本精，也够用；不精，口耳之学罢了。至于黉舍所以选九子，乃另有目的。同学苟能真将九子都接受，将许多道混合，变成一个道，日后必有非常之成就。同学读子书，当知我们讲子书之目的。所以人家如果看我们同学是坏人，则学有所成；如果看同学憨厚，则必有所迷。须知憨山大师并非真憨，乃为假憨，在他写的书中有那么多智慧，那是憨吗？

"物无有贵于此也"，所有的万物没有比道再贵的了。

"虽有珍宝璧马无以匹之"，"匹"者，匹配。言虽有珍之宝及用璧做的马也没有方法和它比。

"美言之，则可以夺众货之贾"，"贾"，商人。商人为利可以骗其父。

此言虽为珍宝美璧，若无美言之功夫，人或以为假货而不知爱贵之。进一步言，以道之尊贵，若无美言之功夫，人亦不知爱贵之。以人事言，纵为不世之才，若无美言之功夫，人亦不知其才。所以《论语·雍也》孔夫子亦感慨地说："不有祝鲩之佞，而有宋朝之美，难乎免于今之世矣。"难乎免于今天的失业也。所以我们有真功夫、真学问之后，还要有美言的功夫，还要有口才。有"美言"的功夫，假货可能当真货卖了；真货不"美言"，也可能当假货卖了。无价之宝得无价之人看。

撇开其他的不说，如果一个人说话吭吭叽叽、颤颤巍巍的，又如何能临众呢？所以必要有些气势，像钢炮一样，叽里呱啦地一说，就将之镇住了，然后糊里糊涂地就叫之点了头，既点了头必使之吃亏。

"尊行之，则千里之外应之，故曰'可以加于人'也"，"尊行"，最好的行为。以最好的行为行之，则千里之外应之，如此则"可以加于人"。此与"美言可以市"各为一步功夫。

人之不善，何弃之有？

【王弼注】不善当保道以免放。

"人之不善，何弃之有"，因为"善吾亦善之，不善吾亦善之"。

明乎此，同学不当孤芳自赏、自绝于人，动不动就说"我不理你"。你不理，人家还有喜欢的；你嫌臭，天下还有逐臭之夫。天下本无弃物。

王注"不善当保道以免放"，他本或作"不善当保道以免于罪"。"保道"，就是大原则不失。所以我们看许多人做一辈子坏事，却没吃到亏，就因为他能守住大原则，有所不为。人能有所不为，就能免于罪。

故立天子，置三公，虽有拱璧以先驷马，不如坐进此道。

【王弼注】言以尊行道也。此道，上之所云也。言故"立天子，置三公"，尊其位，重其人，所以为道也。物无有贵于此者，故虽有拱抱宝璧以先驷马而进之，不如坐而进此道也。

为什么立三公呢？因为"大道之行也，天下为公"，所以王弼说"以尊行道也"，也不外乎就是一个"公"字。

"虽有拱璧以先驷马，不如坐进此道"，"拱璧"，拱抱之璧。"驷马"，即四匹马。古以四马拉车一乘。送礼之时得送驷马，而拱璧又在驷马之先送进去。但是虽如此重的礼"不如坐进此道"。什么是"此道"呢？王弼说"上之所云也"，也就是说"美言可以市，尊行可以加于人"之道。"坐进"者，身不动、膀不摇，有把握地进入这个道。此中有"定"的功夫。

"尊其位，重其人，所以为道也"，今日做事亦复如是。古人说"尊其位，重其人，所以为道也"，在今天说得通俗点就是"捡便宜"。举个例来说，如果同学见了老师，老是你啊你的，老师不高兴，问什么都说"不知道"。反之一见老师面就说："老师，我很久没看老师，很想老师，今天来看看老师。"这样老师即使要生气也乐呵了，也可以问点东西了。更直接点说，叫声老师——"尊位也"，见老师行个礼——"重人也"，所以为道——"得便宜也"。

"物无有贵于此者"，此即前面所言"言道无所不先，物无有贵于此也"，所以"故虽有拱抱宝璧以先驷马而进之，不如坐而进此道也"。

古之所以贵此道者何？不曰：以求得，有罪以免邪？故为天下贵。

【王弼注】以求则得求，以免则得免。无所而不施，故为天下贵也。

"古之所以贵此道者何"，因为什么贵此道呢？

"不曰"，不是说。

"以求得"，拿这个求，则得之。亦即儒家《孟子·尽心》所言："求则得之，舍则失之"。

"有罪以免邪"，我们有罪了，也可以拿这个"道"免我们的罪。因为什么能如此呢？因为"以求则得求"，"求"得了，就免罪了。

"故为天下贵"，所以天下人都把这看得很重要。

王注"以求则得求"，我们想要求什么，就得什么。"以免则得免"，我们想要免罪就免罪。

"无所而不施，故为天下贵也"，此即如儒家所言"无所不用其极""无入而不自得"，"故为天下贵也"。

 毓老师金句

我们人生在世想要在社会上站得住脚很不容易，所以一举一动都要特别慎重，偶一不慎不知引起多少人反感。但这极难，

第六十二章

所谓"羊羹虽美，众口难调"，有些人喜欢吃酸的，有些人喜欢吃辣的，我之所为，非其所好，人家可能把你看得比苍蝇、比蛇蝎还坏。要特别注意，一个人真想在社会立足，那很不容易，自己不下点真功夫，光凭骗人，只可骗人一时，日久天长能骗得住吗？一个人做事，不要盖着盖儿闷罐摇，等盖揭开了，空的，什么都完了。

扫一扫，进入课程

为无为，事无事，味无味。大小多少，报怨以德。图难于其易，为大于其细。天下难事，必作于易；天下大事，必作于细。是以圣人终不为大，故能成其大。夫轻诺必寡信，多易必多难。是以圣人犹难之，故终无难矣。

为无为，事无事，味无味。

【王弼注】以无为为居，以不言为教，以恬淡为味，治之极也。

"为无为，事无事，味无味"，前一"为"字、"事"字、"味"字均为动词，故上"为"字音 wèi。

王注"以无为为居，以不言为教，以恬淡为味，治之极也"，"以无为为居"是讲"为无为"，"以不言为教"是讲"事无事"，"以恬淡无味"是讲"味无味"。也就是说，无"意、必、固、我"

去做一事，为其所无为，事其所无事，味其所无味，完全顺自然做事，这是"治之极"。

大小多少，报怨以德。

【王弼注】小怨则不足以报，大怨则天下之所欲诛。顺天下之所同者，德也。

"小怨则不足以报，大怨则天下之所欲诛"，王注发人深省。"小怨则不足以报"，像你瞪人一眼，人瞪你一眼，那是无所谓之事，何必还去报呢？如果他是一个卖国贼，"则天下之所欲诛"，要杀他的人多得很，还用你去杀他吗？

"顺天下之所同者，德也"，以白话言之，即一个人不要"素隐行怪"，不要标榜立异，要能少数服从多数。能够以少数服从多数，以少随众的，都是德。

进一步言，一个人把自己造成自己有所主，把自己塑成某种形、染上某种色。因为那特定之形色为一时之物，时过则过，若将己身拘执其中，则终身无法"和同应物"，成其事功。"顺天下之所同者，德也。"这懂吗？我们要得其所"同"，不要得其所"怪"。我们把一时的信仰、把一时的迷信，弄到身上，终身不能褪啊！这话懂不懂？所以要特别注意，这话我不知说过多少遍，可能你们还有成见，其实我这是"人之将死，其言也善"，等你们吃了亏，后悔都来不及。

明白了这些，则知老氏所言"报怨以德"，乃是说小的怨不值得报，大的怨不必我们去报，因为有很多人去报。而我们要顺着多数跑，因为"顺天下之所同者，德也"。以"顺天下之所同"的"德"报怨。这话懂了吧？这多滑头，他总不吃亏，还顺着多数跑，跑到最后，准捡便宜。

图难于其易，为大于其细。天下难事，必作于易；天下大事，必作于细。是以圣人终不为大，故能成其大。夫轻诺必寡信，多易必多难。是以圣人犹难之，故终无难矣。

【王弼注】以圣人之才，犹尚难于细易，况非圣人之才，而欲忽于此乎？故曰"犹难之"也。

"图难于其易，为大于其细。天下难事，必作于易；天下大事必作于细"，老子每一章都发人深省。没有比今天再需要用智慧的，假使再不会用，不知要吃多少亏。

"图难于其易"，"图"，动词。谁都不愿轻轻忽忽地过了一生，谁都想成就不世之业。这不世之业就是"难"。儒家说"先难而后获"，要我们先要做一般人认为最难之事，将我们自己私得之获、私得之利益，都做在后头。那是"图难"之义。

然"图难"必于其"易"，"先难而后获"，也要"行远自迩，登高自卑"。成就不世之业，必得先从那个最容易、最近、最低的地方入手。什么是最低、最近、最容易的地方呢？最简单地说就是"本身"。如果自己都不能把本身弄好，自己都照顾不了自己，又哪能谈到管人家的事、管天下的事，哪能谈"图难"呢？

再从儒家的观点来说，如果自己要造就自己，必得有那个担当，必得先自问是否有那个"图难"的担当。若答案是否定的，那只是白日梦而已。人无生而贱者，也无生而自甘卑微的，

第六十三章

成就不世之业，必自易、微、卑、近之处入手。常言说"积沙成塔"，塔很高很大，却是由一粒粒沙子累积而成。

由这看，读前人之书不必强分家，思想上大彻大悟的人，所了悟的一样多，大家都知道这样做，所以道家言"图难"，儒家言"先难而后获"；道家言"图难于其易"，儒家言"行远自迩，登高自卑"。

有一次老师讲法家之学，某生听后说"与讲儒家之学相同"。这不对。我们是儒家之学，做法家讲。且读古人书在求应事之智，强分家数，没那个理。

"是以圣人终不为大，故能成其大"，所以圣人不开始就做大事，而由易事、由小事入手，"故能成其大"。

"夫轻诺必寡信"，轻诺就寡信。一个人对人什么都答应了，最后必少信。进一步言，"轻诺"固然是"寡信"，"多言"也不好。旧话说"女子无言便是德"，实则不仅女的，任何人不言就是德。一个人多言，虽"说之者无意"，但"听之者有意"，届时即可能坏事。说得粗鲁点："好狗不露齿。"狗好的，牙都不露，那还嚼什么舌头？不说话，人家能把你当哑巴卖了吗？就因为你话说得太多，人家啥都知道了，什么都懂了。错非是尚宣传，有目的地扰乱别人，那可以忽而天、忽而地地乱讲，否则就不必。《易·系辞传》说"言行，君子之枢机。枢机之发，荣辱之主也。"同学读了当身体力行。

"多易必多难，是以圣人犹难之"，"多易必多难"，什么事都看得太容易，拿过来就做，到最后被人卖了都不知道，那就"多难"了。

因为这样，所以"圣人犹难之"，连圣人都认为这是难事，何况非圣人乎?

"以圣人之才，犹尚难于细易"，以圣人那种的才智，他还感觉细与易的事，都是难事，何况那个"难"与"大"呢?

"况非圣人之才，而欲忽于此乎"，一个普通之才，却把微、易、细之难忽略了，所以说"犹难之也"。

凡此之处，同学当细玩味，能实行一点，多少也成就一点事业。人就怕是个通才，一看根本是常才，与人无别，踢里吐噜，乱七八糟，岂能成事?

"故终无难矣"，要是能如前述那么作，"图难于其易，为大于其细"，则"终无难矣"，"无难"则"难"成矣，则大业成矣。是故那细的事注意了，大的事也就成了，不世之业也就成了。

扫一扫，进入课程

其安易持，其未兆易谋，其脆易泮，其微易散。为之于未有，治之于未乱。合抱之木，生于毫末；九层之台，起于累土；千里之行，始于足下。为者败之，执者失之。是以圣人无为故无败，无执故无失。民之从事，常于几成而败之。慎终如始，则无败事。是以圣人欲不欲，不贵难得之货；学不学，复众人之所过。以辅万物之自然，而不敢为。

其安易持，其未兆易谋，其脆易泮，其微易散。

【王弼注】以其安不忘危，持之不忘亡，谋之无功之势，故曰易也。虽失无入有，以其微脆之故，未足以兴大功，故易也。此四者皆说慎终也。不可以无之故而不持，不可以微之故而弗散也。无而弗持则生有焉，微而不散则生大焉。故虑终之患，如始之祸，则无败事。

453

"其安易持，其未兆易谋"，看王弼注"以其安不忘危，持之不忘亡，谋之无功之势"，我们要谋，必要谋"无功之势"。若谋"有功之势"则有主见。我们今天，没等"谋"即想达某一境界，这样"谋"的"势"，绝不客观，岂有成功之时？

既然，一件事在一切"兆"没有之前最易谋。连"兆"都不叫它有，更何况超过"有兆"的"势"和"实"，所以我们真有志，绝不要把自己先造成一情势、造成一事实，到最后脱也脱不掉，扔也扔不了。《礼记·学记》上说防未然之谓"豫"，正与此"其未兆易谋"相应。这些地方，特别发人深省。

"其脆易泮，其微易散"，"泮"，分开。脆的东西最容易分开，微的东西最容易分散。脆、微都不容易受控制。

"虽失无入有，以微脆之故，未足以兴大功"，"以其微脆之故"，虽是丢掉了那"无"，到了"有"的境界，也已经是下焉者，也不算高。因为微、脆很容易没有，"以微脆之故，未足以兴大功"，也就是说前所言之事，偶一不慎，都"未足以兴大功"。

同学特别注意养成"冷静"之功夫。所谓"淡泊以明志，宁静以致远"。什么叫"淡泊"呢？一个人若是欲望高，见什么要什么，见什么想什么，那哪能够"淡泊"？所以若想"淡泊"，最简单的就是要"去欲"，欲一少则"淡泊"，"淡泊"则志明。盖"明志"者，明其心之所主也。由一身言，心之所主一明，则不会动摇，《中庸》上说"至死不变，强哉矫"。如此一来方能"宁静致远"。

更实际点说，同学们都有抱负，都想"图难"，那就赶快从"易"入手，从自己本身下功夫，养成淡泊，"为无为，事无事，味无味"，一切顺自然。等顺自然了才能"明志"，才能将己心之所主"明于事"，使大家 一看就知道是怎么回事。

等有了第一步功夫之后，第二步便是"宁静"。一个人若能"淡泊"，自然就能"宁静"，"宁静"方能深思熟虑，深思熟虑方能"虑、深、通、敏"。如此才能"致远"，才能成其远大之业。

如果没有此数步功夫，以之为政治事，那就是打烂仗。成功了，是"瞎猫碰上死老鼠"，捡便宜；不成功就出个大纰漏，"贻害苍生"。

"此四者皆说慎终也"，此四者完全讲"慎终"之道。《论语》言"慎始诚终"，谓必慎此"始"，诚此"终"，"始""终"是一样的。正是"皆说慎终也"之旨。

"不可以无之故而不持，不可以微之故而弗散也。无而弗持则生有焉，微而不散则生大焉"，"不可以无之故而不持"，因"无而弗持则生有焉"。"不可以微之故而弗散也"，因"微而不散则生大焉"。

"故虑终之患，如始之祸，则无败事"，人能够"虑终之患"，视如"始之祸"，"则无败事"。这就是儒家的"慎始诚终""战战兢兢，如临深渊，如履薄冰"。

历代大贤，没有一个不叫我们小心谨慎的。同学办事，话未听完，拿腿便跑；事未看清，张嘴就说。"道听而涂说，德之弃也"，可不慎乎？

要达"无败事"之境，并没有特殊的秘密，唯有下真功夫。昔人如宋明理学家，每日画功过格以自修，每日临晚结算一日间功多于过，抑或过甚于功。其有进者，备一小瓶，起一善念，掷一黄豆其中；起一恶念，掷一黑豆其中，每日结算。待至功多于过，善多于恶之时，则庶几近乎有"宁静"的功夫。

同学有志者，必如此下功夫，求己之长，由己长处方面的智慧下功夫，长于学术的智慧，就从学术方面下功夫，日后必有所得。

历来没有像今天人不下功夫的，中外都一样，每一个都很跑粗，都像小孩子扮家家酒，根本没有全盘计划，都是走哪打哪，简直没法说了。这些都不是废话，不是说今天都是"废才"吗？今天就是"瘫子和瘸子赛跑"，一帮都是瘫子，只要你是瘸子，还下点功夫，还往前走，就成功。没有比今天再捡便宜的时候，今天不捡便宜，绝对是呆子。以前说"会背《十三经》"，《十三经》都会背，大家还不以为意。今天说"我看过《四书》"，那不得了了，"你读过《四书》，哇！那可不得了，你爸爸一定不是杀猪的。"你们家有德行。像同学还在这儿听《老子》，这都不得了，都是有善根的，至少前生男的都是和尚，女的都是尼姑，都是修过的。疯言疯语，大家懂吗？今天是捡便宜的时候，因为大家光说都不做，啥也不能，讲的话叫明白人听到都冒汗，他还讲。

说了这些年，叫同学下功夫，没有人动，今天我们换个说法，叫你们"捡便宜"。教学相长嘛！老师今天进步了，对吧？

为之于未有，治之于未乱。

【王弼注】谓其安未兆也。谓微脆也。

"为之于未有"，我们要作之于"未有"，如此则必谋之于"未兆"，安之于"未兆"。至此则控制一切。以白话言，至此之时，他已控制了这个环境，控制了这个时势，也就造了这个"命"。

王注"谓其安未兆也"，是故"安未兆"即下功夫之处，凡事若待其有形再下功夫，则晚矣！所以老师常跟你们说笑话，理事之际，事未发生之前要防未然，尽量使他不发生；事情发生了，就不要急，好好躺在床上睡觉，养足精神，再好好奋斗。因为不论发生什么事，都不是三两天能解决的。

"治之于未乱"，于未乱之前治之。王注"谓微脆也"，为什么"治之于未乱"？因为它"微""脆"，不于未乱之前治之，"易泮""易散"。

合抱之木，生于毫末；九层之台，起于累土；千里之行，始于足下。

"合抱之木"，两个人合抱之木，言其巨也。

"九层之台，起于累土；千里之行，始于足下"，此即"行远自迩，登高自卑"。

为者败之，执者失之。

【王弼注】当以慎终除微，慎微除乱。而以施为治之，形名执之，反生事原。巧辟滋作，故败失也。

"为者败之，执者失之"，前言"为之于未有，治之于未乱。合抱之木，生于毫末；九层之台，起于累土；千里之行，始于足下。"皆指自然之事言，若反自然，自己塑造自己有所主，则"为者败之，执者失之"。

"当以慎终除微，慎微除乱"，"慎终""慎微"以除此乱。"而以施为治之"，即"人自为道"。"形名执之"，塑造一个形、一个名来守住。

"反生事原。巧辟滋作，故败失也"，"以施为治之，形名执之"，这一来，"反生事原"。反而"巧辟滋作，故败失也"。

鉴诸史册，可知朝代更迭，皆各有一套政纲政策。像现在公职人员之选举，各有其政见抱负，此即"以施为治之，以形名执之"之例。因其皆反自然人自为道，故千载以还不免于败失，未闻有治无乱之至治。

是以圣人无为故无败，无执故无失。

"是以圣人无为故无败，无执故无失"，人苟无为，没有做，则何败之有？无执，手里没拿东西，则何失之有？所以有"败""失"，皆因"为""执"之患也。

民之从事，常于几成而败之。

【王弼注】不慎终也。

"民之从事"，言一般人做事。

"常于几成而败之"，功败垂成也。所以然者，即因"不慎终也"。功败垂成，应当特别留意之，此全在乎"智慧"，人往往一个决定对，成千古英雄，一个决定错，己身不保。

慎终如始，则无败事。是以圣人欲不欲，不贵难得之货；

【王弼注】好欲虽微，争尚为之兴；难得之货虽细，贪盗为之起也。

"是以圣人欲不欲"，"是以"，因为这样所以。"圣人欲不欲"，圣人单欲别人不欲之事。

"不贵难得之货"，不看重难得的东西。

"难得之货虽细，贪盗为之起也"，"贵难得之货"，这就"招盗"。例如小偷偷东西，可能先看看有没有铁栏杆，铁栏杆愈粗，正告诉他愈有钱。

学不学，复众人之所过。

【王弼注】不学而能者，自然也。喻于不学者，过也。故学不学，以复众人之过。

"不学而能者，自然也。喻于不学者，过也"，"喻于不学者"，超过了不学，也就是超过了自然。超过自然，"过也"，即人自为道而"过"自然也。

"故学不学，以复众人之过"，鉴乎此，"故学不学"，学这个"不学"，学自然。"以复众人之过"，我们就将众人之过"复"了，如此一来，也就没有众人之过了。

然而什么是顺自然呢？是不是就整天瞪着眼啥都不做呢？是不是坐在那，眼一闭，就等着人家送饺子来。天下没那事，那是呆子。

第六十四章

459

顺自然,以儒家的话来说,"民之所好好之,民之所恶恶之"即顺自然。真顺自然,则不论为政者做何事,老百姓都接受。《孟子·梁惠王》就说"乐民之乐者,民亦乐其乐;忧民之忧者,民亦忧其忧",此方为顺自然。更实际点言,《孟子·梁惠王下》所谓"内无怨女,外无旷夫",即顺自然。那什么又叫违背自然呢?《大学》说"好人之所恶,恶人之所好,是谓拂人之性,灾必逮夫身",即违背自然。违背自然者,必为所造之灾打倒。所以王弼注亦言"顺天下之所同者,德也"。

人做事必要顺自然之趋势,方足以成事,如果不顺自然之趋势,必要"索隐行怪",那只能成一怪,于大局并不能有所影响。

以辅万物之自然,而不敢为。

"以辅万物之自然,而不敢为",不敢为者,不敢为"人之为道也"。为"人之为道",灾必逮夫身。故要"辅万物之自然",辅万事之自然也。

 黄老之学的缘起

尽管任何一种版本的《老子》都不曾提到黄帝,但在战国中晚期的许多道家著作中,却常出现有关黄帝的记载,或依托黄帝的书。这说明,老子尽管原本与黄帝无关,战国中晚期的道家却已开始依托黄帝,宣扬其说了。这派学说的兴起,和田氏代齐有很大的关系。

公元前 379 年，齐康公去世，田齐太公田和取代姜齐政权，为转移大家对他们篡逆的不良印象，于是田齐展开了逆取顺守的补救措施：首先，在思想方面，田氏大兴黉宇，建造稷下学宫，招徕天下英才，选择了同样来自南方陈国的老子学说为主轴，倡导学术，以转移天下人的注意力。其次，又抬出传说比尧、舜、禹、神农更早的黄帝来。一则借此压倒儒、墨、农等家，再则以田氏是黄帝的后裔，姜氏是炎帝的后裔，黄帝战胜炎帝而有天下，就为"田氏代齐"的合法性找到了历史的根据。

扫一扫，进入课程

古之善为道者，非以明民，将以愚之。民之难治，以其智多。故以智治国，国之贼；不以智治国，国之福。知此两者，亦稽式。常知稽式，是谓玄德。玄德深矣远矣，与物反矣，然后乃至大顺。

古之善为道者，非以明民，将以愚之。

【王弼注】明，谓多见巧诈，蔽其朴也。愚，谓无知守真，顺自然也。

"古之善为道者，非以明民，将以愚之"，"为"者，行也。古之善行道者，"非以明民，将以愚之"，此处若不细悟，以为老氏主张愚民政策。看王弼注，"明民"之"明"，乃指"多智巧诈，蔽其朴也"言；"愚之"之"愚"，则指"无知守真，顺自然也"言。古时善行道的人，不是要拿"道"将百姓教得"多智巧诈"，把"朴"给蒙蔽了，而是要老百姓"无知守真，顺自然也"。"无知守真，顺自然也"也就是老氏不欲蒙蔽的"朴"。

明乎此理，想要施诸行事，特别难！因今非万事初始，开天辟地之时。若为初始，明白道理之后，本之以行，慎持勿失，至道可期。但居今之世，承时之弊，如何祛弊行道，则非大魄力、大智慧者莫能为。世之为政者，多锢于私欲，狃于时势，昧乎真理，往复因循；其或有见道者，欲起而振之，然百姓"久入鲍鱼之肆，而不知其臭"，乍闻至道以为痴狂，耽于弊而不知正，反而说是萧规曹随。孔子作《春秋》言"新王承周之弊"，义深远矣！

是故时代更迭、社会变迁之际，若无大魄力、大智慧者，即使能"善始"，亦很难"诚终"。之所以能"善始"，因百姓感觉旧时之弊，苛政如虎，都盼望"时日曷丧"，想要求新求变。新政伊始，若"大旱之望云霓"，以为"这可能好一点"，遂接受了他。时长日久，方知"以暴易暴"，不过如是，不再接受，当然无法"诚终"。

由是可知，老百姓开始时接受，以为"好一点""不错"是"比较级"的，并不是真是真非，并不是绝对的。

真能使百姓都长期接受，绝非易事。但我们也不可以因此自馁。真有"野望"，好好训练自己，自历史中求历代之利弊、今日之利弊，利弊既明，进而本"民之所好，民之所恶"立教，也许能去弊行道，有益于时。反之但承其弊，扬汤止沸，恐终无有治无乱之日。

民之难治，以其智多。

【王弼注】多智巧诈，故难治也。

"民之难治，以其智多"，老百姓所以难治，因其智多。王弼注："多智巧诈，故难治也。""多智巧诈"，势必难治。是故老氏开出药方——"将以愚之"，此不失为一最高之办法。然愚之之后，如何保持其成果，那不是随便说说就完了。所以前面说"承时弊""立至道"，能"善始"难"诚终"。日后同学为领袖，承时之弊，纵使明白"将以愚之"，而存其"朴"，但是如何去其"不朴"，不是说几句空话就可以办到。况且百姓习于旧时之弊，欲去旧时之弊，以复其朴，他接受吗？像现在老百姓都懂得跳打滚舞，他都舞得惯了，你不叫他舞，他怎么能接受？

再像台湾地区当初民风淳朴，就这几年，不旋踵，红灯绿酒，金粉弥漫。有的理发店名为理发，实则干着色情勾当，于是有人建议成立"青年理发中心"，专给年轻人理发。这不是奇闻吗？你说这报纸要都留下来，五百年后要怎么读？我刚来台湾地区时，小孩多乖啊！不但小孩乖乖，老头也乖乖，现在几年的工夫，都成当年的上海滩了。我们生在今天，也知病之所在，我们要用什么"去"，要用什么"接"，都要有实际的办法。

近世大儒马一孚老先生，抗战之时即有所预感，成立复性书院，倡言"复性"，以为不"复性"不行。他诊断时弊，对了，但用什么"复性"？既然说要"复性"，必是有一个东西把"性"挤跑了，那用什么东西把挤跑"性"的东西拿掉？老夫子看对病，下了药，虽然在小庙里讲了几年，可是没能把蒙蔽性的玩意去掉，不但"性"没复，还把老夫子饿黄了。还不如我这小庙，讲的时间还长些。由此可见"承时之弊""去弊树新"所需"智慧"之难，非一般腐儒、哲学家坐在屋里讲讲就完的。别看哲学家在屋里讲得呱呱叫，那骗太太可以，出门连买煤球都不知在哪。就这样，那还有啥用？俗话说"百无一用是书生"。

故以智治国，国之贼；

【王弼注】智犹治也。以智而治国，所以谓之贼者，故谓之智也。民之难治，以其多智也。当务塞兑闭门，令无知无欲。而以智术动民，邪心既动，复以巧术防民之伪，民知其术，随防而避之，思惟密巧，奸伪益滋，故曰"以智治国，国之贼"也。

毓老师笔记

"智犹巧也。故以巧治国，是国之贼。以智巧而治国，所以贼之，故谓之贼也。以智巧而治国，所以害之，故谓害之也。民之难治，以其多智也，当务之急，塞兑闭门。"

王弼注此段多讹误，老师以为当作："智犹治也。以智而治国，所以贼之，故谓之贼也。民之难治，以其多智也。"

王注"以智而治国"，以智巧而治国。"所以谓之贼者，故谓之智也"，贼者，害也。"当务塞兑闭门"，当务之急，要塞兑闭门。"令无知无欲"，令他无知无欲。据前所述，今日要无知无欲并非易事，非大智慧不能。

"而以智术动民，邪心既动，复以巧术防民之伪，民知其术，随防而避之，思惟密巧，奸伪益滋"，此段言流弊。

为政者"以智术动民"，出花招，骗老百姓。"邪心既动"，老百姓有一定之反应，亦以智术应之。为政者"复以巧术防民之伪"，双方展开斗智；为政者既如此"防"，"民知其术，随防而避之"，找法律漏洞"避之"，道高一尺，魔高一丈。这就如治病，若老吃某药，久了，无效。何以故？细菌的抵抗力增强了！于是"思惟密巧，奸伪益滋"，所以说"以智治国，国之贼也"。

不以智治国，国之福。知此两者，亦稽式。常知稽式，是谓玄德。玄德深矣远矣，与物反矣，然后乃至大顺。

【王弼注】稽，同也。今古之所同，则不可废。能知稽式，是谓玄德，玄德深矣远矣。反其真也。

"亦稽式"，"式"者，则也。同式，同则也。

"玄德"，至高之德。

社会一般事物是假的、是伪的、是斗智慧的。我们要"正"的，要返回"真"，则正与一般事物相反。

"然后乃至大顺"，"大"者，赞词。"顺"者，顺于道也。大顺于道，即与道合也。处处合于道也。

老氏之"大顺"为一政治境界，如儒家之"小康""大同"。然儒家由"小康"至"大同"即为其最高政治境界。老氏则以为"大同"之后，未必即是"大顺"。大顺之境，处处合道，可谓"大治"，可谓"有治无乱"。

是故合儒、道二家之说以言，社会之政治境界有：小康境界、大同境界、大顺境界。至大顺境界，则"与物反矣"——与一般事物相反。与一般事物相反，则与何而同？与"道"同也，与"真"同也。故王弼注言"反其真也"。"反"者，返回也。返回真，乃至大顺。此"真"之境界，犹高于"道"之境界。返于真，乃至大顺，大顺于道也。

读完此章同学当知，我们承时之弊，要想把时弊去掉，无知无欲回到"朴"，若非有大智慧、大魄力者无法成其功；而此大智慧大魄力，乃在集前人之智慧以成我之智慧。即以孔、老言之，尚绝粮陈蔡、骑"驴"出关。常言道"西出阳关无故人"，若果真有办法，则又何必出关呢？今日人心之乱更倍于往昔，纵起孔、老于地下，亦未必能治今日之局，然而他们各有各的术，各有各的智慧，有足为法者，有足为用者，兼取之以成我之智慧，施诸今日，行事皆宜，就够了！这就像医病的人，都会《汤头歌》诀，有智慧者用之即能治病。反之纵使滚瓜烂熟，照方抓药亦不能治病，所以俗话说"名医不如时医"。名医，所开医方皆合逻辑，但治不了病。

战国时期的黄老学家

战国时期的黄老学家常提及的有：

1. 黄帝：先秦公认的黄老道家的创始人。

2. 老子：道家学派正式创始人，大约是春秋末期、战国初期人，代表作是《道德经》。

3. 文子：老子的弟子，与卜商子夏同时，曾问学于子夏和墨子。现存《文子》十二篇，曾被认为是汉以后的伪书，1973年河北定县汉墓出士的竹简中，有《文子》的残简，所以确证是先秦著作无疑。

4. 田骈：战国时思想家。又称陈骈，齐国宗室。曾在稷下讲学，因能言善辩，人称"天口骈"。主张"贵齐""顺道""明分""立公"，其著作已经佚失。

5. 慎到（约前395-前315年）：战国时期赵国人。早年学黄老之术，曾在齐国的稷下讲学，负有盛名，后离齐至韩。主张"因循""尚法"和"重势"。《汉书·艺文志》著录《慎子》四十二篇，列法家，现存残本仅七篇。他的名言是："贤智未足以服众，而势位足以言诎者。"

6. 宋钘（约前370年-前291年）：宋国人，主张"崇俭""非斗""别宥"。曾有《宋子》十八篇，今亦亡佚，仅存辑本。

7. 尹文（约前360年-前280年）：齐国人。反对诸侯间的兼并战争。认为"道"即是"气"，明确提出了精气说，并对社会分工的合理性和必然性进行了论证。其他主张与宋钘类似。现存《尹文子》一卷，分《大道》上、下两篇，上篇论述形名理论，下篇论述治国之道。

8. 环渊：战国时思想家。楚国人。学黄老道德之术（一说**环渊即关尹，与老聃同时**）。曾讲学稷下，著有《蜎子》十三篇，早佚。

9. 吕不韦（前292年-前235年）：战国时代卫国商人，后任秦相，成为战国后期著名政治家，并召集门客编撰《吕氏春秋》。

扫一扫，进入课程

江海之所以能为百谷王者，以其善下之，故能为百谷王。是以欲上民，必以言下之；欲先民，必以身后之。是以圣人处上而民不重，处前而民不害。是以天下乐推而不厌。以其不争，故天下莫能与之争。

江海所以能为百谷王者，以其善下之，故能为百谷王。

"江海所以能为百谷王者，以其善下之，故能为百谷王"，此为总纲。"以其善下之"，"以"者，因也。江海为什么能为"百谷王"呢？因其"善下之"，它在百谷之下，任何谷的水都往里淌，所以它能为百谷之王。

是以欲上民，必以言下之；欲先民，必以身后之。

"是以欲上民，必以言下之"，如果想"上民"，"必以言下之"——言必谦卑。"言"字于此用得妙。

此可以冯玉祥为例，冯氏练兵、带兵，其穿着一如士兵，而内为貂皮。然兵不知道，遂乐为效死。领导人"必以言下之"，是不是真"下之"，不知道；真"下之"，为什么不把他的防弹车给兵呢？懂不懂我说什么意思？有的同学还不知道老师越讲越远，也不知道老师讲些什么玩意！细悟！准此"下之"，方能"上民"。

"欲先民，必以身后之"，莽撞者"先之"，叫人一枪打住，顶多是"先烈"而已，无以成其志。"身后之"，最后剩你，则为元老，而遂其功。懂没懂这个道理？

是以圣人处上而民不重，处前而民不害。

"是以圣人处上而民不重"，注意此处所言之"圣人"为何。圣人在上，百姓不觉其重。所以然者，因其有"术"。有"轻身之术"，故"民不重"。

"处前而民不害"，虽在百姓之前，百姓不"害"之。不争则不害。老百姓不识"时"，初时拼命向前，在前面的都被打死了，不敢再往前争，亦无力争；圣人在中间，这时他到前面去，他出来，百姓当然不害。俗言"识时务者为俊杰"，圣人时中而处，故"处前而民不害"。

是以天下乐推而不厌。以其不争，故天下莫能与之争。

"是以天下乐推而不厌。以其不争，故天下莫能与之争"，是以天下都喜欢推荐他。因为什么推荐他呢？因其"不争"。其不争故天下不与之争。此老氏争之之道。

天下皆谓我道大，似不肖。夫唯大，故似不肖。若肖，久矣其细也夫！我有三宝，持而保之。一曰慈，二曰俭，三曰不敢为天下先。慈，故能勇；俭，故能广；不敢为天下先，故能成器长。今舍慈且勇，舍俭且广，舍后且先，死矣！夫慈，以战则胜，以守则固。天将救之，以慈卫之。

天下皆谓我道大，似不肖。夫唯大，故似不肖。若肖，久矣其细也夫！

【王弼注】久矣其细，犹曰"其细久矣"。肖则失其所以为大矣，故曰"若肖，久矣其细也夫"。

"天下皆谓我道大，似不肖。夫唯大，故似不肖。若肖，久矣其细也夫"，就这一句话，可见《老子》文章之美，道理之清。

《老子》因为什么传那么久？就因为那么久，方见老子之智。今天我们老批评古人，就这一句，你们看真的是"后来者居上"吗？先看王弼注。

"久矣其细，犹曰'其细久矣'"，"久矣其细"，这是说"其细久矣"了。

"肖则失其所以为大矣"，要是肖，则失其所以为大。

"故曰'若肖，久矣其细也夫'"，"若肖"，像是肖。"若肖久矣"，很久就像的话，"其细也夫"，那不是道理就很小了吗？

再回头看本文。"天下皆谓我道大"，天下都说我的道很大，"似不肖"，好像什么都不像，好像没有用。其实，就是那么大，就是什么都不像才有用；不那么大就没用。

"夫唯大"，就因为大。"故似不肖"，所以才什么都不像。要是像的话，"久矣，其细也夫"，那不是很小了吗？不就不大了吗？不就没用了吗？

这里给你们提个醒，"不肖"与"不孝"不同。父母俱全，只可言"不肖"，如写信给父母，自称"不肖某某"，不必写姓。肖者，似也。古以父母最伟大，是最高境界，写"不肖"，表示不若父母之伟大。至于"不孝"则用在父母死了之后。如写讣文，自称"不孝阳某某某"。此处"阳"字与讣文中的"闻"字，都应用红字，表示人还活着。至于"闻"用红字，则因那个"闻"是给朋友闻的，朋友不戴孝，不能用黑字。"讣"用黑字，因为是孝家送讣文。

我有三宝，持而保之。一曰慈，二曰俭，三曰不敢为天

下先。慈，故能勇；俭，故能广；不敢为天下先，故能成器长。

【王弼注】夫慈，以陈则胜，以守则固，故能勇也。节俭
爱费，天下不匮，故能广也。唯后外其身，为物所归，然后乃
能立成器，为天下利，为物之长也。

王弼注"夫慈，以陈则胜，以守则固，故能勇也"，"陈"，
同"阵"。"慈"，爱之至也。

我们对人对事对物，要是有真的爱，才能真有勇。如女孩
子在没结婚之前，这也怕，那也怕，弱不抗风，见个蚂蚁，还
要故意吓一跳。等做了母亲，那可不得了！她明知老虎她动不
了，可是为了孩子，都要和它斗一斗，要老虎先吃她自己，如
果吃饱了，还可以把儿子剩下来。换句话说，她可以牺牲自己
救儿子。为什么那么勇呢？因为那个爱是真的，所以说"慈故
能勇"，慈则能勇。等到临事，能拿慈这个精神去作战，"以陈
则胜""以守则固"，所以"故能勇也"。至于儒家说"见义不为，
无勇也"，与此相较，还打了折扣。

"节俭爱费，天下不匮，故能广也"，人如果"节俭爱费"，
爱这个"浪费"，就不浪费了。如此一来"天下不匮"，天下东
西总也不会缺乏。不缺乏，"故能广也"。所以"俭"是最好的德。
人要是不养俭德，不会有厚利，也不会有后利。同学们不要自
以为现在有钱，那是假的，贫富不过转瞬间事耳！天下那些有
钱人都是从穷人过来的，穷人也是从有钱人过来的。贫富是起
伏不定的，并不足恃。但我们有一个宝贝，那就是俭德。人如
真能"节俭爱费"则"天下不匮"，"故能广也"，永远有后利。

第六十七章
475

今天人的浪费，习以为常，随手就扔，资源能永远那么富裕吗？

"不敢为天下先，故能成器长"，俗话说"出头的椽子先烂"，人如果处处争先，顶多成烈士。反之不为天下先，则人家都牺牲于伊始，己承之建设于后，到最后啥官都扔到他身上，则"成器长"，成元老，如于右老。

王注"唯后外其身，为物所归"，人唯能后其身、外其身，方"为物所归"。"然后乃能立成器，为天下利，为物之长也"，"为物所归"，"乃能立成器"。所以不要轻言"我不去，谁去"，"当然得我去，革命就是牺牲"。如果随便牺牲，就不能成"器长"，不能"立成器"。等"立成器"之后，则可"为天下利，为物之长也"，既为"天下利"，当然也能利己。因为大家都有饭吃，自己自然不会挨饿。反过来说，大家都没饭吃，《论语·颜渊》不就说："虽有粟，吾得而食诸？"

这些话懂不懂？年轻人千万不要动不动"非我不可"。你啊？你去赶吧……这懂不懂？当然懂得是懂啦！也未便真懂什么事，回去多看几遍吧！

今舍慈且勇，

【王弼注】且犹取也。

"今舍慈且勇"，现在你舍掉"慈"这个事，就想取"勇"，这能行吗？这好比没有本钱，就想发财。

舍俭且广，舍后且先，死矣！夫慈，以战则胜，

【王弼注】相慜而不避于难，故胜也。

"舍俭且广"，"且"者，取也，同前。

"舍后且先，死矣"，大本不立，其末如何立得住？最后完蛋了。

"夫慈，以战则胜"，以慈的精神，拿他来战就胜。

以守则固。天将救之，以慈卫之。

"以守则固"，以慈的精神，拿它来守就固。

"天将救之"，"救"，救正。"天将救之"，就是天将正之。此为中国的传统观念，到最后一定与天合德。

一个人如能对三宝"持而保之"，那么天都来"正之"，都和我们在一起。

"以慈卫之"，"慈故能勇"，"以慈卫之"即以勇卫之。因"夫慈，以战则胜，以守则固"，到这个程度，"天将救之"，天将正之。如此与天合德。"以慈卫之"即以勇卫之。所以不言以"勇"卫之，因为爱才不怕牺牲。

第六十八章

善为士者不武，善战者不怒，善胜敌者不与，善用人者为之下。是谓不争之德，是谓用人之力，是谓配天，古之极。

善为士者不武，

【王弼注】士，卒之帅也。武，尚先陵人也。

"善为士者不武"，"士，卒之帅也。""士"，指有卫国之责者，并不是像今天的观念以为"士"就是读书人。

王弼注说："武，尚先陵人也。""武"，既尚"先"又"陵人"。有卫国之责者，"先人"都不可以，何况"陵人"？"先人"不是指祖先，"先"是动词，指争先。

"善为士者不武"，最会做"士"的，绝不"先人"，绝不"陵人"。

善战者不怒，

【王弼注】后而不先，应而不唱，故不在怒。

"善战者不怒"，此与"智者不怒"相引申。

"后而不先"，最会作战的人，王弼说"后而不先"。如此一来，最前面的倒了，后面的人看前面一倒，又不敢往前上，一失时，则居中不先之人，成为老大。

"应而不唱"，人家唱了，我们和之，但是我们自己绝不唱高调。一个人在社会上常唱高调的人，那就应了一句俗话——"出头的椽子先烂"。

"故不在怒"，一个"后而不先，应而不唱"的人，那还怒什么，他看谁都像看笑话，你做什么他都像看戏一样，和谁怒啊？

像同学初做初中教员，刚从学校毕业教书，看老的都看不起。老的则这也夸奖他，那也夸奖他，什么都叫他拼命干，结果干了半天，吃力不讨好。

善胜敌者不与，

【王弼注】不与争也。

"善胜敌者不与"，善胜敌的人不与争，不和人家争。因为两虎相争必有一伤。所以我们今天社会言，如果争，不是挨刀，便是叫人打青两块。所以善胜敌的人"不与争"，等别人打完，两虎相争必有一伤，他再出来，不是永远最会胜敌的人吗？

宋龙渊注于此，训"与"为"示"，可以，不如王弼注。

善用人者为之下，是谓不争之德，是谓用人之力，

【王弼注】用人而不为之下，则力不为用也。

"善用人者为之下，是谓不争之德，是谓用人之力"，这就是耍人。

同学在外做事常可听到："这事非你办不可，别人都没你干得这么利落，也没你干得这么干净，你就干吧！好啦！""老弟！你很精明啊！我在你这年龄的时候啊，还不大懂啦！"同学一听这真不得了！他说在我这年龄还不大懂，说我懂。于是我拼命给人家干。这就是"善用人者为之下，是谓不争之德，是谓用人之力"。

用人而不为之下，则力不为用也：人家若要用你，不居你之下，不夸奖你，不说你两眼炯炯有光，有四个瞳孔，不说他自己不能，不说他老眼昏花，你能够给他干吗？

读了这，好好看看你们现在给人干些什么？

是谓配天，古之极。

"是谓配天"，"配天"，配天之不争。所谓"天何言哉"，天也不说话、也不争。我们如能不争，就可以"人为之用"，亦可配天之不争。

"古之极"，这是古之极理。谁能够达到这个境界呢？唯"圣人全之"，唯有圣人，他们才能完全懂这个道理，行这个道理。

此处同学应注意"圣人"的观念，据第六十六章言"圣人处上而民不重，处前而民不害"，所以这圣人是处民之上，老百姓都不感觉重，并非如一般人所认识的圣人。

总之人能不争而用人之力，就等于配天了。因为什么配天呢？因"天何言哉"，天不讲，我们也不讲，还"下人"，特别客气，"生而不有，为而不恃"，这一来就达到"古之极"——古之极道、古之极理的境界。谁能做得这么好呢？唯圣人能全之，唯有圣人才能做得这么周全。

明乎此，同学碰到那些耍人的，只要他一起手就知道他下一步要做什么。不要被人家几顶高帽子就戴得晕头转向，自以为不得了，结果人家做元老，自己成烈士。更实际地说，不论做什么，自己都要有点"定力"，不要轻举妄动，就是到必要时，也要身不动膀不摇，十分镇静地去处理，看看对方到底搞什么。

看看老子：尽叫别人无知无欲，可是所言的都是智。即以此章言，若老子不讲，这一套大家还不会用，他一讲，大家更知如何巧、如何诈了。

扫一扫，进入课程

用兵有言：吾不敢为主而为客，不敢进寸而退尺。是谓行无行，攘无臂，扔无敌，执无兵。祸莫大于轻敌，轻敌几丧吾宝。故抗兵相加，哀者胜矣。

用兵有言：吾不敢为主而为客，不敢进寸而退尺。是谓行无行，攘无臂，扔无敌，执无兵。

【王弼注】彼遂不止。行，谓行陈也。言以谦、退、哀、慈，不敢为物先。用战，犹"行无行，攘无臂，执无兵，扔无敌"也。言无有与之抗也。

【严复六十四章批】熊季廉曰"万物生遂成长，皆有一定之秩序，莫知其然而然。庄子曰'作始也简，将毕也巨'，足与此章相发明，皆物理历史之公例也。"

"用兵有言"，在战法上这么说。

"吾不敢为主而为客"，我不要主动的，我被动而为客。因为什么不为主而为客呢？因"为主"者得主动，主动就得"劳"。"为客"不"为主"则"以逸待劳"。

"不敢进寸而退尺"，进，连一寸我都不敢进；退，我可敢退"尺"。何以故？因"行其无行"。"行其无行"并不是不行，而是要行。但得行那个无行之行，此即六十三章所说的"为无为，事其事，味无味"。看看多深沉，做了还像没做一样。叫人家死了都不知道怎样死的，死了都糊里糊涂。

"攘无臂，扔无敌"，"扔"者，就也。相就，相对也。"扔"，《帛书老子》甲、乙本均作"乃"。

以白话言，我们要"攘"，可是不动手——"无臂"；我们要"执"，要抓住人，可是没有用兵——"无兵"；我们与之相就、相对，但是没有敌，对方看不到敌人——"无敌"。所以说"言无有与之抗也"，没有人能与之相抗。没有敌，没有对象怎么抗？

同学们做事不明白这些，尽给人家打前锋，人家"攘无臂，执无兵，扔无敌"，同学却为之臂、为之兵、为之敌。

反过来，人要"攘"你，你连对方的手都看不到，对方所以"无臂""无兵""无敌"，因为他躲在后面，借刀杀人。像你老帮人打前锋，对方一看"小舅来了"，你是属穆桂英的，正面扫不下去，那好，那找"杨开锋"应付你。懂不懂？穆柯寨交兵，杨宗保出战，人家一看舅老爷来了，不好应付，真打，得罪穆桂英，不打，军令难违，找个不管三七二十一的莽汉"杨开锋"来对付杨宗保。懂吗，"杨开锋"？穆桂英后来最重要的先锋"杨排风"，为杨府丫头，涉世不深，天真豪迈，遇事往往不深考虑。对付杨宗保，就用个性类似"杨排风"的人——虚拟的"杨开锋"。

王注"彼遂不止"，"彼"，陶鸿庆说当为"进"字。他本以为下注"行谓行陈也"当移于"进遂不止"之前。这都可以，重在对我们有启发。

"行谓行陈也。进遂不止"，"遂"者，就也。进，就不能停止。举例来说，一个人前进，要是拼命往前进，就像拉圆的弓一样，不发也不行。所以进，就不能止。再说得白点，就是说你不要上道，上了道就不要想脱身，加了班，就没法脱班，就像被人用绳子牵着一样，没有自由之身，到那时，做不做都犯毛病，不做有过，做了还没功。

祸莫大于轻敌，轻敌几丧吾宝。

【王弼注】言吾哀、慈、谦、退，非欲以取强无敌于天下也。不得已而卒至于无敌，斯乃吾之所以为大祸也。宝，三宝也。故曰"几亡吾宝"。

"祸莫大于轻敌，轻敌几丧吾宝"，祸，没有比轻敌再大的了。什么是"轻敌"？同学们谁都看不起，就是"轻敌"，一"轻敌"就瞪眼吃亏，结果把三个宝都丧掉了。哪三个宝？即第六十七章所言"慈""俭""不敢为天下先"。三宝缺一不可，何况三者俱丧，其祸可知。究其原因就在"轻敌"。更简单点说"知彼知己者，百战不殆"（《孙子兵法·谋攻》），"轻敌"则必败。

王弼注说得更透彻。"言吾哀、慈、谦、退"，"非欲以兵取强于天下也"。"不得已而卒至于无敌",既是不得已,我们还"轻敌",因此"斯乃吾之所以为大祸也","几丧吾宝"。为什么"几丧吾宝"?因过于"轻敌"。已身不保,更何况"宝",怎能不亡呢?

故抗兵相加,哀者胜矣。

【王弼注】抗,举也。加,当也。哀者必相惜而不趋利避害,故必胜。

　　吾言甚易知，甚易行；天下莫能知，莫能行。言有宗，事有君。夫唯无知，是以不我知。知我者希，则我者贵。是以圣人被褐怀玉。

吾言甚易知，甚易行；天下莫能知，莫能行。

【王弼注】可不出户窥牖而知，故曰"甚易知"也；无为而成，故曰"甚易行"也；惑于躁欲，故曰"莫之能知"也；迷于荣利，故曰"莫之能行"也。

　　"吾言甚易知"，我讲这个很容易懂。

　　"甚易行"，很容易行。

　　"天下莫能知，莫能行"，天下人也没有真知道的，也没有真能行的。

　　为什么说"甚易知"？因为"可不出户窥牖而知"，不必出门，看窗子，都能懂，所以说"甚易知也"。为什么说"甚易行"？因为"无为而成"，所以说"甚易行"。那为什么"莫能知，莫能行"呢？因为"惑于躁欲""迷于荣利"。惑于"躁"者，心里一点都不宁静，人家一捅就跳起来；惑于"欲"者，对什么事都不淡泊，凡事非其不可——"故曰'莫之能知'也"。迷于荣者，光荣必归于己；迷于利者，见利必先——"故曰'莫之能行'也"。所以，我们要"知"、要"行"，必宁静、要淡泊、要去荣、要去利，才能成功；而躁、欲、荣、利，四者乃是失败的根源。

言有宗，事有君。

【王弼注】宗，万物之宗也。君，万物之主也。

"言有宗"，言中有物，不空发一言。所以如同学一高兴泛论起来，像《论语·卫灵公》说的"群居终日，言不及义，好行小慧"，于是乎罪孽随之而生，绝不可以。

"事有君"，"君，万事之主也"。事包含物，事必有所主，有主则箭不虚发。

夫唯无知，是以不我知。知我者希，则我者贵。

【王弼注】以其言有宗、事有君之故，故有知之人，不得不知之也。唯深，故知之者希也。知我益希，我亦无匹。故曰"知我者希，则我者贵"也。

【严复批】二语对峙，非相从之子母句。

"夫唯无知，是以不我知"，唯有他们不知道，所以他们就不知道我。

"知我者希，则我者贵"，严老夫子批："二语对峙，非相从之子母句。"我们的看法与严老夫子批一样，以为"知""则"皆为动词，乃相对之词。"希"者，少也。言知道我的少，谁要能以我为则的一定贵。为何如此说呢？因"则"，不可盲目地则，必先了解之，方能以之为则。而真了解之者既不多，了解之又以之为则者必贵。若依王弼注"唯深，故知之者希也"，因为我太深，所以知道的少；"知我益希，我亦无匹"，知我的更少，就更没有人和我相匹配了；"故曰'知我者希，则我者贵'也"，所以说知道我的少，所以我才贵。这一来就没有神气了——没有神、没有气。

是以圣人被褐怀玉。

【王弼注】被褐者，同其尘。怀玉者，宝其真也。圣人之所以难知，以其同尘而不殊，怀玉而不渝，故难知而为贵也。

"是以圣人被褐怀玉"，"被"，音 pī。"是以"，因为就是之义。因为就是圣人"被褐怀玉"。

王注说"被褐者，同其尘"，"被褐"，就是穿大衣服。"褐"为百姓服。穿得同百姓一样，如此，表面一看，无别，即"同尘"。但另一面却要"怀玉"，"宝其真"。如此一来就造成了一般人不了解圣人。为什么不了解呢？"以其同尘而不殊"，表面一看，圣人和别人一样，傻里傻气的，有时候他笑得比别人还傻。但实质上圣人"怀玉而不渝"，"渝"，变也。怀着宝而不变。"故难知而为贵也"。

此即第五十六章所言"和其光，同其尘"。换言之，一个人不要露相，不要太卖弄智慧。就好像不说话，人家会把我们当哑巴卖了。其实我们不是哑巴，人家把我们当哑巴卖了，到时候不是更好吗？

扫一扫，进入课程

第七十一章

知不知，上；不知知，病。夫唯病病，是以不病。圣人不病，以其病病，是以不病。

知不知，上；不知知，病。

【王弼注】不知知之不足任，则病也。

"知不知，上；不知知，病"，依王弼注，两句各加一"之"字，"知之不知，上；不知知之，病"，就容易懂了。

"知之不知，上"，知道还像不知道一样，这才是"上等的智慧"。《论语·为政》"知之为知之，不知为不知，是知也"，仅可为"中等智慧"。懂什么是"上等的智慧"吗？上等的阴险。不说狠一点，你们不惊心。所以，孔子弟子中，除非是颜渊，"有若无，实若虚"，其他人与老子之弟子一碰必输。

"不知知之，病"，另一种人更妙了，"不知知之"，根本自己不懂还说懂，则为"病"。这种人能干啥？啥也不能干，自己不懂还说懂，那不开玩笑吗？不是开别人玩笑，是开自己玩笑，别人只是笑笑。

夫唯病病，是以不病。圣人不病，以其病病，是以不病。

"夫唯病病"，前一"病"为动词，作治病解。唯有能治这个病，"是以不病"。也就是说唯有能"病"自己病的人，唯有能"治"自己病的人，他才不病。

"圣人不病，以其病病，是以不病"，"以"，因也。圣人不生病，"以其病病"，因为他"病"他的病，他"治"他的病，他永远不病。

此章寥寥数字，道尽我们之毛病。

扫一扫，进入课程

第
七
十
二
章

民不畏威，则大威至。无狎其所居，无厌其所生。夫唯不厌，是以不厌。是以圣人自知不自见，自爱不自贵。故去彼取此。

民不畏威，则大威至。无狎其所居，无厌其所生。

【王弼注】清净无为谓之居，谦后不盈谓之生，离其清净，行其躁欲，弃其谦后，任其威权，则物扰而民僻，威不能复制民，民不能堪其威，则上下大溃矣，天诛将至。故曰"民不畏威，则大威至。无狎其所居，无厌其所生"，言威力不可任也。

"民不畏威，则大威至"，街里流行的本子说："人民不畏惧统治者的威法，则更大的威就要来了。"统治者的威法，国家的威法，那当然是法律。意思说，老百姓要是不怕国家的威法，胡搞了，做太保流氓了，国家的大威就至了。可能是割头、枪毙。"无狎其所居，无厌其所生"，说是不要以为你住得很狭窄，也不要讨厌你吃得不好。你们看完，觉得怎样？我看完觉得"真高明"，可能是"高明的弟子写的"（案：讽刺语）。

"清净无为谓之居，谦后不盈谓之生"，再看王弼注，意境就不一样。什么叫作"居"？"清净无为谓之居"。"无狎其所居"，你可千万不要扰乱你的"清净无为"。懂没懂？懂这"狎"字是什么玩意了吗？"无狎其所居"，你不要扰乱你的"清净无为"。玩味玩味，这是什么意境？

"无厌其所生"，什么叫作"生"？"谦后不盈谓之生"。你谦了，要永远谦"，不要忽然谦了，忽然又不谦了；永远谦，不再盈，那就是生。

像你们自己也有这种感觉：有一天读圣人书，有体会，就觉得自己是圣人了，走路像圣人，打个喷嚏也像圣人。那是"日月至焉而已"（《论语·雍也》）。等到不"至焉"，那就是"谦后"又"盈"了。"日月至焉"时就"谦"，不"至焉"时就"盈"。这懂吧？

"行其躁欲，弃其谦后，任其威权"，这是指谁？指当政者。当政者要如此，"则物扰而民僻"。你（当政者）要扰乱老百姓，老百姓就走偏僻的路子。用现在话来说，他（老百姓）就找法律漏洞。

"则物扰而民僻，威不能复制民，民不能堪其威，则上下大溃矣，天诛将至"，这么一弄，"威不能复制民"。你（当政者）用"威"扰民，"民不能堪其威"，老百姓受不了你这个"威"，最后不怕了，不惧其威，"威不能复制民"。"则上下大溃矣"，上下都崩溃了。"天诛将至"，天诛你就来了。

"故曰'民不畏威，则大威至'"，别看坏人如何猖獗，到最后大威都至。看看历史，坏人无论怎么猖獗，哪个坏人成功过？"大威至"，都得过去。

讲到这，我老提醒你们。他们闹（指"台独"），是他们的立场，可是中国的前途，不能玩忽在他们手里。今天的中国人，要好好为自己国家的前途着想。国家有前途，自己才有前途；国家没有前途，自己哪里来前途？

我们这群人是遗民。懂不懂什么是"遗民"？在这块土，有的人看我们像猪，老的叫"猪公"。像我这样就叫"猪公"。懂吧？

比方说：我们要找个职业，不论哪一边，我们要求不多，看门就满足了。看门？看门，人家怕你把东西给偷出去。看门都不用呀！

说，那我留学。留学？回不回来？回来，不一样吗？不回来，留在国外。留在国外？终身夷狄。

这是事实，我们必要认清楚，不要自我陶醉，不要糊涂。孟子怎么说（这种人）？"孤臣孽子"。对吧？"孤臣孽子"，得有孤臣孽子的智慧。人也只有到孤臣孽子时，就因为环境不好，"动心""忍性"，才能生"孤臣孽子"的智慧。回去看看孟老夫子那段（《孟子·尽心上》："独孤臣孽子，其操心也危，其虑患也深，故达"）。懂吗？就因为我们身处危境，就生智慧。生了智慧，找到出路，就绝处逢生。到那时，不也必唱高调，说救国救民。这是自救。懂我说话的意思没有？我们今天得"自救"，不要再天天吹牛，不必再说"救人"。先"自救"，再"救人"。

第七十二章

495

在今天，我们不想做美国人，不想做日本人，要做中国人。像他们那样胡搞就不行（指"台独"）。他们死不死，无所谓。因为人必得死，但对中国影响太大。

因此，我们天天在屋里讲书就很值得。台湾地区五十几岁的（时为 1978 年，台湾地区光复已三十余年），不少人总以为自己是日本人。像新闻报道说煤气中毒死的某"市长"，平常有空就和太太读日文。不是读日文不好，是他为什么读？从他们的行动，看他们的心意，一叶落而知秋。

说句不客气的话，有我们这么讲，台湾地区就有中国精神在，台湾地区就是中国的。年轻人就知道什么是中国，自己是中国人。这是自救！

有人劝我："您老这么大年纪，将已就木，何必还和小孩子扯（指教学生），没有几个钱，还讲这么多智慧。"你们看，这话多不好听。你们想，老师吹牛（指教书），就是吹一百五（当时黉舍束脩每月一百五十元新台币，如有困难可免费。老师还帮助过许多生活有问题的同学）吗？他哪知我们后面还有个抱负呢！"燕雀安知鸿鹄志"！我告诉他："你这样说，好像给我订了殡仪馆的样子。'将已就木'就啥都不干了？就是因'将已就木'才说真的。"这懂了吧？为什么别人不说？为什么我说真的？因为"人之将死，其言也善"（"善"指善世之言）。

懂得这些了，自己好好深思熟虑。别看我老了，活不了几天了，可是我还天天想。因为"事实"摆在眼前，我们不是政客，必要"实事求是"。不要听政客胡扯。政客的嘴似妓女，他怎么说都可以。妓女还是为了生活。这样说，好像还侮辱了妓女。对了！应该说：比妓女都不如。这说对了吧！

回过头，还说我们的。怎么"实事求是"？我们碰到了实事——"孤臣孽子"的环境，环境不好，就在环境不好中求"智慧"。事实摆在眼面前，我们不是政客，我们就我们的"事实"，就我们的"实事"，求"是"、求"智慧"，等找出路来，就绝处逢生。

所以我们讲子书，不是为了会背。读子书，说会背，会背有什么用？读子书是为了"实事求是"。为了求"智慧"。

再看那些胡搞的："天诛将至"。坏人不管再坏，后面必有清算他的一代。螳螂捕蝉，雀捕螳螂，一小儿执弓弹在后。"上下大溃"，天下大乱，必得有个来救的。谁（来救）？天。天来救。"天诛至"，天来收拾。"天"是什么？天不说话，天心即民心，民心即天心。"天工人其代之"（《尚书·皋陶谟》），民"代天行道"。"天听自我民听""天聪明，自我民聪明，天明畏，自我民明威"。

再看"无狎其所居，无厌其所生"，不要扰乱了百姓清静无为之所居，不要扰乱了百姓"谦后不盈"之所生。用白话来说，不要扰乱了自然，不要"人之为道"。

我今天是有为而发，胡搞必亡，他亡了不要紧，但影响我们，影响中国前途！天下真溃了，那收破烂，也不是两三年收得完。也得收拾几年，对不？你们，不要以为老师今天说这些话，是对谁近。对谁近？我对谁也不近。我是对真理近。

夫唯不厌，是以不厌。

【王弼注】不自厌也。不自厌，是以天下莫之厌。

"夫唯不厌"，就是"不自厌"。"是以不厌"，王注"不自厌，是以天下莫之厌"，一个人不自厌，是以天下莫之厌（宋龙渊本：
"厌，弃也"）。

是以圣人自知不自见，自爱不自贵。

【王弼注】不自见其所知，以耀光行威也。自贵则物狎厌
居生。

"是以圣人自知不自见"，圣人自己知道自己一切，可是不
自己表现自己。看王弼注"不自见其所知，以耀光行威也"，"不
自见其所知"来耀这个光，行这个威。等有些人，喜欢表现自
己之所知，"耀光""行威"。结果，百姓不畏其威：他见老百姓
一瞪眼，老百姓见他也一瞪眼。天威就来了——天殛（民间言
被雷打死叫"天殛"。此处老师言"天殛"，指"天明畏，自我
民明威"。又戏言："不对！雷神也管事，说'耀光'、'行威'
的人，被雷打死，也对"），他就垮了。

"自爱不自贵"，什么是"自贵"？自贵就是"人自为道"
（《中庸》："道不远人，人之为道而远人，不可以为道"）。一个
人千万不要"自贵"，"自贵"就违背了"清净无为"，违背了
天（指老百姓）。

我常提南海先生（康有为）联："天爵自尊吾自贵，此生
（案：'此生'原作'此心'，老师引用，有所感，常易之）无怨
亦无尤。"像那样天天修"天爵"，天天修德，在"天爵"上的
"自贵"，那可以（《孟子·告子上》："自尊者，人尊之；自贵者，
人贵之"），那见谁都客客气气。与老子这边所说的"自贵"，
一般人的自贵，不同。

一般人的自贵，像同学至龙泉市场（当年老师讲学住家附近），批评人："你衣服的料子不够好。"人家穿得好不好，干你甚事？多看都不应该，何况说。如果，再加一句："你看我这料子……"人家就对你恶感到极点。在人家面前，一句话让对方失了尊严，人家对你就有恶感。这一个小动作，到有识之士眼中，就看不起你，认为你是草包、是饭袋、是桶饭的（饭桶，尚可装饭。桶饭的，只是造粪机器，一点用都没有）。

我常对你们说"好狗不露齿"，这有两个意思。第一，不要以己之长，愧人之短。一个有学问的人，在不是自己学生面前，不要乱讲。《论语·乡党》不是说"孔子于乡党，恂恂如也！似不能言者……"这就是告诉我们教书匠，到什么时候，怎么说话。第二，长得漂亮的人不要在人面前说谁丑，有钱的人不要在人面前说有钱怎么好，以免招人反感。那么你才寸得住（耐得住、撑得住），人家才会说你很有德。

这就是"慎微"。一个人微处不失，大处也不会失。好不好，人家都会看，不要自己"见"（"现"）。"见"，有识之士，看你不够分量，对你就有恶感。

总记得："好狗不露齿""良贾深藏若虚""大智若愚"。到一个地方，叫人跟你有亲切感。不要显自己，你显自己，和别人的距离就远了。一看到你，说："这人有传染病……"（意思说：碰不得、惹不起）人家吓你，吓得不得了。再下来，没人跟你打招呼了。要知道，人家愿意和你处，因为和你在一起有尊严。他觉得有尊严，看到你就亲切。

你们有肉，应埋在饭碗里吃。人家一看，说："这老先生真节省！连肉都不吃。"肉不吃？上面是饭，下面都是肉。另一种人，就两片肉，不但放在饭上，还放在尖上。叫人看了说："这老先生吃肉。"那不能吃肉的，一看，就有嫉妒感。

我们讲智慧，不知讲了多少，等到你们用事，能用得上的，太少。做事必要用头脑，说一句话"话到舌边留半句"，必要考虑一下再说。话，少说，没坏处；多说，要说到恰到好处。说到恰到好处，就增长感情。要是你扯半天，紧扯你自己，人那边听都听腻了，听得都打瞌睡了。因为，你好，与我有什么干系？你再好，也不能耽误我吃馒头呀！再下次，人家不跟你扯了。天天听你那套做什么？说话，你得说和他近的。

你应该上菜市场，碰到做手艺的，就讲做手艺。问问他，一天做多少，问问他的高招。哇！这一谈，和你谈得特别欢，谈得特别热乎。他说，你这老头，也是做手艺的。两下，两边就说到一块儿去了。你是不是做手艺的，不管。但要有这个智慧；有这个智慧，三言两语，对方对我们就有亲切感。再看到你，就说："来坐！来坐！""紧来！紧来！"（闽南话）

要是你一上来就说："哎呀！你做这个？一天赚几毛钱呀？""两毛。""两毛，怎么养活自己？不是把眼睛都弄坏了！"你（指同学）说，这开不开玩笑？"你××是来夸富的！"你一走，他背后就骂上了："这养汉老婆""这婊子"……骂得你一塌糊涂。对吧？

你不自觉，还觉得你高明，会说话。那根本是一套假事，然后自己就吹上了。你拎个小菜筐，上菜市场买菜，又不是"行政院长"太太去视察，你不比别人高多少，那吹什么牛？给人家反感特别多。再严重点，将成的事都垮了。为什么？因为，有识之士看："你也是常人。"

我就听人说过："您老吃这呀！哎呀！这不行，这不好吃。我吃沙茶火锅，比这好吃。"我一听，就来气，心里就骂上了："好吃？！你吃过好吃的吗？你吃那火锅白水煮……"

你们看，我还说你们呢！我这不就说多了。没办法，慈悲嘛！苦口婆心，就为告诉你们智慧。

总之，要特别注意"小事"，要从"微"的地方入手，要"自爱"，要"天爵自尊吾自贵"的"自贵"，不要使"物狎厌居生"的"自贵"。这些小地方注意，到哪，人家都容纳你；等你到哪都骄里骄气，就完了。

故去彼取此。

"故去彼取此"，因为前面讲的，所以要去掉"狎厌"之私，而取"不厌"之道。

扫一扫，进入课程

勇于敢则杀，勇于不敢则活。此两者，或利或害。天之所恶，孰知其故？是以圣人犹难之。天之道，不争而善胜，不言而善应，不召而自来，绅然而善谋。天网恢恢，疏而不失。

勇于敢则杀，

【王弼注】必不得其死也。

"勇于敢则杀"，小太保乱来，就是"勇于敢"。勇于敢干，"必不得其死也"，必定不得其死所。

为什么敢干？为什么敢乱来？就因为占过便宜。小太保他吐你一口（意谓骂你、欺侮你），你朝他笑笑（意谓赔笑脸），他明天就再吐你一口。你越纵容，他胆子就越来越大。等碰到一个狠的，扎他一刀，叫他痒痒；慢慢，碰到更狠的，扎他三刀，就完了。

第七十三章

有些人阴险，小孩骂他，他给两块钱去买糖；再骂，再给。小孩习以为常，等去骂别人，准给他俩嘴巴子。为什么说这些？有些糊涂人，人家弄你，还不明白。说："我一笑，他就怕了。"他怕？他怕你呀！哎呀！那你简直太糊涂了，人家是弄你。阴险的人，故意"宠"你，故意"纵容"你，叫你胆大无忌，时候到了，准有人收拾你。最后怎么死的，都不知道。不要以为老师说别人啦！说的就是你们，还傻呆呆的。

一个人要特别注意，聪明的人绝不沾谁，绝不得罪谁。因为什么？想做事，就是要叫人对你有好感。得罪人做什么？万一得罪人，宁可得罪十个君子，也不得罪一个小人。得罪君子还好，他到时候再说。得罪小人，早晚有机会，他准一下把你打住。一个人再厉害，也有马失前蹄、老虎打盹的时候。等人家注意上你，早晚必得出事。

总记住，你骂人一口，人家早晚必还你一口。尤其中国人有这个忍耐——"九世复仇"（《春秋公羊传·定公四年》"纪侯大去其国"，言臣子有九世，甚至百世，复仇之责。汉武帝更秉此义，伐匈奴）。等到说"君子报仇，三年不晚"，那还是小土包子。

总之，有仇必报。只是来早来迟，千万不要树敌。今天人的思想复杂，特别容易树敌。人家干的事，人家的意见，和你不同。你嗤之以鼻。你嗤一喷嚏，他"嗤"你尿。你对他不客气，他早晚弄你。有时，还不是你，他受你底下人的气，也报复你。他一时不报复，是养气，养足了气，才弄你。暂时受气，是为了操左券。

社会上，千万不要树敌。树一个敌，就得多一分警觉；到处树敌，那不得到处警觉？弄得每天精神紧张，你受得了吗？敌人多了，到哪，人家都弄你。到哪都走不了，那就完了。

前些天，有同学来。他们搞"台独"，老师也知道。我就跟他们说我的"正知正见"，他们就不来上课了。这不就得罪他们了吗？他们可能还以为：老师跟他们作对。也没有关系，不是讲，唯有老师"口无择言"。老师嘛！必得说正知正见。听不听，怎么听？在你。"一句话三冬暖"，说真的，一句话他受启示了，说："这人真不错！真关心我们。"

《孝经》说："非先王之法服不敢服，非先王之法言不敢道，非先王之德行不敢行。是故非法不言，非道不行；口无择言，身无择行。言满天下无口过，行满天下无怨恶。"这是当老师的准则。

你看，你们同学都说："老师最不好亲近，冷如冰！"不是我冷如冰，是遇到事，我有我的看法，有一定的分寸，不随便说。外面就知道老师好钱，你们就觉得我冷如冰。今天这句话，就三冬暖了吧！对！老师今天就进步了。

总记得：台湾地区是中国的，永远不能"独"。为什么？因为办不到。哪方面都不准你"独"。你们是我学生，我必得说真的。现在跳下去了（指参与"台独"），将来怎么办？更何况，你们真的"勇于敢"吗？就怕又不敢干，又跃跃欲试。人家还认为你弄得很热闹，说："这个人有问题。"一问，是给人跑路的。结果，啥都没做，弄得满身骚味。有这种人吧？

勇于不敢则活。此两者，或利或害。

【王弼注】必齐命也。俱勇而所施者异，利害不同，故曰"或

第七十三章

利或害"也。

"必齐命也","齐",全也。"勇于敢""勇于不敢","此两者，或利或害"，"必齐命也"。

"俱勇而所施者异"，"俱勇"，都是勇。勇于敢、勇于不敢，都是勇。"施"，指敢与不敢。所施"敢"与"不敢"不同，利害就不同了。

天之所恶，孰知其故？是以圣人犹难之。

【王弼注】孰，谁也。言谁能知天下之所恶意故邪？其唯圣人。夫圣人之明，犹难于勇敢，况无圣人之明，而欲行之也。故曰"犹难之"也。

"天之所恶，孰知其故"，"孰"，谁。"故"，所以。天所讨厌的，谁知道为什么讨厌？就因为谁也摸不清，"是以圣人犹难之"，圣人都感觉到，什么时候该"敢"，什么时候该"不敢"是难的事。"况无圣人之明，而欲行之也"，况且那些混蛋加三级，没有"圣人之明"还要行的，"故曰'犹难之'也"。

王弼注："言谁能知天下之所恶意故邪？"或以"下之所恶"及"故"为衍文，径以"言谁能知天意邪"为句。

你们要懂了这些事，些微有点社会经验，句句惊心。把这些都记住，好好玩味三个月；三个月后，你就是"阎王爷都抓不住的鬼"。谁都碰不到你，你也碰不到谁——那才"左右逢源"。等到处净是棱角的，那到哪儿都碰壁。

天之道，不争而善胜，

【王弼注】天唯不争，故天下莫能与之争。

"天之道，不争而善胜"，天之道不争，不争是不争，可是有善胜的把握。

王弼说"天唯不争，故天下莫能与之争"，"天唯不争"，"天"或做"夫"。"夫唯不争，故天下莫能与之争。"争，才有败。因为你不争，就没有败；没有败，就是胜。那胜就是"善胜"。

不言而善应，

【王弼注】顺则吉，逆则凶，不言而善应也。

"不言而善应"，要是天天讲话，绝对有喜欢的，有不喜欢的；有愿答腔的，有不愿答腔的。"顺则吉，逆则凶"。根本不说话，哪还在乎你说话不说话、搭腔不搭腔，所以说"不言而善应也"。

不召而自来，

【王弼注】处下则物自归。

"不召而自来"，注意！为什么"不召而自来"？因为"处下则物自归"。"物"，包括人和物（历史上有《人物志》）。因为"处下"，以卑下人。屯卦说"以贵下贱，大得民也"（《易经·屯卦》），所以"处下则物自归"。

绰然而善谋。

【王弼注】垂象而见吉凶，先事而设诚，安而不忘危，未召而谋之，故曰"绰然而善谋"也。

"绰然而善谋"，"绰"，有三种念法：禅、善、淡。宽缓也。

前面说了那么多，"不争""不言""不召""善胜""善应"，结果都"自来"。好像闭着眼，一蹬腿，馅饼都从天上掉下来似的。那可不！你们看，阴险不阴险。不知道的，以为这老头天天眼都不睁，两杯小酒下肚，连门都不认得了，糊里糊涂的。人家是"绰然而善谋"，宽大、从容、缓缓慢慢地、好好地，谋划谋划。这句话就告诉你们：不敢乃大敢也，不争乃大争也，不言乃大言也。为什么争得那么美？为什么言得那么美？大家还"不召"就来了，就是有这个功夫。什么功夫？"绰然而善谋"的功夫。懂没懂？

前面不是说"话到舌边留半句"，什么意思？说话，缓一缓、慢一慢，考虑考虑应该不应该说、应该怎么说。

看你们说话，像我似的，像机关枪、像连环炮、像钢炮，老扯。做什么？我是必得说话，不说话，不赚一百五（指束脩）。你们说那么多做什么？像放鞭炮似的老说。结果，得罪人、树敌，最后，上天下地，唯我独尊，上天下地就你一个人——成"独夫"。这话有毛病。"上天下地，唯我独尊"是释迦牟尼佛。真是！真是！

天网恢恢，疏而不失。

"天网恢恢，疏而不失"，"恢恢"，大而无边。天网大而无边，"疏而不失"。你看它那么疏，可是"不失"，什么都跑不掉。前面那些"善胜""善应"都跑不掉！为什么跑不了？因为有"善谋"。所以，什么都在我的计谋之内，什么都包住了，什么都跑不出我的计谋之外。

第
七
十
四
章

民不畏死，奈何以死惧之？若使民常畏死，而为奇者，吾得执而杀之，孰敢？常有司杀者杀。夫代司杀者杀，是谓代大匠斫。夫代大匠斫者，希有不伤其手矣。

民不畏死，奈何以死惧之？若使民常畏死，而为奇者，吾得执而杀之，孰敢？

【王弼注】诡异乱群谓之奇也。

"民不畏死"，老百姓不怕死。"奈何以死惧之"，因为什么拿死叫他怕？你看他怕死吗？多看社会事就知道了。

"若使民常畏死"，若是使民常畏死的话。"而为奇者"，要是做那个奇事的。"奇"，异于己者。和我们不同的就叫奇。异于己者，我们私心作祟，看和我们不同，就觉得奇，就不能容纳。王弼注"诡异乱群谓之奇也"，那是大奇。

"吾得执而杀之，孰敢"，那我就把他抓出去"杀之"，那谁还敢干？照说，应该没人敢干，杀一个就完了。可是，越杀越多。为什么？因为那些"诡异乱群"的、造反的，是革命分子。杀了以后还有敢干的，"民不畏死"啊！

常有司杀者杀。夫代司杀者杀，是谓代大匠斫。夫代大匠斫者，希有不伤其手矣。

【王弼注】为逆，顺者之所恶忿也，不仁者人之所疾也。故曰"常有司杀"也。

"常有司杀者杀"，那个常道是，专有一个管杀的人，才能杀。谁管杀？天。天不是好生吗？就因为好生，所以必得杀。所以，中国讲终始之道。按基督教的话说，"司杀者"是上帝。"夫代司杀者杀"，有一种不要脸的人，不知耻，"夫代司杀者杀"，他替上帝杀人。

"是谓代大匠斫"，这种人是要替木匠砍树。"夫代大匠斫者，希有不伤其手矣"，"希"者，少也。要替木匠砍树，那得小心，很少不把自己手伤了。因为什么？因你没修到"大匠"的境界，乱砍木，不伤手往哪跑？你们看，历代的魔王，杀了多少人，最后也被杀。杀人者，人恒杀之。因果，谁也跑不了。

王注"为逆，顺者之所恶忿也，不仁者人之所疾也。故曰'常有司杀'也"，注意！"为逆，顺者之所恶忿也"，你做了逆天的事，顺天的就讨厌你。"不仁者人之所疾也"，一个人，要是不仁的话，人家就讨厌你。"故曰'常有司杀'也"，专有一个"常"来"司杀"。他杀完了，大家还不以为杀。懂吗？

你像"人必得死"。临死，躺在床拍子上，也没有埋怨上帝说："上帝真混蛋！为什么叫我死？"大多说："早晚必得死"，"死反正是应该的"。好像感觉死得很满意。

扫一扫，进入课程

民之饥，以其上食税之多，是以饥。民之难治，以其上之有为，是以难治。民之轻死，以其上求生之厚，是以轻死。夫唯无以生为者，是贤于贵生。

民之饥，以其上食税之多，是以饥。

"民之饥，以其上食税之多，是以饥"，老百姓，因为什么饥？"以其上食税之多"。"以"，因也。因其上税太多——万税（岁）！万税（岁）！万万税（岁）！这老百姓就饥了。"是以"，因为所以。因为"税多"，所以"饥"。这是相对的，上位的吃税吃太多，老百姓就吃不饱。"饥"，就打起来了，就乱了。北方人不就说：两人为什么吵架？因为"急"了，吵"急"了，就打起来了（戏语，饥、急，音近）。

民之难治，以其上之有为，是以难治。

"民之难治，以其上之有为，是以难治"，"民之难治"，老百姓为什么那么难治？"以其上之有为"，因为在上位的太有为了。今天立法，明天立法——人之为道。天天立法，能行吗？就大家天天斗智，是以"难治"。

民之轻死，以其上求生之厚，是以轻死。

"民之轻死，以其上求生之厚，是以轻死"，"民之轻死"，老百姓为什么把死看得那么轻、那么不重要？"以其上求生之厚"，因为"上求生之厚"——吃香港运的活螃蟹（其时两岸对峙，信息尚且不通，空运活的大闸蟹至台，非特权莫能为。百姓亲人阻绝，天涯望断，睹此，岂能无感？即便原为台民，本极纯朴，睹此奢华，又岂能无感）。月饼一百不吃，要吃两百五的（其时黉舍束脩，每月不过一百五十新台币，月饼一百已极昂贵）。百姓也学你"求生之厚"，也要和你一样，吃好的。谁不想享受享受？得不到，宁可不把死当回事，"是以轻死"。宁可享受一天就死，所以"轻死"。

大家看看，满街好东西，哪一件是必要的？原来那么纯朴，为什么变成这样子？乱，是引来的。人都是自毁长城。不自毁，没人能毁你。邪不侵正，身体不软弱，会感冒吗？"人必自侮，然后人侮之；家必自毁，而后人毁之；国必自伐，而后人伐之。"（《孟子·离娄上》）

总记得，外面环境怎么恶劣没关系，就看你自己站不站得住。你自己站得住，内力强，外面环境一点不影响你。

夫唯无以生为者，是贤于贵生。

【王弼注】言民之所以僻，治之所以乱，皆由上不由其下也，民从上也。

"夫唯无以生为者"，"生"，指生活享受。只有不在乎生活享受的人，不以口体之福为重要者。

"是贤于贵生"，"贵生"，就是厚生的，重视口体之福的。"贤于贵生"比那重视口体之福的高明。

王注"言民之所以僻，治之所以乱，皆由上不由其下也，民从上也"，注说得好，细玩味。所以孔子说得好："政者，正也。子帅以正，孰敢不正？"你要是正，没有敢不正的。

扫一扫，进入课程

人之生也柔弱，其死也坚强。万物草木之生也柔脆，其死也枯槁。故坚强者死之徒，柔弱者生之徒。是以兵强则不胜，木强则兵。强大处下，柔弱处上。

人之生也柔弱，其死也坚强。万物草木之生也柔脆，其死也枯槁。故坚强者死之徒，柔弱者生之徒。是以兵强则不胜，

【王弼注】强兵以暴于天下者，物之所恶也，故必不得胜。

"人之生也柔弱"，人生的时候柔弱。"其死也坚强"，等死的时候硬邦邦了。

"万物草木之生也柔脆"，万物草木之生也柔又脆。脆，一碰就坏了。"其死也枯槁"，其死就枯槁了。

"故坚强者死之徒"，坚强的人，都是死的一班上的。"徒"，

就是一班上的。这例子举得好。

《中庸》子路问强。子曰:"南方之强与? 北方之强与? 抑而强与? 宽柔以教,不报无道,南方之强也,君子居之。衽金革,死而不厌,北方之强也,而强者居之。故君子和而不流,强哉矫(和你'和',但不同流合污,强哉矫)! 中立而不倚,强哉矫(中立不倚别人,强哉矫)! 国有道,不变塞焉,强哉矫! 国无道,至死不变,强哉矫!"可一同悟。

"柔弱者生之徒",柔弱的,是生之徒。所以"以柔克刚"。

"是以兵强则不胜","是以",因为这个所以。因为这个所以兵强的国,并不一定胜。为什么? 软弱的不敢和你对,见你立正,还跟你敬个礼;敢和你对的,必定和你是一比一的。所以苏联和美国对。既是一比一,胜负就在两可之间。并且,战争胜负只是名而已,胜和负就那么一刹那的事(意谓有志、不亡国,胜负只是一时)。像第二次世界大战,都一败涂地,都一塌糊涂。到现在,究竟谁赢谁输? 真懂"柔弱"就是"生之徒",所以,中国始终不亡,道理就在这。这懂吗? 中国吃小亏可以,大亏呀,你也没那个力量! 为什么? 地大、物博、人多。

王注"强兵以暴于天下者,物之所恶也,故必不得胜","强兵以暴于天下者",是"物之所恶"。"物之所恶也","必不得胜",因一切人都讨厌战争。

木强则兵。

【王弼注】物所加也。

"木强则兵","兵",动词。"强",就是好。木头太强了,木头太好了，刀就来砍了，把它砍下来做材料。能做棺材做棺材，能做门板做门板，能做栋梁做栋梁。反过来树为什么长那么高大？就因为没用。同学可以看《庄子·逍遥游》，无用之用才是大用。

强大处下，

【王弼注】木之本也。

"强大处下"，看王弼注，是"木之本也"。

柔弱处上。

【王弼注】枝条是也。

"柔弱处上"，柔弱，"枝条是也"。枝条柔弱，在上边。根很强，在下面。懂吗？好好玩味。

第七十七章

天之道，其犹张弓与？高者抑之，下者举之；有余者损之，不足者补之。天之道，损有余而补不足。人之道则不然，损不足以奉有余。孰能有余以奉天下？唯有道者。是以圣人为而不恃，功成而不处，其不欲见贤。

天之道，其犹张弓与？高者抑之，下者举之；有余者损之，不足者补之。天之道，损有余而补不足。

注意！这真讲得好。是道理好，不是文章好不好。

"天之道，其犹张弓与"，"张弓"，拉弓。张弓，必得平。

"高者抑之，下者举之"，弓拉高了，得压下来；低了，得向上举些。一言以蔽之，得"中平"。

这是举例，下面讲道理。

"有余者损之"，太有"余"了，就得把"余"去掉。

"不足者补之"，不够的，用有余的，补这个不足。这是天之道。

"天之道，损有余而补不足"，天之道是什么？"天之道，损有余而补不足。"把有余的损掉，补这个不足的。这一补，合乎儒家的"中道"，合乎老子的"平"。老氏书中虽无"平"字，但通篇讲的都是"损有余而补不足"之义。

人之道则不然，损不足以奉有余。

【王弼注】与天地合德，乃能包之，如天之道。如人之量，则各有其身，不得相均，如惟无身无私乎？自然，然后乃能与天地合德。

看"人之道则不然"王弼注。

"与天地合德，乃能包之，如天之道。如人之量，则各有其身，不得相均，如惟无身无私乎？自然，然后乃能与天地合德"，这和儒家完全一样。"大人者，与天地合其德"，为什么"与天地合其德"？"天无私覆，地无私载"。大人者，无私，无私覆，无私载，包罗万象，所以"与天地合德，乃能包之，如天之道"。

"如人之量"，什么叫量？"君子不器"就是量。"器"，就不量了。大人者，与天地同量，就是与天地同德。所以说"如人之量，则各有其身，不得相均，如惟无身无私乎？自然，然后乃能与天地合德"。

"人之道则不然，损不足以奉有余"，人之道可不是这样。人之道，锦上添花，越穷越得纳税，以穷的、不足的，奉有余的。

孰能有余以奉天下？唯有道者。是以圣人为而不恃，功成而不处，其不欲见贤。

【王弼注】言唯能处盈而全虚，损有以补无，和光同尘，荡而均者，唯其道也。是以圣人不欲示其贤以均天下。

"孰能有余以奉天下"，谁能把它有余的来奉天下？"唯有道者"，唯有有道的人。"是以圣人为而不恃，功成而不处"，因为这样，所以"圣人为而不恃"，功成而不居。"处"，居也。

为什么这样？"不欲见贤"。不愿在别人面前，显出我比别人好。我前面说了那么多，啰啰唆唆的，就为这句话。一个人要"欲见贤"，绝对下乘，绝对树敌，敌人绝对多。为什么多？因为每个人最"宝贵"的，就是"嫉妒"。这懂没懂？没有一个人没有"嫉妒"。你"见贤"，大家就"嫉妒"你，就拆你的台。不要说大家"嫉妒"，连天都"嫉妒"你。所以，不要老显自己高，显自己高，就是最低的。不要说老"显"自己高，连"觉得"自己高都不行。你觉自己高，人家就不理你，等都不理你，你就不高了，就完了。

你不显，很亲切，谁见你都打招呼，一路走来，大家"老先生、老先生……"招呼你，就显得这老先生很有办法（老师为使同学有贴切感，依台坊间民情，"老先生"以日语发音，更生动）。

就因为这样，我们得有我们的样子。所以才告诉你们——"人之有技，若己有之；人之彦圣，其心好之。"反过来，都"人之有技，娟疾以恶之；人之彦圣，而违之俾不通"。那就糟糕了。

再看"不欲见贤"后王弼注。

"言唯能处盈而全虚",要能"处盈而全虚"。

"损有以补无",损这个"有",来补这个"无"。

"和光同尘,荡而均者,唯其道也。是以圣人不欲示其贤以均天下",总记得:"和光同尘",不要太暴露自己。

扫一扫，进入课程

天下莫柔弱于水，而攻坚强者，莫之能胜，其无以易之。弱之胜强，柔之胜刚，天下莫不知，莫能行。是以圣人云：受国之垢，是谓社稷主；受国不祥，是为天下王。正言若反。

天下莫柔弱于水，而攻坚强者，莫之能胜，其无以易之。

【王弼注】以，用也。其，谓水也。言用水之柔弱，无物可以易之也。

"天下莫柔弱于水"，天下没有比水再柔弱的。
"而攻坚强者，莫之能胜"，而攻坚强的谁都不能超过他。
"其无以易之"，这是不会改变的，这是真理。

弱之胜强，柔之胜刚，天下莫不知，莫能行。

"弱之胜强，柔之胜刚，天下莫不知，莫能行"，"弱之能胜强，柔之能胜刚"，"天下莫不知"，天下没有人不懂，可是莫之能行。人知容易，等把"知"能"行"出来，就难了。像你们，到哪谈话时都呱呱叫，等到行时，都叫别人行，把自己搁在外面。说，说得好；做时，自己不做，教别人做。能成事吗？

是以圣人云：受国之垢，是谓社稷主；受国不祥，是为天下王。

"是以圣人云：受国之垢，是谓社稷主；受国不祥，是为天下王"，这几句话，特别注意！我看很多注，我都不大同意。你们不要说，老师说别人都错了。我不同意他们的说法，并没说他错。

"是以"，因为这个所以。"受国之垢，是谓社稷主"，你要能受这个国家的"垢"，你就是社稷的主。"垢"懂吗？善的反面的东西。一个国家里面，好的东西固然有，可是"垢"的东西更多，你要能承受"国之垢"。能承受"国之垢"，那个"量"就不小。光有这个"容量"，还不行，还要能"化"之。有"量"能"化"，那个"德"当然不小。有了这，你就是"社稷主"。所以，我常说："有多大的心胸，成就多大的事业。"你有志、有量、能化、成德，才能成就大事业。

接着更不得了！"受国不祥"，什么是"不祥"？像子路说："千乘之国，摄乎大国之间，加之以师旅，因之以饥馑"，那是"不祥"。子路接着说："由也为之，比及三年，可使有勇，且知方也"，那是"受"。（**子路语见《论语·先进》**）

碰到这样的环境，你有这个"量"，就是"天下王"。这里所说的"量"，包括才、能、胆、识、容、德、化，较前述之"量"更开阔。

碰到这样的环境，你没有这个"才"、没有这个"识"、没有这个"胆"、没有这个"德能"——没有这个"量"——就是"天下亡"。

所以，不要以为当领导的，都够这些事，那不是。"受"，要把天下社稷治理得左右逢源，老百姓快快乐乐，如登春台。把国家的"垢"，教它化为"不垢"；把国家的"不祥"，教它"祥"了。如果没有这个德能，他也"受"了，结果就"馊"了。这懂吗？等他受"馊"了，是小国、诸侯之国的社稷主还好，社稷主亡他自己的位，还不亡天下。如果是"天下王"，就"天下亡"了。

以上是我个人的观念，其他的注解，和我的不一样，你们要知道，参考别的本子就好。

正言若反。

"正言若反"，举一个笨人的例子，笨是笨，不过举例子，你们容易明白。"正言"，人家对你说正经话，正直之言，你本来该感谢人家，可是，"若反"，你一听，怎么像是来骂你似的，你马上就不高兴，马上就要跟人打起来了。等人家看你不好，反过来，说你好，你一听，高兴了，说他真了解我，说他们看我像圣人。要真是圣人，那不骂他呀？那不是骂你吗？（自己不好，人家说好，说的是反话。）

本章是老氏之要道。

第七十九章

扫一扫，进入课程

和大怨，必有余怨，安可以为善？是以圣人执左契，而不责于人。有德司契，无德司彻。天道无亲，常与善人。

和大怨，必有余怨，

【王弼注】不明理其契，以致大怨已至。而德和之，其伤不复，故有余怨也。

"不明理其契，以致大怨已至。而德和之，其伤不复，故有余怨也"，王弼注得好。

"不明理其契"，古代兵符、债券、契约，以竹木或金石制成，刻字后中剖为二，一个执左券是卖主，一个执右券是买主。两半能对合，就是真的。现在立契约，就用两张纸，开什么玩笑？（戏语）"契"者，合也。契是合了，"大怨已至"。为什么"大怨已至"？因为"其伤不复"。为什么"其伤不复"？因为"有余怨也"。中国人有句老话："好的刀口药，不如不拉口。"拉了口，好的刀口药，抹上就好，也不如不拉口。因为有"余痕"。有了大怨，虽然和了，仍然有"余怨"。

安可以为善？是以圣人执左契，

【王弼注】左契，防怨之所由生也。

"安可以为善"，因为有了大怨，虽然和了，但是有"余痕"，"安可以为善"？

"是以圣人执左契"，古时以右为尊①，左券为副券，执左契，示谦，"防怨之所由生也"。我们平常对人客客气气，居下风，不居上风，示弱而不强势，就是"防怨之所由生也"。

而不责于人。有德司契，

【王弼注】有德之人念思其契，不念怨生而后责于人也。

"有德之人念思其契，不念怨生而后责于人也"，圣人执左券谦居人下，自觉比不上别人，"而不责于人"。因为什么总责备于人？总觉别人不对？因为你觉得自己占上风，高人一等。有德之人，掌这个契，"念思其契"，天天想怎么和。"不念怨生"，不要使怨发生。"而后责于人也"，然后再责成于人。注意：

---

① 左、右孰尊，各代情况不一，考核史籍，情况如下：夏商周时，朝官尊左；宴饮、凶事、兵事尊右。战国时朝官尊左；军中尊右。秦尊左，汉代尊右。六朝朝官尊左，宴饮尊右。唐、宋、明、清尊左，元代尊右。一般在喜庆活动中，以左为贵，在凶伤吊唁中，以右为尊。

这个"责"是"责成"，不是"责备"。

无德司彻。

【王弼注】彻，司人之过也。

"无德司彻"，无德的人，眼睛瞪得像电灯泡那么亮，老看人家的毛病，一过一过，弄得清清楚楚。"彻，司人之过也"。懂不懂？看自己的行为，就知道自己是哪等人。

嗯！老子这话有毛病，老师例外。老师得"司彻"，老师不司你们的过，你们怎么成圣人？（戏语）

天道无亲，常与善人。

"天道无亲，常与善人"，"与"，一说"许"也，常称许善人。一音 yù，参与也，天道常参与在善人之中。都讲得通。

我们讲书，讲智慧，讲得很多，你们记得任何一个，都成了。

明代张路《老子骑牛图》

第八十章

小国寡民。使有什伯之器而不用，使民重死而不远徙。虽有舟舆，无所乘之；虽有甲兵，无所陈之。使人复结绳而用之。甘其食，美其服，安其居，乐其俗。邻国相望，鸡犬之声相闻，民至老死，不相往来。

小国寡民。

【王弼注】国既小，民又寡，尚可使反古，况国大民众乎？故举小国而言也。

"小国寡民"，历代注解虽多，然皆不如王弼注。所以，读《老子》一定要看王弼注。一般解释这一章，都说老子主张"小国寡民"，"小国寡民"才好治，反对"大国众民"。王弼认为："国既小，民又寡，尚可使反古，况国大民众乎？故举小国而言也。"讲小国，是举例子，"小国寡民"都能做，大国当然更能做，更应该做。做什么？"反古"。这个"反古"，不是反对古。"反"者，返也。按儒家的话说，是"反于尧舜之道"。"小国寡民"都能"反于尧舜之道"，"国大民众"更该"反于尧舜之道"。真返于尧舜之道，"国大民众"更好治。这是"行远自迩，登高自卑"之道。

王弼的注，和以后的解释，完全不一样。我感觉许多人忽略看原编的，一个白话本子错了，大家就跟着抄，谁也不读原编的。不对！应该说"读原典"。"原典"这词，我这是跟台大学来的。其实，应该说"读经书"，不要说"读原典"。

使有什伯之器而不用，

【王弼注】言使民虽有什伯之器而无所用，何患不足也。

"使有什伯之器而不用"，"小国寡民"，国虽小，民虽少，可得使他富，"使有什伯之器"，让他有十个百个器。但有而不用。为什么有而不用？因"无所用"。无所用，那"何患不足"？

使民重死而不远徙。

【王弼注】使民不用，惟身是宝，不贪货赂，故各安其居，重死而不远徙也。

"使民重死而不远徙"，使老百姓把死看得很重，而不愿往远搬家。参见七十二章注："清静无为谓之居，谦后不盈谓之生。"重"谦后不盈"之生，不远徙"清静无为"之居。

"使民不用，惟身是宝"，怎么"使民不用"？因为他们感觉到：身外之物不重要，"身"是最重要的。"不贪货赂"，不贪货也，不贪邪钱。有些人既贪货，也贪邪钱。

虽有舟舆，无所乘之；虽有甲兵，无所陈之。使人复结绳而用之，甘其食，美其服，安其居，乐其俗。邻国相望，鸡犬之声相闻，民至老死，不相往来。

【王弼注】无所欲求。

为什么"虽有舟舆，无所乘之；虽有甲兵，无所陈之。使人复结绳而用之，甘其食，美其服，安其居，乐其俗。邻国相望，鸡犬之声相闻，民至老死，不相往来"？因为"无所欲求"。

"虽有舟舆，无所乘之"，因为不出门不必乘。

"虽有甲兵，无所陈之"，"陈"，读 chén、读 zhèn，都解得通。总之，虽有甲兵也不去用。

"使人复结绳而用之"，表示民事很简。

"甘其食"，认为自己的饮食很甘美。

"美其服"，认为自己的衣服很好。

"邻国相望"，因为是小国所以都看得见。

"鸡犬之声相闻"，鸡犬之声都听得到。

"民至老死，不相往来"，因为无所求。

这说的是一个道理，但不是必得这样治国才可以。

第八十一章

扫一扫，进入课程

信言不美，美言不信。善者不辩，辩者不善。知者不博，博者不知。圣人不积，既以为人己愈有，既以与人己愈多。天之道，利而不害；圣人之道，为而不争。

信言不美，

【王弼注】实在质也。

"信言不美"，诚信之言，不一定好听。

美言不信。

【王弼注】本在朴也。

"美言不信"，好听的话，说完就忘掉了。

善者不辩，辩者不善。知者不博，博者不知。

【王弼注】极在一也。

"善者不辩，辩者不善"，善者就不必辩，因为"辩者不善"，不善才需要辩嘛！

"知者不博，博者不知"，为什么"知者不博"？因为"极在一也"。他的至高境界，完全在这个"一"。"一"，就是"道"。他的"极"完全在于道。既然那么合乎道，何必还需要"博"？何必还需要"辩"？日久，大家都明白。这个"一"和儒家的"一"是一样的（《论语·里仁》"吾道一以贯之"，《卫灵公》"予一以贯之"）。

圣人不积，

【王弼注】无私自有，唯善是与，任物而已。

既以为人己愈有，

【王弼注】物所尊也。

"圣人不积，既以为人己愈有"，圣人为什么"不积"？因为"既以为人己愈有"。等到你越是为别人，你自己有的越多。为什么"既以为人己愈有"？因为"物所尊也"。

既以与人己愈多。

【王弼注】物所归也。

"既以与人己愈多"，你越是给别人，你越多？因为"物所归也"。

天之道，利而不害。

【王弼注】动常生成之也。

圣人之道，为而不争。

【王弼注】顺天之利不相伤也。

"圣人之道，为而不争"，圣人之道，做而不争他所应该得的。为什么"为而不争"？用《礼运》的话说"力恶其不出于身也，不必为己"，这很难，但还做得到。因为，多出点力，为别人服务，力量是自己的，是拍卖来的，没拿出东西，也不必发利息。上一句"货恶其弃于地也，不必藏于己"，同学一定奇怪，为什么我没提。我不说，是因为那更难，要把自己有的东西，拿出来给人家，那太难、太难了。这不容易，但我们一定要达到"力恶其不出于身也，不必为己"。

毓老师笔记

宋人晁说之《老子道德经》序云："尝谓弼之于《老子》，张湛之于《列子》，郭象之于《庄子》，杜预之于《左氏》，范宁之于《穀梁》，毛苌之于《诗》，郭璞之于《尔雅》，完然成一家之学，后世虽有作者，未易加也。"

宋人熊克《老子道德经》跋云："咸平圣语有曰：'老子《道

德经》治世之要，明皇解虽灿然可观，王弼所注言简意深'。"

注意！读这几本书（《老子》《列子》《庄子》《左传》《穀梁传》《诗经》《尔雅》），要好好看这些注解，前人注解不可轻忽，不可轻毁，他能传那么久，必有个道理。

第二段可见《老子》完全是治世之要，可不是啥都不做（熊克《老子道德经》跋"王弼所注言简意深"后，云"真得老氏清净之旨"，老师恐同学误解，故不录）。

回去，自己好好玩味呀！要深思。懂吧？！

· 读懂中华文化　构建中国心灵 ·

—————————— 道善书院国学新经典丛书 ——————————

· 化成整体生命智慧 ·

———— 道善学苑 · 国学音视频精品课程 ————

已上线课程：

《详解易经六十四卦》   刘君祖

《孙子兵法：走出思维的迷局》   严定暹

《史记 100 讲》   王令樾

《曾国藩家训 18 讲》   林 乾

《醉美古诗词》   欧丽娟

《唐宋词的情感世界》   刘少雄

即将上线课程：

《解读孙子兵法》   刘君祖

《解读心经》   刘君祖

《论语精讲》   林义正

《中庸精讲》   黄忠天

《韩非子精讲》   高柏园

规划中课程：

《详解大学》   黄忠天

《详解庄子》   敬请期待

《公羊春秋要义》   敬请期待

《春秋繁露精讲》   敬请期待

《详解易经系辞传》   敬请期待

更多名家音视频课程，敬请关注我们的公众号

在这里，彻底学懂中国传统文化